HISTOIRE

DU

THÉATRE-DES-ARTS

DE ROUEN

1882-1913

D'APRÈS LE MANUSCRIT DE M. CH. VAUCLIN

Par H. GEISPITZ

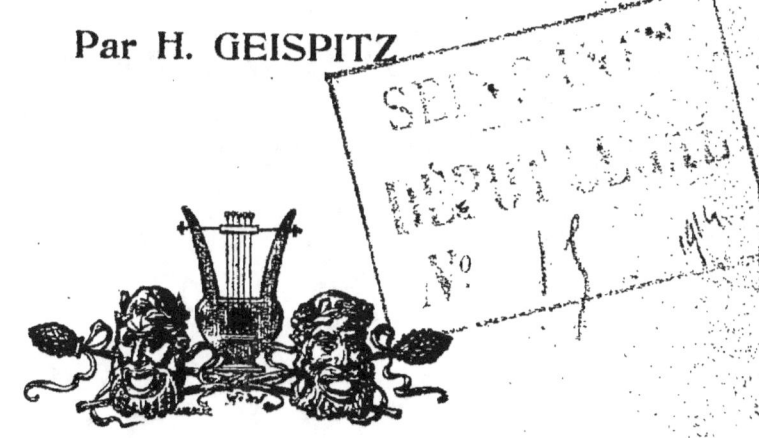

ROUEN
A. LESTRINGANT, Éditeur
Rue Jeanne-d'Arc, 11.
1913

HISTOIRE

DU THÉATRE-DES-ARTS

DE ROUEN

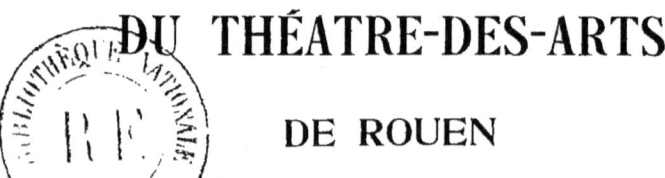

HISTOIRE

DU

THÉATRE-DES-ARTS

DE ROUEN

1882-1913

(D'APRÈS LE MANUSCRIT DE M. CH. VAUCLIN)

Par H. GEISPITZ

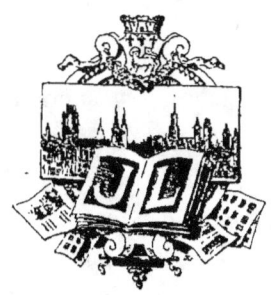

ROUEN

A. LESTRINGANT, Libraire

Rue Jeanne-d'Arc, 11.

1913

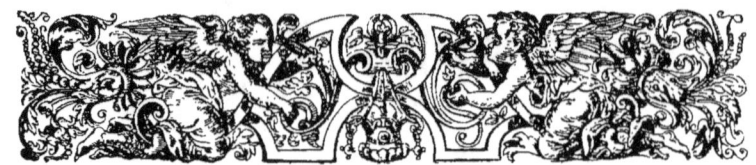

AVANT-PROPOS

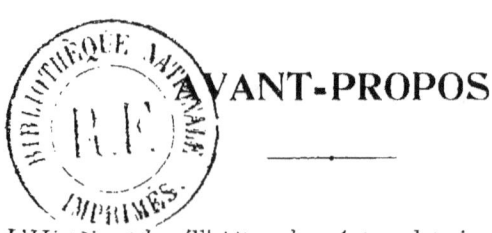

L'*Histoire du Théâtre-des-Arts*, depuis sa reconstruction en 1882, est le résumé de l'ouvrage très développé que M. Ch. Vauclin a consacré à ce sujet, mais dont l'impression eût exigé cinq volumes et, par suite, des frais considérables.

Heureusement, le manuscrit de M. Vauclin sera déposé à la Bibliothèque municipale où il pourra être facilement consulté par tous ceux qui voudront compléter nos indications; ils y trouveront, notamment, la liste complète des œuvres lyriques représentées avec, pour les anciennes, le nombre des représentations depuis le commencement du XIXe siècle et les noms des créateurs, et, pour les nouvelles, l'analyse du livret et de la partition, d'après les comptes-rendus des journaux locaux; enfin des renseignements très détaillés et toujours puisés à bonne source, sur le Théâtre et tout ce qui s'y rattache. Des index alphabétiques rendent les recherches aisées et nous engageons nos lecteurs à prendre connaissance de cet ouvrage, persuadé que, comme nous, ils rendront hommage à sa clarté et à son excellente méthode.

Nous tenons donc à remercier M. Vauclin d'avoir bien voulu mettre, avec tant de bonne grâce et de désintéressement, ce précieux manuscrit à notre disposition. Notre tâche a été *ainsi rendue très facile et très agréable et réduite à un simple extrait qui, nous voulons l'espérer, ne sera pas jugé trop aride.*

Notre plan, comme on le verra, est emprunté dans ses grandes lignes à l'excellent ouvrage du Docteur Bouteiller qui s'arrête malheureusement à l'année théâtrale 1835-1836, mais présente néanmoins encore tant d'intérêt. Se trouvera-t-il un patient chercheur pour le continuer jusqu'à l'année 1876, afin que notre première scène ait ainsi son histoire complète?

Nous nous sommes efforcé de relater fidèlement les faits, en nous abstenant, en général, de toute critique et de toute appréciation personnelle. Parfois, cependant, nous n'avons pu dissimuler notre sentiment et nous l'avons manifesté peut-être trop vivement. Ceux de nos lecteurs qui ne partageront pas notre avis, pardonneront à un vieil habitué du Théâtre-des-Arts de s'être rappelé le temps où l'on faisait connaître son opinion avec moins de forme et beaucoup plus de bruit.

H. G.

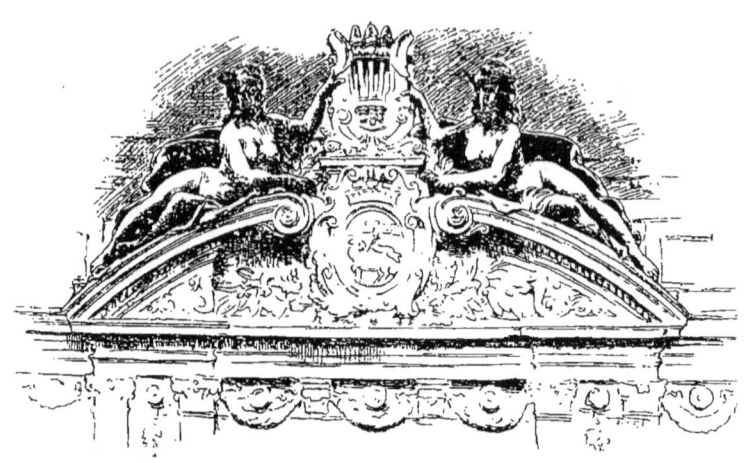

HISTOIRE

DU THÉATRE-DES-ARTS

(1882-1913)

Le Théâtre de Rouen, situé au bas de la rue Grand-Pont, à l'angle de la rue des Charrettes, avait été inauguré le 29 juin 1776 ; il s'appela Théâtre de la Montagne, du 18 novembre 1793 au 26 décembre 1794, et reçut alors le nom de Théâtre-des-Arts qu'il a conservé depuis.

Le mardi 25 avril 1876, au moment où les artistes et les choristes se préparaient dans leurs loges pour la représentation d'*Hamlet*, un jet de gaz communiqua le feu au manteau d'Arlequin sur le devant de la scène, et un incendie terrible se déclara, faisant de nombreuses victimes parmi les artistes et les soldats du 74e de ligne appelés à faire partie de la figuration. Heureusement les portes n'avaient pas encore été ouvertes au public !

Tout fut détruit, sauf la façade qu'on avait conservée soigneusement, chaque pierre ayant été numérotée ; mais quand on la rechercha plus tard, en vue d'une reconstitution éventuelle, il fut impossible de la retrouver. *Etiam periere ruinæ*.

Après les premières émotions passées, le Conseil municipal eut à s'occuper de la reconstruction, mais il fallait résoudre auparavant la question de l'emplacement.

On proposait en effet de placer la nouvelle salle :

1º Place de la Haute-Vieille-Tour;

2º Place des Carmes;

3º A cheval sur la rue des Charrettes et sur le côté Ouest de la rue Grand-Pont, ou plus haut, au-delà de la première de ces rues;

4º Sur le côté opposé de la rue Grand-Pont, vers l'Est, soit à cheval sur la rue de la Savonnerie et la rue Grand-Pont, soit entièrement sur celle-ci ;

5º Au Nord-Est d'un boulevard à créer, partant du quai et aboutissant au Palais-de-Justice ;

6º Dans l'axe de la rue de la Comédie, au Nord de la rue des Charrettes;

7º Sur l'îlot compris entre le Vieux-Marché, les rues Rollon, Ecuyère et Guillaume-le-Conquérant;

8º Sur le cours Boieldieu prolongé jusqu'à l'Hôtel de Paris, avec entrée principale sur la rue Grand-Pont;

9º Enfin, entre le cours Boieldieu et la rue des Charrettes, sur un emplacement occupé par les maisons du cours, à l'Ouest de la rue de la Comédie, par cette rue elle-même et par une portion de l'îlot incendié.

Les projets visant l'ancien emplacement, la place de la Haute-Vieille-Tour, le nouveau boulevard du Palais et la place des Carmes retinrent seuls l'attention du Conseil municipal et cette Assemblée, dans sa séance du 1er août 1876, par 22 voix contre 10 et une abstention, adopta l'ancien emplacement et décida la mise au concours du plan de reconstruction.

Quelques jours après, le Conseil votait l'emprise de 6 m. 25 sur la rue de la Comédie et le report de celle-ci vers l'Ouest, afin d'assurer 54 mètres de longueur au terrain affecté à la construction et d'ouvrir une place de 25 mètres de largeur devant la façade.

Vingt-sept architectes prirent part au concours et cinq

d'entre eux reçurent des primes variant de 5,000 à 1,000 francs. De son côté, M. Sauvageot, architecte de la Ville, avait présenté le résultat de ses études, mais en restant en dehors du concours, à cause de sa situation spéciale. Ce fut lui qui l'emporta, car le Conseil municipal s'était réservé la faculté de ne faire exécuter les projets récompensés que s'ils répondaient parfaitement au but recherché. Or, aucun d'eux n'avait pu triompher des difficultés que présentait la façade sur le cours Boieldieu ; par contre, le Jury avait considéré l'œuvre de M. Sauvageot comme remarquable au double point de vue artistique et technique.

Le Conseil adopta donc le 16 février 1877 ce dernier projet prévoyant une dépense de 1,816,100 francs pour l'immeuble, le matériel et le mobilier.

Une nouvelle bataille s'engagea cependant au sujet du maintien des maisons donnant sur le cours Boieldieu, et ce fut seulement le 20 décembre 1878 que fut confirmée la précédente délibération : le théâtre serait donc définitivement reconstruit sur l'ancien emplacement, débarrassé de toutes constructions et quelque peu agrandi.

Les formalités d'expropriation purent alors être poursuivies, puis on démolit ce qui subsistait de l'ancien théâtre et des maisons voisines et l'adjudication des travaux eut lieu le 15 mai 1879.

Le 13 décembre suivant, la première pierre fut posée solennellement et M. Barrabé, maire de Rouen, prononça, à cette occasion, un discours dans lequel, après avoir fait l'historique de l'ancienne salle et rappelé les projets et discussions auxquels avait donné lieu la reconstruction de la nouvelle, il annonçait l'achèvement de celle-ci pour le 1er juillet 1881.

Les travaux ne furent cependant terminés qu'en septembre 1882. Ils furent exécutés sous la direction de M. Sauvageot, par :

M. Julienne jeune, de Rouen, pour la maçonnerie ;

MM. J. Obert et fils, de Paris, pour la charpente en fer et en fonte ;

MM. Thorel et Papavoine, de Louviers, pour la charpente en bois ;

MM. J. Obert et fils, pour la serrurerie ;

M. Lemel, de Rouen, pour la menuiserie;
M. Boisnel, de Rouen, pour la couverture;
MM. Noel et Vigné, de Rouen, pour la peinture.
M. Edmond Bonet, de Rouen, pour la marbrerie.

Le Conseil municipal avait voté en 1877 un crédit de 3,500,000 francs pour la reconstruction du Théâtre-des-Arts; la dépense totale fut de 3,454,100 fr. 12, y compris les acquisitions d'immeubles, indemnités locatives, décors, costumes et bibliothèque.

Est-il besoin de dire que la Ville recula devant les frais qu'eût entraînés l'expropriation des immeubles faisant face au Théâtre-des-Arts, et dont la démolition eût permis de créer en cet endroit une place de 25 mètres de large ?

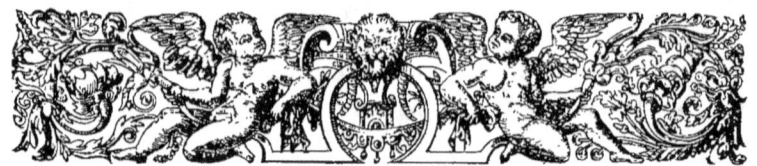

DESCRIPTION SOMMAIRE

Nous n'entrerons pas dans de grands détails sur un théâtre que tout le monde connaît, et nous nous contenterons de noter le côté artistique des façades et des décorations intérieures.

Sur la façade principale on remarque donc, surmontant les fenêtres des extrémités, deux bustes saillants représentant l'Harmonie et la Mélodie. Au-dessus des trois fenêtres de la partie centrale, de petits génies jouent des instruments de musique.

Les noms de Rossini, Boieldieu, Meyerbeer, inscrits sur la frise, caractérisent les musiques italienne, française et allemande. Enfin, le fronton a été sculpté par Chapu, mais le manque de recul empêche de le bien voir.

Les autres façades sont simples : sur le quai, le Chant et le Drame, et sur la rue des Charrettes, la Comédie et la Chorégraphie, sont symbolisés par quatre bustes dûs au ciseau de Bartholdi.

Le péristyle et le vestibule qui donnent accès à l'intérieur sont dépourvus de toute décoration et sont même très froids ; mais l'escalier d'honneur qui mène aux premières est orné de six panneaux, peints par Démarest et consacrés à Boieldieu et à Corneille : *Le Nouveau Seigneur du Village*, *La Dame Blanche* et *Le Petit Chaperon Rouge* font ainsi face au *Menteur*, au *Cid* et à *Polyeucte*.

Dans le grand foyer, d'une architecture très ornée, huit peintures de Paul Baudoüin, représentent, sous forme d'allégories : la Mélodie, la Danse, la Chanson, l'Idylle, du côté de la salle ; et Orphée, la Symphonie, la Musique héroïque, le Drame lyrique, du côté de la façade.

Le plafond a été décoré par Paul Milliet : le panneau du compartiment central figure la Poésie lyrique ; chacun des compartiments latéraux est occupé par une peinture où l'on reconnaît, d'un côté, la Chanson, de l'autre, la Danse.

A chacune des extrémités du foyer, un salon est muni de meubles et d'une cheminée dont la tablette porte le buste de Corneille et celui de Boieldieu. Le plafond du premier représente la Tragédie, celui du second, la Musique légère ; c'est également l'œuvre de Paul Milliet.

Dans la salle, nous voyons au-dessus de la scène deux petits génies sonnant de la trompette et soutenant les armes de Rouen ; ils sont, comme ceux de la façade extérieure, et les cariatides des avant-scènes, dûs au sculpteur Chédeville. Mais le plafond, de Glaize, mérite surtout l'attention. Cette vaste composition est divisée en quatre parties : au-dessus de l'ouverture de la scène, Corneille est assis au-devant d'un temple, ayant Apollon à ses côtés, tandis qu'une muse volant derrière le poète dépose sur sa tête une couronne de lauriers ; en avant, la Comédie et la Tragédie, et au fond quelques rouennais illustres : Géricault, Boieldieu, Fontenelle, G. Flaubert, Louis Bouilhet. Le sujet de gauche représente le char de Vénus, celui de droite la Danse antique. Au fond, la Seine épanche ses flots dans l'Océan, en avant d'une vue de Rouen.

Enfin, les deux rideaux de scène sont dûs au pinceau de Lavastre jeune.

En 1882, la salle pouvait recevoir 1,611 spectateurs, mais ce chiffre s'est trouvé réduit à 1,535 depuis qu'un certain nombre de places a été supprimé, en 1897, pour faciliter les entrées et sorties et permettre ainsi une évacuation plus rapide de la salle en cas de sinistre.

Voici la décomposition de ce chiffre de 1,535, en y comprenant toutes les loges et toutes les places sans exception dont la Ville s'est réservé la jouissance gratuite, et les strapontins :

2 Avant-scènes du rez-de-chaussée	12 places.
Fauteuils d'orchestre (10 strapontins)	113 —
Stalles de parquet (8 strapontins)	148 —
Parterre	164 —
14 Baignoires	58 —
11 Loges de face	66 —
10 Loges de côté	42 —
Loges de la Mairie et de la Préfecture	12 —
Fauteuils de balcon de face (6 strapontins)	56 —
Fauteuils de balcon de côté (10 strapontins)	58 —
2 Avant-scènes des secondes	22 —
Secondes de face (6 strapontins)	158 —
Secondes de côté (2 strapontins)	102 —
2 Avant-scènes des troisièmes (2 strapontins)	24 —
Troisièmes de face	146 —
Troisièmes de côté (4 strapontins)	94 —
Quatrièmes	260 —
Egalité	1535 places.

La scène, qui communique avec la salle par deux portes en fer, ouvrant sur le premier palier des escaliers desservant toutes les catégories de places et une autre porte donnant sur le vestiaire des fauteuils de balcon de face, côté jardin, a 10 mètres d'ouverture et 9 m. 50 de hauteur. Sa profondeur de la rampe au mur de fond est de 18 mètres, sa largeur totale de 24 mètres. Autrefois il y avait, donnant sur la scène, deux foyers : l'un à l'angle du cours Boieldieu, pour les artistes, l'autre à l'angle de la rue des Charrettes, pour le corps de ballet. Le premier est devenu le cabinet du Directeur, le second est commun aux artistes du chant et de la danse.

Par ses dimensions, le Théâtre-des-Arts est en forme de trapèze : en profondeur il a 54 mètres, mais ses faces latérales ne sont pas parallèles, la bâtisse allant en s'élargissant : le côté de la rue Grand-Pont a en effet 33 m. 50 de large et celui de la rue de la Champmeslé 35 mètres.

DIRECTION PEZZANI
Année théâtrale 1882-1883.

Dès qu'elle eût reçu de l'architecte Sauvageot, l'assurance que la construction et l'aménagement du nouveau théâtre seraient complètement terminés pour le 1er octobre 1882, la Municipalité se préoccupa de la rédaction du cahier des charges à imposer au Directeur.

Nous croyons devoir donner *in-extenso* ce document qui fut adopté par le Conseil municipal dans sa séance du 21 décembre 1881 ; pour les années suivantes, nous indiquerons succinctement les modifications qui y furent apportées, celles au moins présentant quelque importance ou quelque intérêt pour le public.

On remarquera que le mode de débuts n'était pas réglementé à nouveau. L'arrêté du Maire de Rouen en date du 27 avril 1853, incorporé dans le règlement de police, gardait donc toute sa force.

L'opérette était absolument proscrite, car le Conseil craignait « que le Directeur ne fut contraint de recourir à des pièces peu acceptables dans l'intérêt de l'art et des mœurs ». On verra par la suite que les craintes de nos édiles étaient justifiées.

Voici donc ce fameux cahier des charges qui a fait couler tant d'encre :

§ I. — *Durée et objet de la concession.*

Art. 1er. — La durée de la concession de l'exploitation du Théâtre-des-Arts comprendra les trois campagnes 1882-1883. 1883-1884, 1884-1885. L'exploitation commencera le 1er octobre 1882 et finira le 31 juillet 1885.

Art. 2. — Les troupes engagées pour desservir le Théâtre-des-Arts devront être complètes et de premier ordre.

Le cadre des troupes sera soumis à l'Administration municipale préalablement à toute exploitation.

Le cadre de la troupe lyrique est fixé ainsi qu'il suit : un régisseur général ; un premier ténor d'opéra ; un premier ténor d'opéra-comique ; un deuxième ténor ; un troisième ténor ; un baryton d'opéra ; un baryton d'opéra-comique ; une basse d'opéra ; une basse d'opéra-comique ; une deuxième basse ; une troisième basse ; un trial ; un laruette ; trois rôles (utilités); une première chanteuse d'opéra (Falcon); une première chanteuse légère d'opéra; une contralto (Stolz); une première chanteuse légère d'opéra-comique; une première dugazon; une deuxième dugazon; une duègne; une troisième dugazon; trois rôles (utilités).

Ballet : un maître de ballet, premier danseur, une danseuse noble, une danseuse demi-caractère, une deuxième danseuse, une deuxième danseuse et travestis, douze danseuses.

Art. 3. — Le Directeur pendant la durée de la concession n'exploitera aucune autre scène, soit à Rouen, soit en quelque lieu que ce soit.

Il ne pourra, sans l'autorisation du Maire, faire jouer ni laisser jouer ses troupes, ni même leurs artistes individuellement, sur aucun autre Théâtre de Rouen ou d'autres villes, non plus que dans des concerts, réunions ou lieux publics quelconques.

Art. 4. — Le Directeur du Théâtre-des-Arts exploitera sur cette scène : le *grand opéra*, *l'opéra-comique* et les *traductions* avec les *divertissements* que ces représentations comportent.

Il est formellement interdit au Directeur de faire jouer l'*opérette*.

Une commission nommée par l'Administration sera juge du caractère des pièces qui devront être proscrites comme appartenant à ce genre.

Art. 5. — L'orchestre comprendra toujours au moins : 1 chef d'orchestre, 1 sous-chef d'orchestre, 8 premiers violons, 8 seconds violons, 4 altos, 4 violoncelles, 4 contre-basses, 2 flûtes, 2 hautbois, 2 clarinettes, 2 bassons, 4 cors, 2 trompettes à piston, 3 trombones, 1 ophicléide, 1 timbalier, 1 grosse caisse, 1 caisse claire, 1 harpiste, 1 pianiste; en tout au minimum 51 instrumentistes.

Art. 6. — Les chœurs seront composés au minimum de 24 choristes hommes et 20 choristes femmes, soit 44 choristes au moins.

Les chœurs et l'orchestre du Théâtre-des-Arts ne pourront être ni réduits dans leur personnel, ni distraits pour des représentations et services étrangers à ce Théâtre.

Art. 7. — Le Directeur est tenu de donner au minimum cinq représentations par semaine.

Le nombre de ces représentations ne pourra être diminué, sauf les cas de force majeure dont l'Administration municipale sera seule juge.

Les représentations lyriques commenceront le 1ᵉʳ octobre pour finir le 30 avril.

Le Directeur aura la faculté de les commencer avant le 1ᵉʳ octobre et de les continuer pendant le mois de mai, mais à ses risques et périls et sans pouvoir demander d'augmentation de subvention.

Il pourra jouer, s'il le juge convenable, la comédie, le drame, la féerie et même l'opérette, à partir du 1ᵉʳ mai, c'est-à-dire entre ses campagnes lyriques, après avoir fait préalablement agréer le cadre de sa troupe et le programme de ses spectacles conformément aux articles 2 et 4.

Sont exclues toutes opérettes représentées avant le 1ᵉʳ janvier 1882.

Art. 8. — Tous les foyers seront éclairés pendant toute la durée de chaque représentation. Ils seront chauffés en hiver. Il est interdit au Directeur de faire des répétitions dans le foyer des premières, ainsi que dans les vestibules desservant les secondes et les troisièmes galeries.

Art. 9. — Les prix des places sont fixés ainsi qu'il suit :

Loges d'avant-scène du rez-de-chaussée	
— des premières	6 f. » c.
Loges de face à salon	
Loges d'entre-colonnement.	5 »
Loges de côté des premières	
Fauteuils des premières, face	
Fauteuils d'orchestre	4 50
Baignoires et petites loges des premières . . .	
Fauteuils de côté des premières	
Stalles de parquet et petites loges des secondes . .	3 50
Secondes de face et d'entre-colonnement	2 50
Secondes de côté.	
Parterre assis et petites loges des troisièmes . . .	2 »
Troisièmes de face et d'entre-colonnement. . . .	1 25
Troisièmes de côté	1 »
Quatrièmes.	» 60

Le Directeur aura le droit de percevoir un supplément de 50 centimes pour la location des places de 4 fr. 50 et au-dessus, et de 25 centimes pour la location des places de 2 fr. 50 et au-dessus.

Ne pourront être mises en location que les places numérotées. Il ne sera délivré à l'avance pour ces dernières catégories de places que des billets avec supplément de location.

Le Directeur ne devra percevoir aucun supplément pour les billets pris à l'avance pour les autres places non numérotées, telles que parterre, secondes de côté, troisièmes, etc.

Il ne pourra, dans aucun cas, modifier les prix ci-dessus sans l'autorisation formelle du Maire.

L'abonnement est facultatif, au gré du Directeur, sous réserve de l'approbation par le Maire des conditions et du tarif de l'abonnement.

Art. 10. — Le Directeur sera obligé de donner, chaque année, deux représentations au bénéfice des Hospices de la Ville. Ces représentations auront lieu, l'une dans le mois de décembre, l'autre dans le mois de mars. L'Administration municipale aura le droit de choisir dans le répertoire de la troupe, même les pièces à succès.

Le Directeur sera obligé également de donner une fois par mois, le soir, une représentation avec réduction à demi-prix des places autres que les loges d'avant-scène, les premières loges, les fauteuils des premières, les fauteils d'orchestre, les baignoires, les stalles de parquet et les petites loges des secondes.

Art. 11 — La Ville se réserve la jouissance gratuite du Théâtre-des-Arts, et plus spécialement celle des foyers, soit pour des usages tenant à des services municipaux ou d'intérêt public ou local, soit pour des conférences, soit même pour des bals et concerts qu'elle voudrait donner au profit des pauvres, soit pour les fêtes (représentations, concerts ou réunions quelconques), qui seraient organisées à l'occasion de solennités publiques.

Toutefois, l'occupation de la salle et de ses dépendances ne pourra empêcher les représentations normales et les répétitions, si ce n'est à l'occasion de fêtes et solennités patriotiques. Dans ces circonstances, la Ville pourra réclamer le concours gratuit des troupes d'acteurs, des orchestres et du personnel des divertissements, mais non des artistes payés au cachet. Tous les autres frais seront prélevés sur la recette.

Art. 12. — La Ville se réserve la jouissance gratuite :

I. — Pour M. le Maire, de la loge d'avant-scène des premières à la gauche du spectateur ;

II. — De trois fauteuils de premières pour : 1° l'Officier de service ; 2° le Commissaire central ; 3° le Commissaire de police ;

III. — D'un fauteuil d'orchestre pour le Médecin de service ;

IV. — D'une stalle de parquet pour l'Officier commandant les pompiers.

MM. les Adjoints ont de droit leur entrée au Théâtre.

La loge d'avant-scène des premières à la droite du spectateur est affectée à M. le Préfet, et celle de face des premières à M. le Général commandant le corps d'armée.

Auront leur entrée libre pour les besoins du service, MM. le Secrétaire-Général de la Mairie, l'Architecte de la ville, l'Inspecteur des eaux, l'Inspecteur du gaz et le Conservateur du Théâtre.

Les représentants des Compagnies d'assurances contre l'incendie, agents et inspecteurs, auront le droit de pénétrer dans le Théâtre pour exercer leur surveillance sur l'immeuble et le mobilier par eux assurés, même pendant le cours des représentations, bals, concerts ou réunions diverses ; mais ils ne pourront occuper des places sans les payer.

§ II. — *Avantages accordés au Directeur.*

Art. 13. — La Ville concède au Directeur :

I. — La jouissance gratuite du Théâtre-des-Arts, avec exonération de l'impôt foncier et de l'impôt des portes et fenêtres, ainsi que du paiement des primes d'assurance contre l'incendie.

Toutefois, l'exonération des primes d'assurance n'aura lieu que jusqu'à concurrence de cent quatre-vingts représentations par an, non compris les deux représentations données au profit des Hospices, et toutes autres représentations organisées sur la demande du Maire de la ville. Le Directeur n'en pourra donner un plus grand nombre qu'avec l'autorisation écrite du Maire et à la condition expresse de supporter l'excédent de primes d'assurances devant en résulter.

II. — La jouissance gratuite de son matériel théâtral comprenant, savoir : le mobilier des foyers ; les décors reposés dans la salle et dans les magasins de la ville ; le mobilier et les accessoires divers propres à la scène, déposés au Théâtre et comprenant : les costumes, armures, etc. ; la bibliothèque musicale et dramatique ; plusieurs instruments de musique ; les tuyaux, compteurs, régulateurs, le grand lustre et les appareils divers d'éclairage de la salle et de la scène ; les engins, cordages et fils servant à la manœuvre des décorations, les treuils, les fils en cuivre pour la manœuvre du lustre, les contrepoids, poulies, etc. ; le chariot pour le transport des décors, etc.

III. — La jouissance gratuite des magasins de décors et des ateliers où s'exécutent les décorations.

IV. — L'éclairage par le gaz du Théâtre, mais seulement pour les représentations lyriques à donner pendant la durée de la campagne, du 1er octobre au 30 avril.

V. — Le droit, pour les autres représentations, les bals et les concerts, de payer le gaz fourni pour l'éclairage du Théâtre-des-Arts, sur le taux de l'éclairage public (17 centimes le mètre cube).

VI. — L'exonération du droit des pauvres afférent aux représentations données dans le Théâtre-des-Arts, du 1er octobre au 30 avril, le Directeur devant supporter le dit droit pour toute représentation donnée en dehors de cette période.

VII. — Une subvention en argent de la somme de 130,000 francs, payable par fractions mensuelles de 18,571 fr. 42 à l'expiration de chacun des mois de l'exploitation.

Le versement n'aura lieu que sur la justification du solde des émoluments de tous les artistes et employés de l'exploitation.

Art. 14. — En aucun cas, le Directeur ne pourra louer le Théâtre-des-Arts, ni en céder la jouissance, soit pour le tout, soit pour partie, à moins d'autorisation expresse et par écrit du Maire. Il en sera de même de toutes les dépendances de l'exploitation.

Alors même que le Directeur serait autorisé à louer la salle, les loges et places mentionnées dans l'article 12 resteront exclusivement réservées aux Administrateurs, Autorités et personnes y désignées, sans aucune restriction.

§ III. — *Obligations du Directeur pour l'entretien de la salle, du mobilier et du matériel.*

Art. 15. — Le Directeur prendra le Théâtre-des-Arts achevé et muni du matériel indispensable, sans pouvoir exiger aucuns travaux autres que ceux qu'il conviendrait à la Ville d'exécuter.

Le Théâtre devra être livré au Directeur le 15 septembre 1882, en état de permettre les répétitions.

Bien que la construction soit livrée neuve au Directeur, il en sera dressé un état de lieux ; le Théâtre sera rendu dans l'état où il aura été pris, sauf l'usure normale.

Le Directeur sera tenu d'exécuter, à ses frais : toutes les réparations nécessitées par la faute de ses agents, par la fréquentation du public, à moins de cas de force majeure, et par un usage non convenable des choses ; les réparations locatives aux termes de l'article 1754 du Code civil et à la charge de l'occupant conformément à l'usage ; les réparations des banquettes et sièges ; celles des portes et loges pour la menuiserie et la serrurerie ; les raccords de peinture et de papiers de tenture ; les réparations des portes, plinthes et frises. Ces réparations devront être faites aussitôt après les détériorations et dégradations reconnues, au plus tard dans les vingt-quatre heures de la mise en demeure résultant d'une lettre administrative.

Le Directeur pourvoira à toutes les nécessités du nettoyage et du maintien de la propreté dans toutes les parties du Théâtre ; il prendra les précautions nécessaires pour faire disparaître les mauvaises odeurs qui s'exhaleraient des dessous ; il fera jeter, au besoin, dans les cabinets d'aisances et urinoirs, des substances désinfectantes.

Art. 16. — Le Directeur prendra les machines, commandes, fils, rampes, etc., en un mot, tous les engins de la salle dans l'état où ils se trouveront au moment de son entrée en jouissance. Il devra réparer ou remplacer tous les objets qui viendront à se détériorer, et ce, à ses risques et périls.

Les décorations qui ne seraient pas équipées au moment de l'ouverture, le seront aux frais du Directeur.

Les améliorations ou augmentations ne pourront être faites qu'avec l'autorisation écrite du Maire ; elles resteront la propriété de la Ville sans indemnité. Il en sera de même de tous les objets que le Directeur introduira dans le Théâtre pour quelque cause que ce soit, sauf convention contraire et sauf les stipulations de l'article 26 ci-après.

Tout changement ou toute modification que le Directeur voudrait apporter aux installations et engins de la machinerie, de l'éclairage, du chauffage, ventilation ou autres services du Théâtre, devra être préalablement autorisé par le Maire et sera effectué sous la surveillance des représentants de l'Administration municipale.

Le Directeur entretiendra en bon état de service les appareils d'éclairage par le gaz et autres, même durant les mois d'été.

Faute par lui de se conformer aux obligations qui lui sont imposées, pour l'entretien de la salle, du matériel, des décors, du mobilier, et sur les rapports de l'Architecte de la Ville, de l'Inspecteur de l'éclairage et du Conservateur du Théâtre et de son matériel, le Maire ferait faire les travaux aux frais du Directeur, s'il n'y avait lui-même pourvu vingt-quatre heures après une mise en demeure résultant d'un simple acte administratif.

Les appareils de la distribution d'eau et tous les engins destinés à combattre les incendies dans le Théâtre, seront entretenus par le Directeur ; néanmoins, il ne sera pas obligé d'en faire les réparations et les remplacements, à moins que la détérioration n'ait été occasionnée par le fait de son personnel, ou le défaut d'entretien.

Art. 17. — Il sera dressé un inventaire du mobilier et du matériel de toute nature dont la Ville cède la jouissance gratuite. Cet inventaire sera fait contradictoirement avec le Directeur, signé de lui, ainsi que des garde-magasins, costumier, bibliothécaire, machiniste, du Conservateur du Théâtre et du gazier.

Le Directeur devra se contenter du matériel qui lui sera fourni. Si, au cours de l'exploitation, certaines parties de ce matériel devenaient impropres au service, il lui incomberait de les remplacer. Il lui est formellement interdit de le faire au moyen d'emprunts faits à un autre théâtre.

Art. 18. — Le Directeur sera obligé de déposer, à la Caisse municipale, avant le commencement de chacune des campagnes de son exploitation, une somme de 6,000 francs affectée au paiement des réparations qu'il aurait négligé d'effectuer. Toutefois, le Maire ne devra faire exécuter les travaux qu'après une mise en demeure signifiée par simple lettre.

Art. 19. — Les costumes serviront exclusivement aux représentations et ils ne pourront, sous aucun prétexte, être employés, soit dans les bals masqués ou travestis, soit dans d'autres fêtes données au Théâtre ou ailleurs. Le Directeur ne pourra louer le matériel théâtral, ni en céder la jouissance.

Art. 20. — L'entretien du mobilier et du matériel est à la charge du Directeur, qui devra les rendre en parfait état de conservation à la fin de son exploitation.

Art. 21. — Sauf le cas d'impossibilité dûment constatée, le Directeur sera tenu d'acheter les partitions gravées et les brochures qui sont dans le commerce et qu'il ne trouverait pas dans la bibliothèque.

Le prix maximum à payer par le Directeur est fixé : pour les opéras, à 1,000 francs, pour les opéras-comiques, à 600 francs.

Il devra faire relier toutes ces partitions et brochures neuves ; il sera obligé de faire réparer toutes les brochures et partitions anciennes dont il se serait servi dans l'année.

Art. 22. — Dans le courant de chaque campagne, le Directeur devra monter et faire représenter sur la scène du Théâtre-des-Arts, au moins : un grand opéra en quatre ou cinq actes; un opéra-comique en trois actes au *minimum*. Ces opéras seront pris parmi les œuvres capitales qui n'auront pas encore été représentées à Rouen depuis vingt ans.

Le Directeur fera préalablement connaître les titres des ouvrages par lui choisis, afin que la Commission théâtrale (art. 4) examine si ces ouvrages remplissent les conditions énumérées au présent article.

Pour la mise en scène de ces pièces, le Directeur sera tenu de faire exécuter deux grandes décorations complètes, de fournir des costumes et tapisseries neufs. Les décors et costumes nouveaux seront soumis à l'appréciation du Conservateur, qui aurait le droit de les refuser s'ils n'étaient pas dignes d'un Théâtre de premier ordre.

Les maquettes de ces décorations devront être faites à l'échelle de 0 mèt. 04 cent. par mètre, et resteront la propriété de la Ville.

Art. 23. — Le Directeur fournira à ses frais la toile, le bois, la peinture, les ferrures et accessoires nécessaires pour remettre complètement en état les décorations anciennes dont il se serait servi.

Un échantillon de la toile destinée à ce travail sera soumis à l'agrément du Conservateur. Il en sera de même pour la toile destinée aux décors nouveaux.

Pendant les mois où le Théâtre sera fermé, et dans l'intervalle des créations, le Directeur emploiera les peintres, menuisiers et costumiers à la réparation du matériel.

Le Conservateur surveillera le travail.

Art. 24. — Le Directeur laissera, à la fin de son exploitation, tout le matériel par lui créé pour le Théâtre-des-Arts, même en dehors de ce qui lui est prescrit ci-dessus, pendant la durée de son exploitation. en décors, accessoires, armures, costumes, partitions, brochures, instruments, meubles et ustensiles, en un mot, tous les objets qui auront servi aux représentations, ou qui auront été préparés dans ce but.

Il devra laisser deux brochures avec la mise en scène de chaque ouvrage nouveau qu'il fera représenter, la grande partition d'orchestre, s'il a pu l'acquérir, et une partition au piano.

Art. 25. — Dans les objets devant rester la propriété de la Ville sont notamment compris : les costumes pour coryphées ; les costumes qui doivent être en double et qui sont, par conséquent, du répertoire ; les uniformes, tous les costumes que le Directeur est dans l'obligation de fournir aux artistes selon les usages du Théâtre. Il en sera de même des costumes que le Directeur prêtera aux artistes pour des rôles de complaisance.

En dehors des cas ci-dessus mentionnés, les artistes n'auront droit qu'aux costumes dits « de magasin ».

Art. 26. — Par dérogation aux articles précédents, le Directeur pourra, *en dehors de la saison lyrique et avec l'autorisation du Maire*, traiter avec des entrepreneurs pour des pièces à grand spectacle et louer leur matériel complet ; mais, alors, aucune partie du matériel de la Ville ne pourra être employée pour ces représentations, à moins que l'Administration ne le permette.

Ces autorisations seront l'objet de demandes spéciales et données par écrit.

Art. 27. — Les augmentations de matériel, de costumes et de mobilier seront inscrites, au fur et à mesure qu'elles auront lieu, sur l'inventaire. Les mutations ou les diminutions y seront également annotées avec leurs causes.

Le livre d'inventaire sera vérifié au moins une fois par mois par le Conservateur du Théâtre, et visé par le Maire ou son délégué, à la fin de chaque trimestre.

L'année théâtrale terminée, il sera procédé par le Conservateur, l'Architecte de la Ville et un délégué de l'Administration municipale, en présence du Directeur, du machiniste, des gardiens d'accessoires, du garde-magasins, du costumier et du bibliothécaire, au récolement de l'inventaire. Il sera dressé, à la suite du dit inventaire, un procès-verbal de récolement qui sera signé par toutes les personnes y ayant pris part.

Art. 28. — Il ne sera conservé dans l'intérieur du Théâtre que les décorations servant au répertoire courant. En cas d'infraction à cette disposition, le Conservateur ferait enlever aux frais du Directeur les décors qu'il jugerait inutiles.

Art. 29. — Le Directeur pourra obtenir du Maire l'autorisation d'utiliser, pour la confection de décors et costumes nouveaux, les vieilles décorations ou les anciens costumes qui ne pourraient plus servir pour l'usage auquel ils étaient destinés ; mais le machiniste et le costumier ne devront jamais détruire, ni transformer aucun des objets confiés à leurs soins, sans en avoir préalablement obtenu la permission écrite du Conservateur.

Art. 30. — Le Maire se réserve la faculté de faire réformer et retrancher du mobilier, à la fin de chaque saison théâtrale, les objets reconnus impropres à tout service et d'en proscrire l'emploi.

Art. 31. — Pour sauvegarder les intérêts de la Ville dans toute la gestion théâtrale et pour veiller à la conservation de son matériel, ainsi que pour assurer les soins à donner dans la salle, le Directeur sera tenu d'avoir les employés ci-après : un caissier et un contrôleur, un peintre-décorateur et un garçon d'atelier de peinture, un machiniste en chef, deux menuisiers, un ouvrier gazier et le nombre d'aides qui sera jugé nécessaire, des costumiers, un gardien des accessoires, un garde-magasins, un bibliothécaire, qui sera toujours choisi parmi les musiciens de l'orchestre, un concierge. Le Maire nommera et révoquera ces employés après avis du Directeur.

Tous ces agents et employés seront engagés à *l'année* et payés par le Directeur ; en cas de difficultés, le chiffre de leur traitement serait fixé par le Maire. Ils seront néanmoins placés sous les ordres du Directeur, mais soumis à la surveillance du Conservateur du Théâtre pour le matériel et le mobilier, de l'Architecte de la Ville en ce qui concerne le chauffage et la ventilation, et de l'Inspecteur de l'éclairage de la Ville pour ce qui concerne l'éclairage.

La charge du paiement du personnel indiqué ci-dessus commencera, pour le Directeur entrant, à partir du jour où il prendra possession de son entreprise.

Le service du chauffage et de la ventilation de la salle sera fait par deux employés, mécanicien et chauffeur, que le Maire nommera. Ces deux employés seront payés directement par le Receveur municipal. Leur traitement annuel, les frais de combustible, de réparation et d'entretien des appareils et autres seront prélevés sur la subvention qui sera allouée au Directeur.

Art. 32. — Les machinistes, costumiers, garde-magasins, bibliothécaire et autres employés auront chacun la responsabilité des objets confiés à leurs soins. A cet effet, ils accepteront l'inventaire et y apposeront leur signature.

Le bibliothécaire prendra en charge et inscrira sur un registre spécial toutes les partitions, brochures, cahiers, etc., qui lui seront remis. Les ouvrages qui ne seront pas utiles au répertoire exploité seront reportés à la bibliothèque de la Ville ; il ne sera conservé au Théâtre que *six* partitions avec les parties séparées.

Le garde-magasins tiendra les magasins dans un ordre parfait ; il sera chargé de veiller à la sortie et à la rentrée des décors.

La responsabilité des employés et artistes ne met pas obstacle à celle du Directeur envers la Ville, au point de vue de la conservation des locaux et de tout le matériel qui lui est remis. Pour sa propre garantie, comme pour celle de la Ville au besoin, il ne paiera, aux employés et artistes, leur dernier mois de traitement qu'après vérification des objets confiés à leurs soins et décharge de leur gestion donnée par le Maire, sur l'avis du Directeur et sur celui du Conservateur.

§ IV. — *Dispositions générales et réglementaires.*

CLAUSES PÉNALES.

Art. 33. — Le Directeur est libre de contracter, avec ses artistes et employés en général, tels engagements qu'il jugera convenables et de nature à assurer la marche et le succès de son entreprise. Mais quelles que soient ces stipulations, il sera seul responsable, savoir : vis-à-vis de l'Autorité compétente, pour toutes les mesures d'ordre public ; à l'égard de la Ville, pour toutes les obligations résultant de l'acceptation des présentes, ainsi que pour les mesures relatives aux dangers d'incendie et à la sécurité des personnes.

Art. 34. — Le Directeur devra justifier au Maire, le 1er août 1882, au plus tard, que sa troupe est formée pour la première campagne.

Avant l'ouverture de chacune des campagnes suivantes, il devra fournir la même justification un mois avant l'ouverture du Théâtre.

Dans la formation de la troupe seront compris, outre les acteurs, les orchestres, chœurs, comparses et employés.

Il donnera le tableau général de sa troupe sans aucune exception, avec indication des émoluments de *chacun*. Il devra, en outre, pour les artistes, faire connaître les théâtres d'où ils sortent.

Le Maire aura le droit de faire compléter le tableau, s'il juge la composition de ces troupes insuffisante.

Art. 35. — Le Directeur obligera les artistes qu'il engagera à faire des débuts ; il devra, en ce qui concerne ces débuts, se conformer aux règlements de police existant ou à intervenir.

Art. 36. — Un arrêté du Maire règlera le service médical. Les médecins qui en seront chargés seront nommés par le Maire, sur la présentation du Directeur.

Art. 37. — Si le Directeur faisait relâche sans y être autorisé par les présentes ou par l'Administration, il serait personnellement passible, envers la Ville, de dommages et intérêts égaux à un dixième de la subvention mensuelle en argent, sauf les cas de force majeure dûment constatés. Le Maire retiendrait cette indemnité sur le plus prochain versement de la subvention.

ART. 38. — Si le Directeur, malgré l'injonction de l'Administration, constatée par un simple acte administratif de mise en demeure, persistait à ne pas ouvrir le Théâtre et que le relâche se prolongeât durant cinq jours, l'Administration pourrait considérer la concession comme résolue de plein droit et faire procéder à l'installation d'un nouveau Directeur, et ce, sans préjudice des dommages-intérêts dûs à la Ville.

ART. 39. — Il est interdit au Directeur de laisser pénétrer les personnes étrangères au service, soit de la direction, soit de la surveillance municipale, dans les foyers des artistes, choristes et dans les dépendances de la scène, coulisses, etc.

Il lui est également interdit d'autoriser les artistes et choristes à se rendre dans la salle pendant les représentations ou répétitions.

ART. 40. — Il ne sera tenu de buffet dans le Théâtre-des-Arts ou dans ses dépendances, que sur l'autorisation de l'Administration municipale.

ART. 41. — Chaque soir, après le spectacle, des housses devront recouvrir les galeries et toutes les parties qui peuvent être protégées contre la poussière.

ART. 42. — Outre les livres que lui impose le Code de commerce, le Directeur tiendra un livre de caisse et un livre d'émargements sur lequel il fera signer les artistes et les employés au fur et à mesure des paiements qui leur seront faits.

Le Maire pourra prendre connaissance des écritures et des livres de la direction, ainsi que des pièces justificatives à l'appui, toutes les fois qu'il le jugera convenable.

ART. 43. — Tous les trois mois, le Directeur présentera au Maire un état détaillé constatant jour par jour les recettes et dépenses du trimestre et la situation de l'entreprise.

ART. 44. — Pour assurer l'accomplissement de ses diverses obligations, le Directeur devra, avant l'acceptation de sa proposition, déposer à la Caisse municipale, soit en espèces, soit en rentes sur l'Etat, un cautionnement de 25.000 francs.

Ce cautionnement est affecté, en premier ordre, à la garantie des droits que la Ville peut avoir à exercer contre la direction, et en second lieu, à celle des obligations du Directeur envers les artistes et employés du Théâtre.

ART. 45. — Dans le cas où le Directeur ne remplirait pas une des charges qui lui sont imposées, notamment pour l'entretien de la salle et de ses dépendances, celui du matériel, sa réparation et son remplacement, pour la tenue de tous les locaux en état de propreté et autres obligations de sa gestion, soit envers la Ville, soit envers le personnel théâtral, le Maire aura la faculté d'y pourvoir aux frais du Directeur. Le montant des dépenses ainsi faites sera prélevé par le Maire, soit sur le montant du cautionnement déposé, lequel devrait être rétabli, pour son chiffre intégral, dans la huitaine d'une mise en demeure administrative, soit sur le montant de la subvention.

Art. 46. — La présente concession serait résolue de plein droit, mais si bon semblait à la Ville et en tant qu'elle voudrait user de cette résiliation, dans le cas où le Directeur manquerait à l'une des obligations qui lui sont imposées par le présent.

Art. 47. — Le Directeur sera obligé de supporter tous les travaux qui devraient être exécutés dans le Théâtre, sans réclamer aucune indemnité, ces travaux auraient-ils lieu même pendant le cours de la campagne.

Art. 48. — Dans le cas où l'Autorité supérieure croirait devoir, dans un intérêt public, ordonner la fermeture du Théâtre, ou s'il intervenait des dispositions législatives ou réglementaires modifiant le régime actuel du Théâtre ; si, enfin, une cause de force majeure pour la Ville (incendie, calamité publique, inondations, guerre civile, invasion, troubles ou autres circonstances de quelque nature qu'elles soient), empêchait des représentations et mettait obstacle à l'exploitation du Théâtre, le Directeur ne pourrait réclamer de la Ville aucune indemnité.

Art. 49. — Tous les frais de timbre et d'enregistrement et autres, qui pourraient résulter des présentes, seront acquittés par le Directeur, sans qu'aucune de ces dépenses puisse être mise à la charge de la Ville.

Art. 50. — Le Directeur élit domicile à Rouen, en la salle du Théâtre-des-Arts, rue Grand-Pont, pour toutes les suites des présentes ; les correspondances, notifications, exploits, lui seront adressés en ce lieu, comme à personne et véritable domicile.

Les contestations relatives à l'exécution et à l'interprétation des présentes conditions de l'exploitation du Théâtre seront jugées par les Tribunaux compétents du ressort de Rouen, auxquels le Directeur déclare attribuer juridiction, à l'exclusion des Tribunaux de son domicile réel.

Dans la même séance, le Conseil municipal fut appelé à faire choix d'un directeur.

Les candidats étaient au nombre de 20 :

MM. Bellier, ancien directeur du Théâtre de Lille ;
 Bernard, directeur du Grand-Théâtre et du Théâtre des Nations, de Marseille ;
 Borsat de Lavernière, ancien directeur de divers Théâtres ;
 Bouvard, administrateur du Théâtre du Capitole, à Toulouse ;
 Collin, directeur du Théâtre-Français à Rouen ;
 Coulon, directeur du Grand-Théâtre de Gand, qui, il est

bon de le rappeler, avait été désigné pour exploiter notre première scène pendant les campagnes 1876-1877, 1877-1878 et 1878-1879, mais que l'incendie avait empêché de jouir de son privilège ;

MM. Daiglemont, ancien directeur de l'Odéon ;
Elchetto, artiste lyrique ;
Gautier, directeur du Théâtre de Reims ;
Gravière, directeur du Théâtre de Genève ;
Lafon, directeur du Théâtre de Nantes ;
Lemoigne, qui dirigeait le Théâtre-des-Arts en 1876 ;
Max, directeur du Casino de Luchon ;
Millet ;
Méval et Maxime, directeurs du Théâtre de Rennes ;
Monnier de Joly, directeur du Théâtre de Lille ;
Paul, ancien maître de ballet à Rouen ;
Pezzani, ancien directeur du Théâtre d'Anvers ;
Rochette, directeur des Théâtres de Caen et de Bayeux ;
Roubaud, directeur des Théâtres d'Angers et de Saumur.

Par 23 voix, contre 5 accordées à M. Lemoigne, le Conseil désigna M. Pezzani qui, après avoir tenu l'emploi de baryton à Montpellier, Bordeaux, Marseille et Bruxelles, avait dirigé les Théâtres de Gand et d'Anvers.

C'est donc M. Pezzani qui devait avoir l'honneur d'inaugurer la nouvelle salle.

Inauguration. — Cette cérémonie eut lieu le samedi 30 septembre 1882, en présence de MM. Fallières, Ministre de l'Intérieur, Duvaux, Ministre de l'Instruction publique, Tirard, Ministre des Finances, Logerotte et Develle, Sous-Secrétaires d'Etat aux Beaux-Arts et à l'Intérieur, M. Ambroise Thomas, Directeur du Conservatoire, M. Morton, Ambassadeur des Etats-Unis, M. Roger Ballu, Inspecteur des Beaux-Arts, M. Garnier, Architecte de l'Opéra, M. Renaud, ancien Préfet de la Seine-Inférieure, Directeur général des Contributions indirectes, M. Halanzier, ancien Directeur de l'Opéra et du Théâtre-des-Arts, M. Songeon, Président du Conseil municipal de Paris, les représentants de la presse parisienne, etc...

Inutile d'ajouter que toutes les autorités et personnalités

locales étaient présentes et que la salle était comble jusqu'aux quatrièmes galeries.

La soirée commença par l'ouverture de *La Dame Blanche*; il appartenait bien en effet au maître rouennais d'éveiller le premier les échos de la nouvelle salle, mais le véritable spectacle consistait dans une représentation des *Huguenots* qui fut un triomphe pour l'excellente troupe d'opéra de cette année-là.

Au cours de la soirée, le Ministre de l'Instruction publique remit à M. Sauvageot, la Croix de la Légion d'honneur et à M. Momas, chef d'orchestre, les palmes d'Officier d'Académie.

Saison lyrique. — La troupe avait paru pour la première fois devant le public dans *Les Huguenots*, œuvre qui, par la suite, a été fatale à bien des artistes, surtout aux ténors. Les débuts se succédèrent ensuite, mais s'éternisèrent jusqu'au 29 janvier, soit pendant quatre mois, sans toutefois donner lieu à aucun incident digne d'être noté. Après le remplacement des artistes refusés ou ayant dû résilier leur engagement, la troupe fut composée comme suit :

MM. Momas, chef d'orchestre ;
    Marchot, deuxième chef d'orchestre ;
    Bouvard, régisseur général ;
    Devilliers, fort ténor ;
    Furst, ténor léger ;
    Jouanne, deuxième ténor ;
    Manoury, baryton de grand opéra ;
    Ponsard, basse noble ;
    Paravey, basse chantante ;
    Sernin-Chevalier, deuxième basse ;
    de Beer, trial ;
    Minne, laruette ;
Mmes Baux, forte chanteuse falcon ;
    Vachot, chanteuse légère de grand opéra ;
    Dorian, chanteuse légère d'opéra-comique ;
    de Basta, contralto ;
    Mendès, première dugazon ;
    Lecomte, deuxième dugazon ;
    Grenet, duègne ;

M. Théophile, maître de ballet, premier danseur ;
Mlles Ferrus, première danseuse noble ;
Carabelli, première danseuse demi-caractère.

Les vieux habitués retrouvaient, dans la personne du régisseur général, l'ancien ténor léger apprécié de la saison 1868-1869.

On remarquera une lacune dans ce tableau de troupe où ne figure pas de baryton d'opéra-comique. Après l'échec successif des trois artistes engagés par M. Pezzani, ce dernier se déclara dans l'impossibilité d'en produire un digne de notre scène et l'emploi resta vacant toute l'année.

Répertoire. — On a repris pendant cette saison 1882-1883, 24 opéras et opéras-comiques qui avaient déjà été donnés sur l'ancien Théâtre-des-Arts. Nous nous contenterons donc d'en faire une simple énumération, mais en indiquant la date de la première représentation à Rouen de chacun d'eux.

Le Barbier de Séville (4)[1].
(27 février 1823).
Le Chalet (7).
(16 janvier 1835).
Charles VI (3).
(7 mars 1846).
La Dame Blanche (4).
(25 février 1826).
Le Domino Noir (4).
(30 mars 1838).
Les Dragons de Villars (7).
(19 mai 1858).
Faust (11).
(11 avril 1860).
La Favorite (17).
(25 décembre 1841).
La Fille du Régiment (7).
(22 avril 1843).
Galathée (4).
(26 mars 1854).
Guillaume Tell (8).
(18 avril 1833).
Hamlet (12).
(29 mars 1876).

Haydée (6).
(31 mars 1849).
Les Huguenots (15).
(11 janvier 1837).
La Juive (19).
(5 février 1836).
Lucie de Lammermoor (4).
(24 décembre 1839).
Le Maître de Chapelle (8).
(7 juillet 1823).
Mignon (12).
(9 décembre 1868).
Les Mousquetaires de la Reine (6).
(20 avril 1846).
Le Postillon de Longjumeau (3).
(27 mars 1837).
Rigoletto (3).
(13 mai 1861).
Robert le Diable (10).
(3 avril 1832).
Le Songe d'une Nuit d'Eté (3).
(30 janvier 1851).
Le Trouvère (9).
(4 avril 1859).

1. Le chiffre placé à la suite du titre indique le nombre de représentations de l'œuvre pendant la saison.

En général, l'interprétation du grand opéra fut supérieure, tandis que celle de l'opéra-comique laissa souvent à désirer dans l'ensemble.

Nouveauté. — M. Pezzani, pour se conformer à l'article 22 du cahier des charges, devait monter pendant la saison un grand opéra en 4 ou 5 actes et un opéra-comique en 3 actes au minimum, et ces deux œuvres étaient à prendre parmi celles n'ayant pas été représentées à Rouen depuis vingt ans.

Il avait porté son choix sur *Françoise de Rimini*, d'Ambroise Thomas, et *Carmen*, de Bizet.

Carmen ne remplissait certainement pas les conditions requises, car le Théâtre-Lafayette en avait donné trois ans auparavant une série de représentations, dont la première avait eu lieu le 8 janvier 1880, avec Mlle Allary, MM. Pellin et Rimmel dans les principaux rôles, mais le Conseil municipal ne souleva aucune objection et en somme il fit bien.

La première de *Carmen* eut donc lieu le 21 février 1883 avec la distribution suivante : MM. Furst (don José), Paravey (Escamillo), Mlle Mendès (Carmen), Mlle Dorian (Micaëla), MM. Jouanne, Sernin-Chevalier, de Beer, Mlles Lecomte et Bouvard.

Cette jolie partition fut fort bien accueillie et fut donnée quatorze fois. On sait quel succès elle a obtenu par la suite, mais nous renonçons à faire le compte des chanteuses qui ont voulu aborder ce rôle complexe et difficile de la Carmencita où les meilleures ont échoué.

Par contre *Françoise de Rimini* ne parut pas sur l'affiche cette année-là, le compositeur et le librettiste ayant estimé que la fin de saison était trop proche et l'orchestre encore trop insuffisant pour en donner une interprétation satisfaisante.

Cette infraction au cahier des charges eut une sanction : le Conseil municipal retint à M. Pezzani une somme de 3.000 francs sur la subvention afférente au mois d'avril 1883.

Combien de directeurs ont pris par la suite d'aussi grandes libertés avec ce cahier des charges sans encourir une pareille pénalité !

Représentations au profit des Hospices. — Elles eurent lieu, la première le 27 décembre 1882, avec *Hamlet* (recette

3134 fr. 70); la seconde, le 7 avril 1883, avec *La Juive* (recette 3151 fr. 80).

Bals. — Trois bals furent organisés pendant la saison 1882-1883 :

Le premier au profit des Pauvres, sous le patronage de la Franc-Maçonnerie rouennaise, eut lieu le 20 janvier 1883.

Les deux autres furent donnés à l'occasion du Mardi-Gras (5 février) et de la Mi-Carême (1er mars).

Opérette après saison. — La saison lyrique ayant été close le 30 avril 1883 et ayant ainsi duré sept bons mois, M. Pezzani monta *La Princesse des Canaries*, opérette en 3 actes, de Chivot et Duru, musique de Ch. Lecocq.

L'introduction de l'opérette sur notre première scène ne manqua pas de soulever des récriminations et parut constituer une sorte de sacrilège. Et cependant ce genre n'était donné que hors saison et ne prenait pas encore la place du grand répertoire !

Quoi qu'il en soit, *La Princesse des Canaries* fut représentée le 5 mai 1883 et fut donnée douze fois encore avec un assez grand succès dû à l'interprétation confiée à des artistes des Folies-Dramatiques : Mmes Simon-Girard et Jeanne Andrée, MM. Delannoy, Simon Max et De Kernel.

Représentations ayant suivi la saison. — La représentation du 14 juillet 1883, organisée par la Ville, se composa des *Ouvriers*, drame en un acte de Manuel, et des *Enfants d'Edouard*, de Casimir Delavigne, avec MM. Lambert père et fils et une bonne troupe qui donnèrent le lendemain une seconde représentation à leur compte, payante bien entendu.

Enfin, les 18 et 19 juillet, Mme Sarah-Bernhardt et M. Pierre Berton, très bien entourés, vinrent jouer avec un grand succès *Fédora*, de Victorien Sardou.

Conférence. — Le 17 juin 1883, à l'occasion de la fête du Sou des Ecoles, organisée par la Ligue de l'Enseignement, une conférence fut faite sur la Défense nationale par Paul Déroulède, délégué de la Ligue des Patriotes, sous la présidence de M. Henri Martin, le grand historien, président de cette Ligue.

Recettes. — Elles s'élevèrent :

Pour la saison lyrique à	481.409 f. 15
Pour les représentations d'opérette, celles ayant suivi la saison, les bals	35.693 25
Soit au total	517.102 f. 40

Deux grosses recettes furent faites : à la deuxième représentation des *Huguenots* (4,074 fr. 90) et à la première de *Guillaume Tell*; mais, chose curieuse, les deux plus faibles furent constatées à deux matinées du dimanche avec *Le Maître de Chapelle* et *Galathée* (647 fr. 30) puis avec *Les Dragons de Villars* (804 fr. 15). C'est sans doute à ce piteux résultat qu'est dûe la suppression des matinées dominicales à compter du 3 décembre 1882.

DIRECTION PEZZANI, PUIS CAMPO-CASSO
Année théâtrale 1883-1884.

M. Pezzani, nommé directeur pour trois années, fit la réouverture du Théâtre avec *Les Huguenots*, le 29 septembre 1883, mais il ne termina pas la campagne et fut remplacé dans des conditions qu'il est préférable de relater immédiatement, pour n'avoir plus à y revenir, et n'avoir pas à modifier le plan que nous nous sommes tracé une fois pour toutes.

Dès le début de la saison, les recettes s'annonçaient comme devant être sensiblement inférieures à celles de l'année précédente. Pour attirer le public qui connaissait maintenant la nouvelle salle, il eut fallu renouveler le répertoire et monter des ouvrages non encore représentés, chose d'autant plus facile que la plupart des artistes ayant été réengagés, n'avaient plus à subir qu'une épreuve de rentrée et que la période des débuts pouvait être ainsi rapidement terminée.

M. Pezzani ne parut pas se rendre compte de la situation et en fait de nouveautés, donna pendant les deux premiers mois *La Traviata, L'Africaine, Si j'étais roi* et *Bonsoir M. Pantalon*. Aussi les recettes furent-elles de 52,700 francs et 59,800 francs au lieu de 92,000 francs et 78,500 francs en 1882.

Ne se trouvant pas en mesure de payer ses artistes, ni son personnel, M. Pezzani sollicita, le 5 décembre, le versement de la part de subvention échue fin novembre. Or, aux termes du cahier des charges, la subvention ne devait être servie, chaque mois, que sur la justification du paiement de tout le personnel, artistes, chœurs, orchestre, ballet, employés.

Le Directeur s'étant donc mis en dehors des conditions imposées, un arrêté du Maire, en date du 7 décembre, résilia la concession accordée à M. Pezzani qui quitta Rouen le lendemain et fut mis en faillite par jugement du Tribunal de commerce en date du 18 du même mois, faillite clôturée d'ailleurs en 1885 faute d'actif.

Mais la situation était grave et il fallait aviser. A la suite de négociations engagées avec les délégués des artistes, le Conseil municipal autorisa le versement de 10.000 francs sur la subvention afférente au mois de novembre, aux choristes, musiciens, danseuses et employés.

Grâce au versement du solde de la subvention de novembre, du versement anticipé de la subvention de décembre et d'une somme de 11.549 fr. 45 reconnue nécessaire pour payer le petit personnel, le Conseil municipal réussit à conjurer la crise, et les artistes, réunis en société, assurèrent l'exploitation du Théâtre jusqu'à la fin de décembre, sans que les représentations eussent été une seule fois interrompues.

Dès le départ de M. Pezzani, M. Deloche, dit Campo-Casso, ancien directeur des théâtres de Lyon, de Marseille et de Toulouse, avait sollicité la direction du Théâtre en régie jusqu'à la fin de la saison 1883-1884; après d'assez longs pourparlers entre la municipalité, les artistes et le petit personnel, le Conseil municipal ratifia, le 28 décembre 1883, un arrangement aux termes duquel les artistes s'engageaient à continuer leur concours au Théâtre-des-Arts jusqu'à fin avril 1884, sous la direction de M. Campo-Casso, moyennant la garantie par la Ville de leurs traitements actuels. Mais sur ceux-ci devaient être prélevés, au prorata du traitement de chacun, les honoraires du Directeur ainsi fixés :

1.000 francs de fixe par mois ;

5 % sur les recettes brutes ;

Moitié des bénéfices nets.

Sur les recettes, la Ville devait payer les frais d'exploitation.

Nous verrons plus loin, en donnant le bilan de la saison, que le résultat ne fut pas brillant et explique facilement pourquoi la Ville n'a jamais voulu tenter depuis une nouvelle épreuve d'exploitation en régie.

Saison lyrique. — La période de débuts fut assez rondement menée et ne donna lieu à aucun incident notable.

D'ailleurs, la troupe d'opéra avait subi peu de changements. La troupe d'opéra-comique, au contraire, avait été en grande partie renouvelée.

Voici le tableau définitif :

MM. Luigini, chef d'orchestre ;
de Lestrac, deuxième chef d'orchestre ;
Gravier, régisseur général ;
Devilliers, fort ténor ;
Furst, ténor léger ;
Jouanne, deuxième ténor ;
Manoury, baryton de grand opéra ;
Favart, baryton d'opéra-comique ;
Ponsard, basse noble ;
Devriès, basse chantante ;
Joinisse, deuxième basse ;
Taillard, trial ;
Minne, laruette ;

Mmes Baux, forte chanteuse falcon ;
Jouanne-Vachot, chanteuse légère de grand opéra ;
Cordier, chanteuse légère d'opéra-comique ;
Leavington, contralto ;
Perretti, première dugazon ;
Arquier, deuxième dugazon ;
Fossombroni, duègne ;

M. Théophile, maître de ballet, premier danseur ;
Mmes Zuliani, première danseuse noble ;
Carabelli, première danseuse demi-caractère.

M. Momas, le distingué chef d'orchestre de la saison précédente, avait été réengagé, mais la maladie le tint éloigné de son pupitre et il succomba, le 12 novembre 1883, à l'âge de soixante-deux ans.

On a vu que M. Luigini avait été appelé à le remplacer. Ce dernier n'était pas un inconnu pour les Rouennais, car il avait dirigé l'orchestre du Théâtre-Lafayette, lorsque des représentations lyriques y avaient été organisées en attendant la reconstruction du Théâtre-des-Arts.

Répertoire. — En donnant la liste des ouvrages remis à la scène, nous distinguerons deux groupes : le premier comprendra ceux qui avaient déjà été représentés pendant la campagne précédente, le second ceux qui paraissaient pour la première fois au nouveau Théâtre, mais avaient déjà été donnés sur l'ancien.

Premier groupe :

Carmen (6).
Le Chalet (5).
La Dame Blanche (4).
Les Dragons de Villars (5).
Faust (7).
La Favorite (9).
La Fille du Régiment (4).
Galathée (3).
Guillaume Tell (2).

Hamlet (6).
Les Huguenots (7).
La Juive (7).
Lucie de Lammermoor (4).
Le Maître de Chapelle (14).
Mignon (10).
Les Mousquetaires de la Reine (3).
Robert le Diable (3).
Le Trouvère (5).

Nous ferons suivre les œuvres du deuxième groupe de la date de leur création à Rouen :

L'Africaine (11).
  (14 février 1868).
Bonsoir Monsieur Pantalon (6).
  (13 avril 1851).
Le Farfadet (5).
  (19 mars 1854).
Fra Diavolo (3).
  (6 novembre 1830).
Le Pré-aux-Clercs (4).
  (8 mars 1833).
Le Prophète (15).
  (23 décembre 1856).

Les Rendez-vous Bourgeois (9).
  (30 juillet 1807).
Si j'étais Roi (3).
  (3 novembre 1853).
Le Sourd ou l'Auberge pleine (7).
  (22 janvier 1858).
La Traviata (4).
  (5 avril 1869).
Le Voyage en Chine (13).
  (24 octobre 1867).

Nouveautés. — Sous cette rubrique, nous suivrons toujours rigoureusement l'ordre chronologique, sauf pour les ballets qui, pour la plupart, ne mériteront qu'une simple indication et ne seront pas dignes d'être mis au rang des « œuvres » nouvelles.

M. Campo-Casso monta donc avec beaucoup de soin trois ouvrages de valeur :

Aïda, opéra en 4 actes et 7 tableaux, de Camille du Locle et Ch. Nuitter, musique de Verdi. La première représentation eut lieu le 5 mars 1884 avec la distribution suivante : MM. Devilliers (Radamès), Manoury (Amonasro), Pousard (le Grand Prêtre), Devriès (le Roi), Mmes Baux (Aïda), Leavington (Amnéris). Parfaitement dirigés par M. Luigini, l'orchestre et les chœurs firent merveille. On admira également la mise en scène et les décors dûs à MM. Poisson et Capelli, de Paris, et à M. Imbert, le

Conservateur du matériel de la Ville. *Aïda* fut donc un grand succès et eut 16 représentations qui produisirent une recette de 52,426 fr. 05.

Les Contes d'Hoffmann, opéra-comique fantastique en 4 actes, de Jules Barbier et Michel Carré, musique d'Offenbach. Première représentation le 2 avril 1884 avec MM. Furst (Hoffmann), Devriès (Coppelius, docteur Miracle, Lindorf), Mmes Jouanne-Vachot (Olympia, Antonia, Stella), Baux (la mère d'Antonia) et MM. Joinisse, Minne et Mlle Perretti. Ce fut un demi-succès par suite de nombreuses défaillances des chœurs et de l'orchestre et cette œuvre n'eut que six représentations.

Françoise de Rimini, opéra en 4 actes, avec prologue et épilogue, de Jules Barbier et Michel Carré, musique d'Ambroise Thomas. Cette œuvre qui avait été annoncée par M. Pezzani pour la campagne 1882-1883 fut enfin représentée le 26 avril 1884, en présence du compositeur qui fut acclamé à la chute du rideau. Les principaux rôles étaient tenus par MM. Manoury (Malatesta), Devilliers (Paolo), Devriès (Guido), Ponsard (le Dante), Favart (Virgile), Mmes Baux (Francesca), Leavington (Ascanio). La clôture de la saison empêcha le succès de se manifester pleinement, car les trois représentations qui purent seulement être données produisirent une recette totale de 10,937 fr. 10, soit une moyenne de 3,656 fr. 70.

Citons, pour terminer, un ballet, *Les Chasseresses*, musique de Lindhem. Malgré un scénario absolument nul, huit représentations furent données dont la première le 23 janvier 1884. La musique présentait, il est vrai, quelque originalité, notamment un solo de violon.

Représentations extraordinaires. — Le 13 octobre 1883, MM. Jules Ferry, Président du Conseil, Ministre de l'Instruction publique, Raynal, Ministre des Travaux publics, Félix Faure, Sous-Secrétaire d'Etat aux Colonies, et Baïhaut, Sous-Secrétaire aux Travaux publics, venus pour faire une excursion en Basse-Seine, assistèrent à la reprise de *La Juive*, qui eut lieu devant une salle comble.

Le 17 novembre suivant, une représentation fut organisée au profit de Mme et Mlle Momas, la veuve et la fille du regretté chef d'orchestre. Le spectacle comprenait *Le Maître de Chapelle*, le divertissement de *Si j'étais Roi* et des fragments d'opéras chantés par les artistes de la troupe.

Il n'y eut pas cette année là, en raison des circonstances spéciales, de représentations au profit des Hospices.

Représentations ayant précédé la saison lyrique. — M. Pezzani avait organisé quelques représentations dramatiques avant la saison lyrique.

C'est ainsi que le lundi 13 août 1883, une troupe dirigée par M. Saint-Omer, interpréta l'opérette d'Hervé, *La Femme à Papa*, sans grand succès d'ailleurs, un piano constituant le seul accompagnement à cette musique bien légère pour une aussi vaste salle.

Le 19 août, MM. Albert Lambert père et fils et Mme Marie Laure, jouèrent *Hernani*.

Enfin, le 23 septembre, *L'Aventurière* fut donnée avec Mme Favart, de la Comédie-Française.

Bilan. — L'expérience faite par la Ville de l'exploitation du Théâtre en régie ne fut pas avantageuse pour les finances municipales.

Les recettes effectuées pendant les mois de janvier, février, mars et avril comprenant le produit des représentations (202,851 fr. 90), les abonnements, le montant de la subvention, furent de . . . . 290.843 fr. 24

Les dépenses se divisèrent ainsi :

Frais de soirée.	41.185 fr.	62
Appointements du personnel	254.768	76
Honoraires du Directeur. .	14.832	18
Dépenses diverses. . . .	22.613	41
Ensemble . . .	333.399 fr.	97

333.399 fr. 97

Soit un déficit de . . . . . . 42.556 fr. 73

Si on ajoute à ce chiffre :

1° La somme payée au petit personnel en décembre 11.549   45

2° Les frais de décors confectionnés pour *Aïda* et qui étaient à la charge de M. Pezzani . 11.000   »

A reporter. . . 65.106   18

Report...	65.106 fr. 18
3° Le crédit alloué pour réparations en fin de saison	2.555 79
Le déficit ressort à.	67.661 fr. 97
D'où cependant il faut déduire un titre de rente constituant le cautionnement de M. Pezzani et représentant une somme de	24.831 40
La charge imposée au budget municipal fut donc de.	42.830 fr. 57

Il faut convenir que les troupes engagées par M. Pezzani occasionnaient des frais énormes.

Si l'on s'en rapporte aux actes d'engagement des artistes, on relève en effet les appointements suivants par mois :

MM.	Devilliers.	8.000 fr.
	Furst	5.000
	Jouanne	1.400
	Manoury	3.500
	Ponsard	1.300
	Devriès.	1.500
Mmes	Baux	5.000
	Jouanne-Vachot . . .	3.600
	Cordier	3.200
	Leavington . . .	1.500
	Perretti	1.800
MM.	Théophile et son personnel.	4.500
	Luigini	1.000
	Gravier régisseur	780
Chœurs		6.805
Orchestre		8.740
Employés et contrôle.		6.200

Avec les traitements des emplois secondaires on arrive à un total de 69,000 francs par mois, charge excessive.

Il est vrai que de mauvaises langues prétendaient que des contre-lettres réduisaient sensiblement ces chiffres ronflants.

Faits divers. — Quelques faits divers sont à signaler pour la saison 1883-1884.

M. Pezzani fut autorisé par le Conseil municipal à louer et installer un matériel de projections électriques.

La Ville décida également de poser aux deuxième et troisième galeries des strapontins se relevant automatiquement et de faire numéroter toutes les places.

Le magasin de décors qui existait rue Nationale, dans l'ancienne église des Cordeliers, fut transféré dans une des vastes galeries de la Haute-Vieille-Tour.

Enfin, le bureau de location fut relié au réseau téléphonique.

Tarif des populaires. — Le cahier des charges obligeait le Directeur à donner une fois par mois une représentation lyrique à moitié prix pour les places dont le prix variait entre 2 fr. 50 et 0 fr. 60. La direction consentit à réduire ce jour-là le prix des autres places dans les proportions suivantes : 1 franc pour celles de 3 fr. 50, 1 fr. 50 pour celles de 4 fr. 50 et 2 francs pour celles de 6 francs.

On regretta généralement que le prix de toutes les places sans exception ne fut pas abaissé de moitié, ce qui advint d'ailleurs par la suite.

DIRECTION OLIVE LAFON
Année théâtrale 1884-1885.

Dès le 16 janvier 1884, c'est-à-dire quand le danger créé par la cessation de paiements de M. Pezzani avait été conjuré, la municipalité avait fait publier l'avis de vacance de la direction.

Cinq candidatures se produisirent, dont deux seulement furent maintenues : celles de M. Pellin, ancien directeur des théâtres d'Angers, et de M. Olive Lafon, directeur du grand théâtre de Genève.

Ce fut ce dernier qui l'emporta et qui fut nommé Directeur pour l'année 1884-1885.

Quelques modifications avaient été apportées au cahier des charges.

Le Directeur n'était plus tenu de monter qu'un opéra ou un opéra-comique nouveau, au lieu d'une œuvre de chaque genre.

Le supplément de location était fixé à 0 fr. 50 pour les places de 3 fr. 50 et au-dessus, et à 0 fr. 10 pour les places de 2 fr. 50 et au-dessous.

Enfin, on donnait au Directeur le droit de jouer l'opérette, mais avec des troupes dites parisiennes, composées d'artistes de choix et en dehors des jours réglementaires indiqués à l'article 7.

Cette dernière clause fut l'objet d'une vive discussion au sein du Conseil municipal. M. Olive Lafon y renonça d'ailleurs, de son propre mouvement, par une lettre du 31 mars 1884.

Saison lyrique. — La saison commença le 28 septembre, par *Les Mousquetaires de la Reine*. La période de débuts fut particulièrement mouvementée et donna lieu à des incidents qui méritent d'être relatés sous une rubrique spéciale.

Avec bien du mal, la troupe fut enfin constituée définitivement le 3 janvier 1885, de la manière suivante :

MM. Guille de Saint-Simon, chef d'orchestre ;

Lemarié, deuxième chef d'orchestre ;

Ben-Aben, régisseur général ;

Eyraud, fort ténor ;

MM. Barbe, ténor léger;
   Cabannes, deuxième ténor;
   Albert, baryton de grand opéra;
   Huguet, baryton d'opéra-comique;
   Saint-Jean, basse noble;
   Dauphin, basse chantante,
   Joinisse, deuxième basse;
   Ometz, trial;
   Bouland, laruette;

Mmes Leroux, forte chanteuse falcon;
   Lowrentz-Duquesne, chanteuse légère de grand opéra;
   Seveste, chanteuse légère d'opéra-comique;
   Privat-Huguet, contralto;
   Dorsay, première dugazon;
   Bouland, deuxième dugazon;
   Gayet, duègne;

   M. Théophile, maître de ballet, premier danseur;
Mmes Tellor, première danseuse noble;
   Carabelli, première danseuse demi-caractère.

On voit que, à peu d'exceptions près, M. Olive Lafon avait complètement renouvelé sa troupe.

Répertoire. — 39 œuvres furent reprises pendant la saison 1884-1885.

Les suivantes avaient déjà été représentées depuis 1882 :

L'Africaine (4).
Le Barbier de Séville (3).
Bonsoir Monsieur Pantalon (1).
Carmen (5).
Le Chalet (8).
Charles VI (1).
La Dame Blanche (1)
Le Domino noir (6).
Les Dragons de Villars (9).
Faust (5).
La Favorite (4).
La Fille du Régiment (7).
Galathée (1).
Guillaume Tell (4).
Hamlet (10).
Haydée (1).

Les Huguenots (4).
La Juive (7).
Lucie de Lammermoor (4).
Le Maître de Chapelle (11).
Mignon (5).
Les Mousquetaires de la Reine (1).
Le Pré-aux-Clercs (2).
Rigoletto (6).
Robert le Diable (3).
Si j'étais Roi (7).
Le Songe d'une nuit d'été (3).
Le Sourd ou l'Auberge pleine (8).
La Traviata (4).
Le Trouvère (6).
Le Voyage en Chine (6).

Notons que le 6 février 1885, Mme Galli-Marié tint avec succès le rôle de la Carmencita qu'elle avait créé à l'Opéra-Comique le 3 mars 1875. Si la voix avait perdu un peu de sa puissance, le jeu atteignait la perfection même. Cette artiste, disons-le en passant, avait fait partie de la troupe du Théâtre-des-Arts, pendant la saison 1862-1863.

Les huit œuvres suivantes étaient reprises pour la première fois. Nous donnerons donc la date de leur création sur l'ancien Théâtre :

Bonsoir Voisin (8).
(11 février 1863).
Le Caïd (7).
(8 février 1850).
Le Docteur Crispin (13).
(18 décembre 1865).
Ernani (10).
(8 avril 1863).

La Muette de Portici (5).
(28 février 1829).
Les Noces de Jeannette (7).
(25 décembre 1853).
Roméo et Juliette (3).
(19 mars 1875).
Le Toréador (5).
(26 août 1850).

Nouveautés. — M. Olive Lafon avait présenté et fait accepter comme œuvre nouvelle *Etienne Marcel*, grand opéra en 4 actes et 6 tableaux, de Louis Gallet, musique de Camille Saint-Saëns. La première représentation eut lieu le 26 mars 1885, en présence du compositeur qui fut vivement acclamé, et avec la distribution suivante : MM. Eyraud (Robert de Loris), Albert (Etienne Marcel), Saint-Jean (Maillard), Huguet (Eustache), Dauphin (le Maréchal de Clermont), Mmes Leroux (Béatrix), Privat-Huguet (le Dauphin). L'orchestre, les chœurs et le ballet complétaient une excellente interprétation et l'œuvre eut neuf représentations.

Une autre œuvre fut montée cette année-là, *Jeanne Maillotte*, grand opéra en 4 actes et 5 tableaux, de A. Faure, musique de Reynaud, chef de musique du 74e de ligne. Elle n'eut qu'un succès relatif, car elle ne fut donnée que les 18 et 20 avril 1885, avec de faibles recettes, et ne fut jamais reprise.

Incidents. — La période des débuts fut particulièrement mouvementée cette année-là.

La première soirée avait marché sans encombre, les artistes qui chantaient dans *Les Mousquetaires de la Reine* ayant produit une bonne impression, mais il n'en alla pas de même le lendemain pour les débuts de la troupe de grand opéra dans *Les Huguenots*. Quelques applaudissements intempestifs après la romance « plus blanche que la blanche hermine », rendirent la salle houleuse, les artistes se troublèrent et Mlle de Lido qui tenait le rôle de la reine Marguerite, fut forcée de résilier son engagement dès le deuxième acte sans même avoir pu terminer son air d'entrée.

Ce fut quelques jours après le tour de M. de Lestrac, chef d'orchestre, de subir les effets de la tempête. Après quelques défaillances de l'orchestre dans *Le Trouvère*, sa résiliation fut bruyamment réclamée et obtenue, d'ailleurs, séance tenante.

Un autre tumulte plus violent encore que les premiers, fut provoqué par l'admission, prononcée par le commissaire de police, de Mlle Marguerite Mineur, qui effectuait son troisième début dans *Lucie*. L'opposition ne désarmant pas, quelques siffleurs furent expulsés par la police, mais l'artiste dut néanmoins abandonner la place.

Mais tous ces incidents furent éclipsés par les scènes qu'occasionna le fort ténor Montbert. Celui-ci, après avoir effectué ses trois débuts dans *Les Huguenots*, *Le Trouvère* et *La Juive*, avait été déclaré admis, malgré une certaine opposition, qui se manifesta de nouveau aux représentations de *La Favorite* et de *Guillaume Tell*. Cette dernière fut tellement mouvementée qu'il était facile de prévoir un orage prochain. Il éclata le 5 novembre à une autre représentation de *Guillaume Tell* qui fait époque dans l'histoire du Théâtre-des-Arts. Le premier acte n'était pas achevé à 10 heures et demie, et la passion était telle qu'un abonné continuait à siffler alors que plusieurs agents le soulevaient en l'air pour procéder à son expulsion. Finalement, M. Montbert se décida à résilier, mais son nom survécut : pendant bien longtemps, l'année théâtrale 1884-1885 fut désignée sous l'appellation de saison Montbert. Cette soirée scandaleuse se termina d'une façon bizarre : la direction donna *Le Maître de Chapelle*, en guise de quatrième acte de *Guillaume Tell*.

Les trois épreuves réglementaires furent fatales cette année-là à deux forts ténors, un baryton de grand opéra, trois chanteuses légères, une dugazon, deux danseuses nobles et trois danseuses demi-caractère.

Représentations au profit des Hospices. — Elles eurent lieu le 10 décembre 1884 (Recette : 1728 fr. 05), et le 14 mars 1885 (Recette : 1205 fr. 95). La première comprenait un spectacle coupé, à la seconde on jouait *L'Africaine*.

Représentations extraordinaires pendant la saison. — Le bi-centenaire de la mort de Pierre Corneille fut l'occasion de deux solennités fort importantes au Théâtre-des-Arts, les 11 et 12 octobre 1884.

La première soirée se composait d'*Horace*, interprété par Mme Dudlay, MM. Maubant, Mounet-Sully, Silvain, Laroche, Villain, Mmes Martin et Fayolle, et des 1er, 2e et 3e actes du *Menteur*, avec MM. Got, Delaunay, Maubant, Baillet, Mmes Broisat, Fayolle, Martin et Kalb. Le couronnement du buste de Corneille fut accompagné de stances de Sully-Prudhomme, déclamées par Mounet-Sully que Francisque Sarcey malmena vigoureusement en l'accusant de n'avoir rien compris aux vers du délicat poète !

La seconde soirée comporta un à-propos en vers d'Emile Moreau : *Corneille et Richelieu*, puis *Le Cid*, avec MM. Maubant, Mounet-Sully, Silvain, Martel, Villain, Baillet, Mmes Dudlay, Fayolle, Amel, Rosa Bruck.

A l'occasion d'une fête organisée le 20 octobre par la « Société des Sauveteurs Hospitaliers Bretons », le public, après avoir écouté une conférence émue du Président de la Société, M. Nadault de Buffon, un aveugle d'un grand cœur, assista à un concert dans lequel il applaudit son ancien ténor favori, Poultier, alors âgé de près de 70 ans, qui avait fait les délices de nos aînés, et une charmante enfant, Biana Duhamel, qui devait devenir une étoile parisienne ; le passé et l'avenir !

Le 24 février 1885, le Comité des Fêtes de Bienfaisance donna au profit des pauvres, un grand concert auquel prirent part l'orchestre des Concerts Lamoureux, conduit par son chef éminent, Mme Brunet-Lafleur et M. Van Dyck qui chanta des fragments de *Lohengrin* et de *Velléda*.

Notons enfin la présence à une partie de la représentation de *Roméo et Juliette*, de Ferdinand de Lesseps, venu à Rouen le 5 mars 1885 pour assister à l'inauguration du nouveau quai auquel le Conseil municipal avait donné son nom. N'insistons pas d'ailleurs sur ce sujet pénible.

Représentations ayant précédé la saison lyrique. — M. Olive Lafon ayant obtenu la jouissance du Théâtre-des-Arts à dater du 16 mai 1884, organisa quelques représentations avant la saison lyrique et donna ainsi :

Le samedi 7 juin, avec Mlle Gilberte, des Bouffes-Parisiens, Fusier, du Palais-Royal, etc., un spectacle-concert qui eut semblé mieux à sa place sur une autre scène ;

Les 20 et 22 juin, *Severo Torelli*, de François Coppée, avec une bonne interprétation en tête de laquelle on remarquait : MM. Albert Lambert père et fils qui obtinrent un égal succès le 21, dans *Ruy-Blas*.

Enfin, le 11 juillet, Coquelin cadet, qui paraissait dans trois petites pièces, remporta comme toujours un grand succès dans ses monologues.

Conférence. — Le Comité rouennais de la Ligue des Patriotes organisa le 5 mai 1885, une conférence faite par M. Autié, avocat à Paris, et un concert auquel prirent part : Mmes Privat-Huguet et Seveste, M. Huguet, la Société Boieldieu et la musique du 74e de ligne. La recette était destinée aux blessés de la guerre du Tonkin.

Recettes. — Elles s'élevèrent :

Pour la saison lyrique à	248.663 f. 55
Pour les représentations données en juin et juillet 1884	5.665 40
Total	254.328 f. 95

Les plus fortes recettes eurent lieu le 6 février, jour où Galli-Marié chanta *Carmen* (4,800 francs), et le 29 septembre, date de la représentation des *Huguenots*, servant de débuts à la troupe de grand opéra.

DIRECTION OLIVE LAFON

Année théâtrale 1885-1886.

La concession de M. Olive Lafon devant prendre fin le 15 mai 1885, la Commission municipale avait décidé au mois de décembre précédent de n'apporter au cahier des charges qu'une seule modification consistant à majorer de 50 centimes le prix des fauteuils et des stalles de parquet, et de laisser à chaque postulant le soin d'indiquer les améliorations qu'il croirait devoir réclamer.

Dès l'avis de la vacance, cinq candidatures se produisirent, et la Commission des Théâtres après avoir entendu les postulants, présenta au choix du Conseil municipal, en première ligne M. Gravière, directeur du Théâtre de Genève, en seconde ligne M. Olive Lafon.

M. Gravière demandait la réduction de sept à six mois de la durée de la saison lyrique.

M. Olive Lafon acceptait le maintien de la saison à sept mois et l'emporta ainsi sur son concurrent.

Le Conseil municipal admit les desiderata de M. Lafon qui peuvent être résumés comme suit :

Durée de la concession : deux campagnes, 1885-1886 et 1886-1887, ou l'une d'elles seulement, moyennant préavis donné avant le 31 décembre ;

Le prix des fauteuils d'orchestre et de balcon était augmenté de 50 centimes. Par contre, celui des loges d'avant-scènes et des loges de face était diminué du même chiffre.

Le Directeur était autorisé à donner des représentations de comédie, en dehors du nombre obligatoire de représentations lyriques. Il devait monter pendant la saison un opéra ou un opéra-comique pris parmi les œuvres capitales n'ayant pas été représentées à Rouen depuis vingt ans.

Enfin, la subvention était versée par fractions mensuelles sur la justification du paiement de tout le personnel.

Saison lyrique. — La saison lyrique commença le 1ᵉʳ octobre avec *Faust*.

La période de débuts fut excessivement longue puisqu'elle ne se termina que le 15 mars, mais elle fut assez calme et ne donna pas lieu aux mêmes incidents que l'année précédente.

Quelques emplois furent particulièrement difficiles à pourvoir : celui de baryton d'opéra-comique où échouèrent quatre artistes, celui de chanteuse légère d'opéra-comique dans lequel se produisirent cinq débutantes avant Mᵐᵉ Ambre, et enfin celui de la duègne.

La troupe se trouva enfin constituée comme suit :

MM. Warnotz, chef d'orchestre ;
  Isaïe de Tonton, deuxième chef d'orchestre ;
  Lignel, régisseur général ;
  Minvielle, fort ténor ;
  Mauras, ténor léger ;
  Cabannes, deuxième ténor ;
  Guillien, baryton de grand opéra ;
  Lourde, baryton d'opéra-comique ;
  Ponsard, basse noble ;
  Bonhivers, basse chantante ;
  Vandamme, deuxième basse ;
  Barbary, trial ;
  Quentin, laruette ;

Mᵐᵉˢ Baux, forte chanteuse falcon ;
  Sani, chanteuse légère de grand opéra ;
  Emilie Ambre, chanteuse légère d'opéra-comique ;
  Balensi, contralto ;
  de Villeraie, première dugazon ;
  Barbary, deuxième dugazon ;
  Dobbelaere, duègne ;

M. d'Alessandri, maître de ballet, premier danseur ;
Mᵐᵉˢ d'Alessandri, première danseuse noble ;
  Carabelli, première danseuse demi-caractère.

Le public retrouvait avec satisfaction deux artistes ayant appartenu à la troupe en 1882-1883 et 1883-1884, Mᵐᵉ Baux et M. Ponsard.

Répertoire. — Pendant la saison trente-trois ouvrages furent repris, dont vingt-huit avaient déjà été représentés sur la nouvelle scène, savoir :

L'Africaine (7).
Le Barbier de Séville (3).
Carmen (7).
Le Chalet (6).
La Dame Blanche (2).
Les Dragons de Villars (6).
Faust (6).
La Favorite (10).
La Fille du Régiment (7).
Françoise de Rimini (4).
Galathée (2).
Guillaume Tell (6).
Hamlet (3).
Haydée (1).

Les Huguenots (9).
La Juive (10).
Lucie de Lammermoor (3).
Le Maître de Chapelle (9).
Mignon (4).
Les Noces de Jeannette (9).
Le Pré-aux-Clercs (3).
Le Prophète (7).
Rigoletto (1).
Robert le Diable (4).
Si j'étais Roi (3).
Le Songe d'une Nuit d'été (2).
La Traviata (3).
Le Trouvère (6).

Les cinq autres ouvrages avaient été seulement donnés sur l'ancien Théâtre. Nous indiquerons donc la date de leur première représentation.

L'Eclair (3).
   (4 avril 1836).
L'Etoile du Nord (9).
   (22 octobre 1856).
Maître Pathelin (7).
   (12 novembre 1858).

Martha (5).
   (3 novembre 1859).
Mireille (12).
   (23 mars 1870).

Disons tout de suite que, comme l'année précédente, Mme Galli-Marié vint se faire entendre dans *Carmen* et y remporta le même succès.

Nouveautés. — M. Olive Lafon était obligé de monter une œuvre capitale n'ayant pas été jouée à Rouen depuis vingt ans. Il présenta à l'agrément de la Municipalité, *Les Noces de Figaro*, se conformant à la lettre du cahier des charges, puisque la partition de Mozart avait été chantée pour la dernière fois en décembre 1862. Néanmoins, cette façon d'éluder le cahier des charges parut un peu osée et l'on résolut de prendre des mesures pour l'avenir.

Quoi qu'il en soit, la première représentation des *Noces de Figaro* fut donnée le 16 avril 1886 avec Mmes Baux (la Comtesse), Ambre (Chérubin), de Villeraie (Suzanne), MM. Lourde (Figaro),

Bonhivers (le Comte), Barbary (Basile), Vandamme (Bartholo), Quentin (Antonio).

Cet opéra, qui avait subi de nombreuses coupures, n'eut que trois représentations.

M. Olive Lafon donna encore un opéra-comique inédit et trois ballets.

Dans les Nuages, opéra-comique inédit en un acte, de Jules Rostaing et Prosper Mignard, musique de Frédéric Le Rey, couronné au concours Cressent. Première représentation le 26 décembre 1885, suivie de deux autres. Les deux principaux rôles étaient confiés à Mlle de Villeraie et M. Bonhivers.

La Kermesse de Danderlew, ballet en un acte, scénario de d'Alessandri, musique de Frédéric Le Rey. Fort bien dansée, cette œuvre, qui parut pour la première fois sur l'affiche le 4 février 1886, eut neuf représentations.

Le Lac des Fées, ballet fantastique en trois tableaux, scénario de d'Alessandri, musique de Jacquin On estima généralement que ce ballet, donné pour la première fois le 5 novembre 1885, eut été mieux à sa place à la foire Saint-Romain.

La Villageoise, divertissement qui n'eut qu'une carrière éphémère.

Nous croyons pouvoir ranger parmi les nouveautés musicales *L'Arlésienne*, le beau drame d'Alphonse Daudet, qui fut donné les 8, 9, 10 et 11 janvier 1886, par une très bonne troupe, en tête de laquelle on remarquait M. Abel, le créateur du rôle de Frédéri en 1872 au Vaudeville. L'orchestre et les chœurs, bien menés par M. Warnotz, interprétèrent fort bien la partition si colorée de Bizet.

Représentations au bénéfice des Hospices. — Elles eurent lieu le 18 décembre 1885 avec *L'Africaine* (recette 1,620 fr. 50) et le 31 mars 1886 avec *Mireille* (recette 1,909 fr. 15).

Représentations dramatiques en cours de saison. — Deux représentations de cette nature furent données sans grand succès pendant la saison : le 16 février, *Le Prince Zilah*, de Jules Claretie, et le 17 avril, *Antoinette Rigaud*, de Raymond Deslandes.

Le jeudi 11 mars 1886, le Comité des Fêtes de Bienfaisance

organisa une représentation sensationnelle qui laissa un bénéfice net de 6,192 francs. Le programme comportait *Les Espérances*, de P. Bilhaud, avec Mme Worms-Baretta et M. Boucher, de la Comédie-Française, et *Mademoiselle de la Seiglière*, avec Mmes Worms-Baretta et Fayolle, MM. Coquelin aîné, Leloir, Worms, Boucher, Roger, tous de la Comédie-Française.

Concerts. — Deux concerts eurent lieu avec un immense succès.

Le 29 décembre 1885, avec le concours de l'orchestre, Mmes Baux et Ambre, MM. Mauras et Bouhivers, MM. Albert Lambert père et fils, Mlle Visinet, pianiste, et M. Hasselmans, professeur de harpe au Conservatoire.

Le 6 avril 1886, avec le concours, notamment, de M. Camille Saint-Saëns, qui exécuta quelques-unes de ses compositions au piano; de Mlle Weber, de l'Odéon, et M. Albert Lambert fils, qui interprétèrent *La Nuit d'Octobre*, et de l'orchestre, qui se fit applaudir dans les *Scènes Alsaciennes*, de Massenet, et *La Danse macabre*, de Saint-Saëns.

Signalons enfin le concert donné par la Ville au profit de la Caisse des Ecoles, le 1er mai 1886, en présence d'un public malheureusement trop clairsemé.

Représentations ayant précédé et suivi la saison. — D'abord le 29 mai 1885, le pianiste Francis Planté et Mme Anna de Bellocca, première chanteuse du Théâtre-Italien de Paris, donnèrent un grand concert de musique classique qui réunit un public sans doute de choix, mais peu nombreux.

Quatre représentations eurent lieu ensuite.

Le 16 juin, Dupuis, des Variétés, donna une représentation composée de trois comédies en un acte : *Chalet à vendre*, *Les Infortunes de Jubinet* et *Le Jeu de l'Amour et du Hussard*.

Le 21 juin, on joua *Louis XI*, de Casimir Delavigne, avec MM. Albert Lambert père et fils, Mme Weber, etc...

Le 10 juillet, M. Fossier donna une représentation de science amusante devant une salle peu garnie. Elle comportait : la terre avant la création de l'homme, le monde sidéral, les mers.

Notons enfin, deux séances de prestidigitation, les 26 et 27 août, par M. Hartz, qui s'intitulait *Le Sorcier américain*.

Pour terminer sa campagne, M. Olive Lafon traita avec un impresario qui, du 9 au 24 mai 1886, fit représenter *Le Tour du Monde en 80 jours*, fort bien monté et interprété, et qui fit d'assez belles salles.

Recettes. — Les 146 représentations lyriques
produisirent . . . . 266.436 f. 80
Les représentations ayant précédé et suivi la
saison 21.041 80

Ensemble. . . . . 287.478 f. 60

Les Huguenots et *La Juive* eurent encore le don de faire de fort belles recettes.

DIRECTION OLIVE LAFON
Année théâtrale 1886-1887.

Le Conseil municipal ayant décidé, dans sa séance du 11 décembre 1885, qu'il n'y avait pas lieu de dénoncer la convention relative à l'exploitation du Théâtre-des-Arts, M. Olive Lafon conserva la direction pour la campagne 1886-1887.

Saison lyrique. — La saison commença avec *Faust*, le samedi 2 octobre 1886. La période de débuts, assez longue, puisqu'elle ne se termina que le 26 janvier, donna lieu à quelques incidents dont nous parlerons plus loin.

Voici le tableau définitif de la troupe :

MM. Warnotz, chef d'orchestre ;
  Isaïe de Tontor, deuxième chef d'orchestre ;
  Lignel, régisseur général ;
  Minvielle, fort ténor ;
  Mauras, ténor léger ;
  Fioratti, deuxième ténor ;
  Claverie, baryton de grand opéra ;
  Barbe, baryton d'opéra-comique ;
  Ponsard, basse noble ;
  Schmidt, basse chantante ;
  Aristide, deuxième basse ;
  Juteau, trial ;
  Berton, laruette ;

Mmes Schweyer, forte chanteuse falcon ;
  Hervey, chanteuse légère de grand opéra ;
  Emilie Ambre, chanteuse légère d'opéra-comique ;
  Romi, contralto ;
  Valgallier, première dugazon ;
  Maes, deuxième dugazon ;
  Dobbelaere, duègne ;

M. Théophile, maître de ballet, premier danseur ;
Mmes Piron, première danseuse noble ;
  Carabelli, première danseuse demi-caractère.

On voit que les meilleurs artistes de la saison précédente avaient été engagés à nouveau par M. Olive Lafon.

Répertoire. — Trente opéras ou opéras-comiques furent repris, dont trois seulement pour la première fois sur notre nouvelle scène, mais qui avaient été créés sur l'ancienne fort longtemps auparavant. C'étaient :

Le Bouffe et le Tailleur (16).
(15 novembre 1804.)
La Fête du Village voisin (7).
(11 novembre 1816.)
Zampa (11).
(24 novembre 1831.)

Les vingt-sept autres étaient :

L'Africaine (7).
Carmen (4).
Le Chalet (10).
La Dame Blanche (1).
Les Dragons de Villars (7).
Etienne Marcel (4).[1]
Faust (6).
La Favorite (8).
La Fille du Régiment (6).
Galathée (3).
Guillaume Tell (6).
Hamlet (5).
Les Huguenots (9).
La Juive (8).

Lucie de Lammermoor (6).
Le Maître de Chapelle (10).
Maître Pathelin (11).
Mireille (6).
Les Mousquetaires de la Reine (2).
Les Noces de Jeannette (8).
Robert le Diable (4).
Si j'étais Roi (4).
Le Songe d'une Nuit d'Eté (5).
Le Sourd ou l'Auberge pleine (7).
La Traviata (3).
Le Trouvère (7).
Le Voyage en Chine (7).

Mme Castagné, de l'Opéra-Comique, qui avait tenu le rôle du Dauphin dans *Etienne Marcel* où elle s'était fait applaudir, remporta un égal succès dans *La Favorite*. Le rôle de Carmen lui fut moins favorable.

Nouveautés. — L'ouvrage monté par M. Olive Lafon, en exécution du cahier des charges, fut *Manon*, mais nous allons comme toujours indiquer les œuvres nouvelles selon l'ordre chronologique.

La jolie Fille de Perth, opéra en 4 actes et 5 tableaux, de Henri Saint-Georges et Jules Adenis, musique de Georges Bizet.

---

1. A la première de cette reprise assistait le maître Camille Saint-Saëns.

Première représentation le 6 janvier 1887 avec MM. Mauras (Smith), Barbe (le duc de Rothsay), Schmidt (Ralph), Aristide (Glover), Mmes Ambre (Catherine), Maës (Mab). Bien interprétée, cette œuvre eut le succès qu'elle méritait et fut donnée dix fois.

Manon, opéra-comique en 5 actes et 6 tableaux, de Henri Meilhac et Philippe Gille, musique de Massenet, qui conduisit l'orchestre le soir de la première, le 28 février 1887, et fut l'objet de plusieurs ovations. Les principaux rôles étaient confiés à MM. Mauras (des Grieux), Barbe (Lescaut), Schmidt (le comte des Grieux), Aristide (Brétigny), Juteau (Guillot de Morfontaine), Mmes Ambre (Manon), Valgallier (Rosette), Maës (Poussette), Dobbelaere (Javotte).

Cette œuvre, qui eut une si belle carrière dans la suite, et est toujours au répertoire, était fort bien montée ; le ballet et les chœurs se distinguèrent et le succès consacra tous ces efforts. Onze représentations furent données avec de fort belles recettes.

Une Nuit à Trianon, opéra-comique inédit en un acte, de Jacques Feruy, musique de Prestreau. Cette œuvre agréable fut représentée pour la première fois le 31 mars 1887 avec Mmes Hervey, Valgallier, Dobbelaere, MM. Barbe, Aristide et Juteau. Elle fut donnée quatre autres fois.

Sténio, drame lyrique inédit, en 3 actes, de Louis Bricourt (pseudonyme d'Eugène Brieux, alors rédacteur en chef du *Nouvelliste de Rouen*), musique de Frédéric Le Rey. Première représentation le 16 avril 1887. Les principaux rôles étaient confiés à Mme Ambre, MM. Mauras, Claverie, Aristide. A la seconde, donnée au bénéfice de M. Warnotz, chef d'orchestre, le programme fut complété par deux morceaux du *Roi s'amuse* et de *Coppelia*, de Léo Delibes, qui avait tenu à assister à la première représentation de l'œuvre de son élève. *Sténio* fut joué quatre fois en tout.

Incidents. — Quelques soirées orageuses marquèrent la période des débuts, et le recrutement de la contralto et de la première dugazon fut particulièrement pénible, puisque pour chacun de ces emplois, ce fut seulement la cinquième artiste présentée qui fut admise. Mme Valgallier avait, en octobre

1877, créé au Théâtre-Lafayette le rôle de Serpolette des *Cloches de Corneville*.

Il faut signaler, à titre documentaire, l'échec de M. Noté, baryton de grand opéra, alors au début de sa carrière, et qui, depuis, a brillé et brille encore à l'Opéra.

Enfin, notons, sans plus insister, diverses manifestations tumultueuses à la suite desquelles le public eut toujours satisfaction.

Représentations au profit des hospices. — Ces deux représentations eurent lieu les 8 décembre 1886 et 14 mars 1887. Le programme de la première, dont la recette fut de 3,056 fr. 35, se composait de : *Le Bouffe et le Tailleur*, un intermède et *Zampa*. A la seconde, on donna *Manon* (recette 2,406 fr. 35).

Représentations dramatiques en cours de saison. — Le 15 février 1887, fut représentée la comédie d'Alexandre Dumas fils, *Les Idées de Madame Aubray*, avec Mme Devoyod, de la Comédie-Française.

Selon son habitude, le Comité des fêtes de bienfaisance organisa, le 22 mars, une soirée superbe. Le spectacle comprenait *Chez l'Avocat*. avec Mlle Kesly, MM. Joliet et Truffier, et *Le Gendre de M. Poirier*, avec Mme Worms-Baretta, MM. Got, Worms, Barré, Laroche, Leloir, etc.

Représentations ayant précédé ou suivi la saison. — Un concert vocal et instrumental organisé au profit du Sou des Ecoles par la Ligue de l'Enseignement eut lieu le 7 juin 1886 devant une salle bien peu garnie.

Il en fut de même, le 12 du même mois, pour une représentation de *Sapho*, dont l'interprétation fut d'ailleurs déplorable.

Pour clôturer la journée du 20 juin 1886, remplie par le carrousel militaire organisé par le Comité rouennais de la Ligue des Patriotes et dont le produit devait servir à ériger, au Cimetière monumental, un monument à la mémoire des soldats morts pour la patrie en 1870-71, la Ligue de l'Enseignement avait fait appel à Mme Dudlay, MM. Albert Lambert père et fils, qui interprétèrent trois actes du *Cid*, *Cinna* et *Corneille chez le Savetier*, de Beuzeville et Théodore Lebreton, deux Rouennais.

Les 22 et 25 juin, MM. Saint-Germain et Galipaux jouèrent *Le Chevalier Baptiste* et *Une Mission délicate*, et le 27 du même mois, *La Parisienne* et *Un Monsieur en habit noir*.

Vinrent ensuite :

Un Parisien, de Gondinet, joué par la tournée Harmant (8 juillet) ;

Le Fiacre 117, avec Mlle Lender et Baron (26 août);

Cromwell, avec Taillade (16 septembre).

Pour terminer sa concession, M. Lafon loua sa salle à diverses tournées dont quelques-unes firent des exhibitions plutôt regrettables.

Ainsi, le 5 mai 1887, « La Femme de Feu » et « Le Capitaine Satan » donnèrent une séance de magnétisme et de prestidigitation qui ne fut pas du goût des spectateurs. Plusieurs allèrent même attendre à la porte de la rue de la Comédie le capitaine Satan et ses lieutenants pour leur faire une conduite de Grenoble, mais le commissaire de police fit sortir ceux-ci par une porte latérale à laquelle personne n'avait songé : ce fut l'escamotage le mieux réussi de la soirée.

Le 8 mai, la troupe du Théâtre-Français se transporta rue Grand-Pont pour y jouer *Durand et Durand* et *L'Homme de paille*, et le lendemain encore *Durand et Durand* et *Le Feu au Couvent*, mais ce jour-là Paulus, le chanteur des cafés-concerts de Paris, se fit entendre également. A son entrée en scène, des sifflets assez nombreux retentirent : les manifestants voulaient, non pas manifester contre l'artiste, mais contre sa présence sur une scène subventionnée et destinée à un genre plus élevé.

Recettes. — Les 146 représentations lyriques de la saison produisirent seulement. . . . . 193.066 f. 95

A quoi il faut ajouter les représentations données avant ou après la saison 8.391 40

Total. 201.458 35

Et cependant *Manon* avait, cette année-là, commencé sa belle carrière.

DIRECTION MIRAL

Année théâtrale 1887-1888.

En prévision de l'expiration du privilège de M. Olive Lafon, la Ville avait, dès le mois de décembre 1886, fait annoncer la vacance de la direction dans les journaux de Rouen et de Paris.

Quatorze candidats se présentèrent, mais ce nombre se trouva réduit à dix, soit par suite de désistements, soit parce que les demandes de quelques-uns furent jugées inacceptables.

Finalement, la Commission, après audition des intéressés et examen de leurs titres, fut d'avis de proposer trois noms au Conseil municipal et désigna :

M. Miral, directeur du théâtre de Dijon ;

M. Leclère, directeur du Théâtre-Français de Rouen ;

M. Roudil, directeur du théâtre de Marseille.

Dans sa séance du 4 février 1887, le Conseil accorda, par 23 voix, à M. Miral, la concession du Théâtre-des-Arts pour les campagnes 1887-1888 et 1888-1889.

M. Miral n'était pas un inconnu pour les Rouennais, car il avait tenu l'emploi de ténor léger pendant la saison 1868-1869, au cours de laquelle il créa le rôle de Wilhem Meister, de *Mignon* et celui de Rodolphe d'Orbel de *La Traviata*.

Le cahier des charges avait subi quelques additions et modifications dont nous ne mentionnerons que les plus intéressantes pour le public.

L'article 14 était relatif aux débuts, et le Directeur devait, sous peine d'amende, remplacer tout artiste refusé dans les quinze jours et avoir terminé la période des débuts dans un délai de deux mois.

Le droit de location était abaissé à 10 centimes pour les places dont la réduction de prix était obligatoire lors des représentations populaires.

Enfin, le Directeur était tenu de monter et de faire représenter un grand opéra en 4 ou 5 actes et un opéra-comique en

3 actes au minimum. Ces opéras devaient être pris parmi les œuvres capitales créées depuis quinze ans et non encore représentées à Rouen.

Saison lyrique. — La saison commença le 1ᵉʳ octobre par *Faust*, et après quelques refus d'artistes sans trop de bruit, la troupe se trouva ainsi composée :

MM. Warnotz, chef d'orchestre ;
Isaïe de Tontor, deuxième chef d'orchestre ;
Morfer, régisseur général ;
Verhees, fort ténor de grand opéra ;
Bucognani, — —
Gibert, — —
Chennevières, ténor léger ;
Gallier, deuxième ténor ;
Labis, baryton de grand opéra ;
Duthoit, baryton d'opéra-comique ;
Louyrette, basse-noble ;
Vernouillet, basse-chantante ;
Aristide, deuxième basse ;
Raoul, trial ;
Herbez, laruette ;

Mᵐᵉˢ Barety, forte chanteuse falcon ;
Dalmont, chanteuse légère de grand opéra ;
Verheyden, chanteuse légère d'opéra-comique ;
Leavington, contralto ;
Dupont, première dugazon ;
Geismar, deuxième dugazon ;
Ecarlat-Geismar, duègne ;

M. Théophile, maître de ballet, premier danseur ;
Mᵐᵉˢ Piron, première danseuse noble ;
Carabelli, première danseuse demi-caractère.

M. Gibert commençait sa carrière artistique et n'était pas soumis aux débuts. Il chanta des œuvres du répertoire et créa *Le Cid*, comme nous le verrons plus loin.

Parmi les anciennes connaissances, on retrouvait Mᵐᵉ Leavington, la contralto de 1883-1884, les deux chefs d'orchestre, le maître de ballet et les deux premières danseuses et surtout

Mme Ecarlat-Geismar, la duègne, qui avait tenu avec succès en 1857-1858 et 1860-1861 l'emploi de première chanteuse et créé *La Vendéenne*, de Louis Malliot, *Les Dragons de Villars*, *Rigoletto*, etc.,

Répertoire. — M. Miral fit preuve d'une grande activité comme directeur et, en outre des cinq nouveautés, reprit quarante-deux opéras ou opéras-comiques dont deux seulement n'avaient pas encore été représentés sur la nouvelle scène : *Le Pardon de Ploermel* (donné 12 fois), créé à Rouen le 15 février 1860, et *La Servante maîtresse* (donnée 3 fois), de Pergolèse, créée à Rouen le 8 mars 1779, c'est-à dire moins de trois ans après l'inauguration de la salle.

Les quarante œuvres suivantes avaient déjà été jouées sur la nouvelle scène :

L'Africaine (6).
Le Barbier de Séville (7).
Bonsoir Monsieur Pantalon (10).
Bonsoir Voisin (5).
Carmen (3).
Le Chalet (6).
Charles VI (4).
La Dame Blanche (6).
Les Dragons de Villars (5).
Le Farfadet (9).
Faust (7).
La Favorite (6).
La Fille du Régiment (3).
Fra Diavolo (3).
Galathée (6).
Guillaume Tell (3).
Hamlet (8).
Les Huguenots (8).
La Juive (7).
Lucie de Lammermoor (3).
Le Maître de Chapelle (5).
Martha (2).
Mignon (5).
Mireille (4).
Les Mousquetaires de la Reine (1).
Les Noces de Jeannette (2).
Le Postillon de Longjumeau (6).
Le Pré aux Clercs (2).
Le Prophète (2).
Les Rendez-vous bourgeois (11).
Rigoletto (4).
Robert le Diable (2).
Roméo et Juliette (2).
Si j'étais Roi (2).
Le Songe d'une Nuit d'Eté (1).
Le Sourd (5).
La Traviata (3).
Le Trouvère (5).
Le Voyage en Chine (2).
Zampa (2).

Artistes en Représentation. — M. Verhees, le fort ténor de la troupe, ayant été atteint d'un rhume opiniâtre dès le début de la saison, ne put assurer complètement la marche du répertoire jusqu'au 21 janvier, date à laquelle il dut se résoudre à résilier son engagement ; aussi la Direction fut-elle obligée de faire appel à des artistes du dehors, notamment à M. Escalaïs, de l'Opéra, qui remporta un grand succès dans *Guillaume Tell*, *La Juive*, *Les Huguenots* et *L'Africaine* ; à M. Warot, de l'Opéra, professeur au Conservatoire, qui fit encore une excellente impression dans *Les Huguenots* ; à M. Jourdain, de l'Opéra, qui se fit applaudir dans *La Juive* et *Robert le Diable*, et à M. Riva, qui se montra assez terne dans *Guillaume Tell*.

Mlle Castagné, de l'Opéra-Comique, retrouva le succès de l'année précédente dans *Les Dragons de Villars* et se montra assez inégale dans *Mignon*.

Mme Galli-Marié, puis Mlle Duvivier se firent entendre dans *Carmen*.

Mlle Salembiani et M. Soulacroix, tous deux de l'Opéra-Comique, donnèrent beaucoup d'éclat à une représentation de *Zampa*.

Mme Garcin-Ismaël, la femme de l'ancien baryton de la saison 1862-1863, chanta les rôles de chanteuse légère dans *Le Barbier de Séville*, *Lucie*, *Carmen*, *Roméo et Juliette*, *Hamlet* et *Martha*.

M. Gense, un de nos concitoyens, qui, après une carrière bien remplie de premier ténor, s'était retiré dans le département de l'Eure, personnifia Corentin dans *Le Pardon de Ploërmel* et Cantarelli dans *Le Pré-aux-Clercs*.

Enfin, M. de Keghel reparut sur la scène où il avait tenu brillamment l'emploi de ténor léger pendant les saisons 1869-1870, 1874-1875, et se fit entendre dans *Carmen* et *Le Postillon de Longjumeau*.

Nouveautés. — M. Miral, comme nous l'avons dit, monta cinq œuvres nouvelles au cours de la saison.

Lakmé, opéra-comique en 3 actes, de Gondinet et Philippe Gille, musique de Léo Delibes. Première représentation le 23 novembre 1887, avec la distribution suivante : MM. Chennevières (Gérald), Duthoit (Frédéric), Mazuni (Nilakantha), Raoul (Hadji), Mmes Verheyden (Lakmé), Dupont (Malika), Geismar (Miss Ellen), Armandi (Miss Rose) et Geismar mère (Mistress Bentzon). La décoration fort réussie de M. Imbert et le ballet bien réglé, contribuèrent au succès de l'œuvre qui eut onze représentations cette année-là.

Le compositeur, qui assistait à la première, fut acclamé. *Lakmé* a poursuivi une brillante carrière au Théâtre-des-Arts et s'est maintenu fort justement au répertoire.

Philémon et Baucis, opéra-comique en 2 actes, de Michel Carré et Jules Barbier, musique de Gounod, fut donné pour la première fois le 25 janvier 1888, avec MM. Chennevières (Philémon), Duthoit (Jupiter), Aristide (Vulcain), Mlle Verheyden (Baucis). Cette œuvre n'eut qu'un succès d'estime et fut seulement jouée deux fois. Elle n'a été reprise depuis que par intermittences.

Le Tribut de Zamora, grand opéra en 4 actes, de Ad. d'Ennery et Jules Brésil, musique de Gounod. Première représentation le 1er février 1888, suivie de huit autres avec d'assez belles recettes. Les principaux rôles étaient tenus par MM. Gibert (Manoël), Labis (Ben Saïd), Duthoit (Hadjar), Mmes Barety (Hermosa), Dalmont (Xaïma). Le ballet fort important fut bien dansé, notamment par Mmes Piron, Carabelli et Kohlemberg.

Le Cid, grand opéra en 4 actes et 5 tableaux, de Ad. d'Ennery, Louis Gallet et Edouard Blau, musique de Massenet, fut représenté pour la première fois à Rouen le 17 mars 1888, avec la distribution suivante : MM. Gibert (Rodrigue), Labis (le Roi), Louyrette (Don Diègue), Vernouillet (Don Gormas), Mmes Barety (Chimène), Dupont (l'Infante).

Cette œuvre, aux dernières répétitions de laquelle le compositeur avait assisté, était fort bien montée et remporta un grand succès; elle fut représentée en effet dix fois au cours de la saison.

M. Gibert, on l'a vu, avait créé le principal rôle qui lui avait été confié sur la demande de Massenet lui-même ; M. Bucognani, fort ténor, soutenant que d'après son engagement il devait interpréter ce même rôle, assigna son Directeur devant le Tribunal de Commerce, réclamant 25,000 francs de dommages-intérêts. Il fut débouté de sa demande et condamné aux dépens, le Tribunal reconnaissant ainsi le droit absolu des auteurs de choisir leurs interprètes et de les imposer aux directeurs.

Le Diable à Yvetot, opéra-comique inédit en un acte, de Paul Steck, musique de Charles de Gessler. Cette petite partition, quoique sympathiquement accueillie, fut exécutée seulement deux fois, les 21 et 25 mars 1888.

Incidents. — La période des débuts n'alla pas sans quelque tapage ; car les emplois de forte chanteuse, de basse chantante et de deuxième ténor n'échurent chacun qu'au quatrième artiste présenté.

M. Guille de Saint-Simon, chef d'orchestre, subit le contre-coup de manifestations qui n'étaient cependant pas dirigées contre lui et qui s'étaient produites à la suite de nombreuses coupures faites dans *Hamlet*, à l'acte de l'Oratoire. Pour dégager sa responsabilité, il adressa aux journaux une lettre assez étrange sur le rôle du chef d'orchestre, tel qu'il est par rapport à ce qu'il devrait être, et la Direction lui répondit en résiliant son engagement.

Notons enfin un fait unique sous l'ancien régime des débuts. On sait que M. Verhees, fort ténor, n'avait pu assurer la marche du répertoire, et s'était vu contraint de résilier le 21 janvier. Plusieurs ténors étaient venus se faire entendre, notamment M. Escalaïs; mais pour se conformer aux exigences du cahier des charges, la direction engagea M. Bucognani le 7 mars, pour terminer la saison. Vu l'époque avancée, celui-ci fut autorisé à ne pas subir les trois épreuves réglementaires, mais quand il chanta le rôle d'Eléazar de *La Juive*, il fut accueilli par une bordée de sifflets, non pas parce qu'il s'y montra insuffisant, mais parce que le public voulait protester contre l'atteinte portée à ses droits.

Représentations au profit des Hospices. — La première eut lieu le 8 décembre, elle comprenait *Lakmé* et *Les Rendez-vous Bourgeois* (recette 1,980 fr. 85) ; la seconde fut donnée le 20 mars 1888 avec *Le Cid* (recette 1,951 fr. 90).

Soirées exceptionnelles. — La plus importante fut la fête organisée par le Comité des Fêtes de Bienfaisance le 10 février 1888 avec le concours de l'orchestre Colonne, de Mlle Auguez et de M. Saléza. Au programme : des œuvres de Gluck, Mendelssohn, Liszt, Reyer, Bizet, Saint-Saëns, Massenet, Lenepveu. On jasa beaucoup contre la substitution, demandée par la Municipalité, de l'ouverture de *Patrie* à celle du *Tannhäuser*. Nos édiles craignirent le renouvellement des scènes provoquées à Paris par les représentations de *Lohengrin* à l'Eden-Théâtre !

Le 14 avril 1888 fut donnée une représentation dont le produit (1,477 fr. 20) était destiné à la souscription ayant pour but de permettre l'érection d'un monument à la mémoire des victimes de l'incendie de l'ancien Théâtre. On donna *Galathée*, le ballet du *Tribut de Zamora*, un intermède auquel prirent part Mmes Garcin-Ismaël, Dalmont et Dupont, ainsi que la musique du 28ᵉ de ligne. Des strophes de M. Léon Guizy, dites par M. Louyrette, terminèrent le spectacle.

Concert. — Un concert fut donné le 2 mai au profit de la Caisse des Ecoles avec le concours de Mme Ram-Baud, des Concerts-Colonne et du Conservatoire, le violoniste Paul Viardot, Mlle Dupont, MM. Gibert et Louyrette, l'orchestre du Théâtre-des-Arts, la Musique du 28ᵉ de ligne et le *Cercle Orphéonique*.

Conférence. — M. Henri Deloncle, délégué de la Ligue des Patriotes, vint faire, le 18 mars 1888, une conférence sur Jeanne d'Arc et sa mission historique, pour consacrer l'ouverture officielle de la souscription nationale en vue de l'érection d'un monument à la Libératrice de la France sur l'une des places de Rouen.

M. Lebon, Maire de Rouen, et M. Montet, directeur du journal *Le Drapeau*, prirent également la parole; une partie musicale compléta la soirée qui eut un tel succès que la souscription était bien lancée, au dire des journaux locaux. Et cependant la question n'a pas fait un pas depuis ces vingt-quatre ans !

Bal. — Le Comité rouennais de l'Union des Femmes de France organisa le 21 avril 1888 un bal qui fut des plus brillants et des plus élégants. La salle, les escaliers, les vestibules et les couloirs avaient été décorés d'une façon splendide par les soins du capitaine de Terrier-Santans, du 12ᵉ chasseurs, et de M. Varenne, directeur des jardins publics.

Représentation ayant précédé la saison. — M. Miral n'organisa aucune représentation avec des tournées, mais le Cercle rouennais de la Ligue de l'Enseignement en donna une le 5 juin 1887, à l'occasion de l'anniversaire de la naissance de Pierre Corneille. Le programme comprenait : *Don Sanche* *d'Aragon, L'Illusion*, et une comédie inédite : *Les Griefs du Cardinal*. MM. Albert Lambert père et fils tinrent les principaux rôles.

Bilan. — La saison produisit un total de recettes de 254,620 fr. 60.

Cent cinquante-trois représentations lyriques furent données, et les deux plus belles recettes au tarif ordinaire furent faites avec *Faust*, le jour de l'ouverture de la saison (3,485 fr. 40) et à la première de *Lakmé* (3,470 fr. 45).

Les cinq représentations données avec le concours de M. Escalaïs, avec augmentation du prix des places, produisirent ensemble 22,053 fr. 30 soit une moyenne de 4,410 fr. 66.

Faits divers. — C'est pendant cette saison que furent organisées les représentations extraordinaires du mercredi, jour où devaient avoir lieu les premières, les reprises intéressantes, etc.

Des abonnements spéciaux furent créés, valables pour vingt-trois soirées. Les titulaires avaient l'avantage unique d'avoir leur place gardée, sans acquitter le droit de location.

Le bureau de location, installé jusqu'alors en face la loge du concierge, au rez-de-chaussée de la façade donnant sur la rue de la Comédie, fut transféré, en octobre 1887, sous le péristyle ouvrant sur la rue Grand-Pont.

Enfin, des mesures spéciales furent appliquées pour assurer la sécurité des spectateurs, notamment l'installation d'une transmission permettant de manœuvrer le rideau de fer de l'intérieur du poste des pompiers et l'ignifugation des décors.

DIRECTION MIRAL

Année théâtrale 1888-1889.

Cette seconde année de la direction Miral restait naturellement régie par le cahier des charges qui lui avait été imposé précédemment.

Saison lyrique. — L'ouverture de la saison lyrique eut lieu le 3 octobre, avec *Les Huguenots*, et les débuts furent très rapidement menés, puisqu'il n'y eut à remplacer que le trial et la duègne.

La troupe fut composée comme suit :

MM. Warnotz, chef d'orchestre ;
Isaïe de Tonton, deuxième chef d'orchestre ;
Aristide, régisseur général ;
Guiot, fort ténor de grand opéra ;
Gibert,   d°   d°.
Sujol, ténor léger d'opéra-comique ;
Ferrières, deuxième ténor ;
Albert, baryton de grand opéra ;
Maris, baryton d'opéra-comique ;
Louyrette, basse noble ;
Desmets, basse chantante ;
Aristide, deuxième basse ;
Gense, trial ;
Herbez, laruette ;

Mmes Barety, forte chanteuse falcon ;
Panseron, chanteuse légère de grand opéra ;
Wilhem, chanteuse légère d'opéra-comique ;
Huguet-Privat, contralto ;
Dupont, première dugazon ;
Dulaurens, deuxième dugazon ;
Grenet, duègne ;

M. Théophile, maître de ballet, premier danseur ;
Mmes Piron, première danseuse noble ;
Richeri, première danseuse demi-caractère ;
puis Kohlemberg,   d°   d°

On retrouve dans ce tableau M. Albert, baryton, et Mme Privat, contralto, qui avaient fait partie de la troupe pendant la saison 1884-1885. Quant aux deux chefs d'orchestre et à MM. Gibert, Louyrette, Aristide, Herbez et Mmes Barety et Dupont, on se souvient qu'ils avaient déjà tenu leur emploi l'année précédente.

Mlle Dulaurens était la fille de l'ancien ténor de l'Opéra qui vint plusieurs fois à Rouen, en 1860-1861, sous la direction Halanzier, restée célèbre à cause des dix-sept ténors qui défilèrent successivement avec des fortunes diverses, mais plutôt contraires.

M. Gibert, qui devait partager avec M. Guiot les rôles de fort ténor et comme tel avait été soumis aux débuts, fut engagé à l'Opéra-Comique pour créer le rôle de Roland dans *Esclarmonde*, de Massenet; mais grâce à une entente survenue entre les directeurs des deux scènes, M. Gibert continua à chanter encore plusieurs fois à Rouen, et M. Miral obtint le concours de nombreux artistes de l'Opéra-Comique, comme nous le verrons plus loin.

Répertoire. — 45 œuvres du répertoire furent reprises pendant la campagne 1888-1889, parmi lesquelles les trente-sept suivantes avaient été déjà représentées sur la nouvelle scène :

L'Africaine (4).
Le Barbier de Séville (5).
Le Bouffe et le Tailleur (8).
Le Caïd (7).
Carmen (3).
Le Chalet (4).
Charles VI (1).
Le Cid (11).
La Dame Blanche (6).
Le Domino noir (3).
Les Dragons de Villars (4).
Faust (6).
La Favorite (4).
La Fille du Régiment (4).
Guillaume Tell (2).
Hamlet (3).
Les Huguenots (6).
La Juive (5).
Lucie de Lammermoor (1).
Le Maître de Chapelle (2).
Maître Pathelin (10).
Mignon (6).
Mireille (6).
La Muette de Portici (4).
Les Noces de Jeannette (6).
Le Postillon de Longjumeau (6).
Le Pré-aux-Clercs (5).
Le Prophète (6).
Rigoletto (3).
Robert le Diable (1).
Roméo et Juliette (3).
Si j'étais Roi ! (4).
Le Songe d'une Nuit d'été (1).
La Traviata (2).
Le Tribut de Zamora (5).
Le Trouvère (2).
Zampa (1).

Les 8 autres œuvres avaient été créées dans le premier Théâtre-des-Arts, aux dates ci-après :

Les Amours du Diable (1). (16 août 1857).
Le Chien du Jardinier (11). (5 mars 1857).
Les Diamants de la Couronne (3). (5 janvier 1843).
Le Freischütz (2). (19 août 1825).
Le Nouveau Seigneur du Village. (3) (27 août 1813).
L'Ombre (2). (12 octobre 1874).
La Reine Topaze (3). (12 décembre 1859).
Le Rossignol (2). (16 décembre 1816).

Artistes en représentation. — De nombreux pensionnaires de l'Opéra-Comique se firent entendre cette année-là, dans des œuvres du répertoire :

Mlle Samé, dans *Mignon* ;

M. Bouvet, baryton, dans *Le Barbier de Séville*, *La Favorite*, *Le Maître de Chapelle*, *Si j'étais Roi* et *La Traviata* ;

M. Delaquerière, ténor, dans *La Dame Blanche* ;

M. Fugère, baryton, dans *Le Rossignol* ;

M. Mouliérat, ténor, dans *Carmen* ;

M. Soulacroix, baryton, dans *Les Noces de Jeannette*, *Zampa* et *Le Nouveau Seigneur du Village* ;

M. Taskin, basse chantante, dans *Le Caïd*.

Deux anciens pensionnaires du Théâtre-des-Arts, qui avaient fait partie de la troupe l'année de la réouverture, Mlle Mendès, dugazon, et M. Manoury, baryton de grand opéra, se firent entendre, la première dans *Carmen*, le second dans *Hamlet*. Enfin, deux forts ténors, M. Massart, du Grand-Théâtre de Lyon, et M. Bernard, de l'Opéra, interprétèrent, l'un, *Les Huguenots* et *Le Prophète*, l'autre, *La Juive* et *Robert le Diable*.

Nouveautés. — Cinq œuvres nouvelles virent le feu de la rampe, dont deux fort intéressantes ; deux ballets inédits furent également donnés pendant cette saison.

Hérodiade, opéra en 4 actes et 7 tableaux, par Paul Milliet, Henri Grémont et Zanardini, musique de Massenet. Première représentation le 12 décembre 1888, avec l'interprétation suivante : Mmes Barety (Salomé), Huguet-Privat (Hérodiade), Dulaurens (l'Esclave), MM. Albert (Hérode), Guiot (Jean), Louyrette (Phanuel), Desmets (Vitellius). Les chœurs, renforcés par le

Cercle orphéonique, le ballet et la mise en scène complétèrent une excellente interprétation, et cette œuvre, qui est restée au répertoire, fut jouée cette année-là treize fois.

Massenet, qui avait assisté à la répétition générale et à la première, fut acclamé à diverses reprises; après le spectacle, les choristes et les membres du *Cercle orphéonique* se rendirent rue Ganterie, sous les fenêtres de la maison habitée par M. Aloys Klein, chez qui était descendu le compositeur, et entonnèrent le fameux chœur des Romains, en guise de sérénade.

Une pareille manifestation avait eu lieu à la suite de la première de *La Dame Blanche*, le 25 février 1826, mais alors les fanatiques de Boieldieu avaient été gratifiés d'un procès-verbal pour tapage nocturne !

Eros, opéra-comique en un acte, de Julien Goujon et A. Daniel, musique de Frédéric Le Rey. La première représentation en eut lieu le 19 décembre 1888 et fut suivie de cinq autres. Les interprètes étaient Mlles Panseron et Dupont et M. Maris.

La Perle du Brésil, drame lyrique en trois actes, de J. Gabriel et Sylvain Saint-Etienne, musique de Félicien David. Cette œuvre fut accueillie assez froidement et ne fut donnée que deux fois, les 30 janvier et 1er février 1889. A part Mlle Wilhem et M. Sujol, l'interprétation était d'ailleurs assez faible.

Le Roi d'Ys, opéra en trois actes et cinq tableaux, d'Edouard Blau, musique d'Edouard Lalo. La première représentation de ce chef-d'œuvre fut donnée le 22 février 1889, avec Mlle Panseron (Rozenn), Mme Huguet-Privat (Margared), MM. Sujol (Mylio), Albert (Karnac), Desmets (le Roi), Larcher (saint Corentin). Cette interprétation était assez inégale; aux dernières représentations, le rôle de Mylio fut mis en valeur par M. Saléza, de l'Opéra-Comique, et l'œuvre eut enfin le succès auquel elle avait droit quand Mme Deschamps, la créatrice du rôle de Margared à l'Opéra-Comique, vint seconder son camarade.

Le Roi d'Ys fut donné douze fois et fut repris par la suite; mais on regrette qu'il ne soit pas complètement au répertoire courant.

La Rencontre imprévue, opéra-comique inédit en un acte, de A. Larsonneur, musique de Richard Mandl. Cette bluette, fort mal jouée, n'eut qu'une seule représentation le 16 mars 1889.

Notons enfin deux ballets inédits :

Miliane, libretto de A. Dubois et Théophile, musique de Frédéric Le Rey, dansé pour la première fois le 10 janvier 1889 ;

Echo, libretto de Rellio et Théophile, musique de R. de Montalent, dansé pour la première fois le 4 mars suivant.

Représentations au profit des Hospices. — Elles eurent lieu, la première, le 24 décembre 1888, avec *Hérodiade* (recette : 2,811 f. 45), la seconde, le 4 mars, avec *Le Roi d'Ys* et *Le Bouffe et le Tailleur* (recette : 2,313 f. 80).

Bals de bienfaisance. — Deux bals de bienfaisance furent organisés, le premier, le 26 janvier 1889, par les Loges Maçonniques, le second, le 16 février suivant, par l'Union des Femmes de France. Ce dernier fut extrêmement brillant et son succès considérable.

Représentations ayant précédé ou suivi la saison. — Sarah Bernhardt remporta un immense succès les 9 et 11 juin 1888, dans *La Tosca*, de Sardou, où elle était accompagnée de MM. Pierre Berton et Duményi, et dans *La Dame aux Camélias*.

Le dimanche 17 juin, le Cercle rouennais de la Ligue de l'Enseignement avait organisé une représentation en l'honneur de l'anniversaire de Pierre Corneille. Le spectacle se composait de *Horace*, *Le Misanthrope*, et une comédie en vers d'Albert Lambert père, mettant en scène la collaboration de Corneille et de Molière. L'interprétation fut excellente avec MM. Albert Lambert père et fils, Segond, Mme Segond-Weber, etc.

Le Conseil municipal ayant décidé d'introduire dans le programme de la fête du 14 juillet, une représentation gratuite au Théâtre-des-Arts, ce qui n'avait pas eu lieu depuis 1883, on donna ce jour-là *L'Aventurière*, jouée par la troupe de Mme Favart.

Le 16 août 1888, Dieudonné, du Vaudeville, vint jouer *La Flamboyante*, et la tournée Achard donna en septembre, sept représentations de la joyeuse comédie : *Les Surprises du Divorce*.

Pour terminer son privilège, M. Miral organisa le 4 mai 1889, une représentation de *Martyre* et des *Surprises du divorce*, également avec la tournée Achard.

Notons enfin, pour terminer, une représentation gratuite donnée le 5 mai, à l'occasion du centenaire de la première séance des Etats-Généraux. Le programme comportait *Le Lion amoureux*, de Ponsard.

Recettes. — La saison lyrique, avec ses 160 représentations,
produisit . . . . 272.134 f. 25
Les représentations données avant ou après
la saison, firent 23.989 30

Ensemble. . . . . 296.123 f. 55

Les journaux constataient déjà que le public se désintéressait complètement du répertoire lyrique.

Faits divers. — Nous avons à mentionner le décès de la gentille danseuse demi-caractère, Mlle Richeri, qui succomba le 18 janvier 1889, à une péritonite aiguë, causée par une chute grave. Grâce au produit d'un concert donné chez Leloup et d'une collecte faite entre les abonnés et les habitués, un petit monument fut élevé au cimetière Monumental, sur la tombe de la pauvre ballerine.

Ce fut pendant cette saison que les matinées des dimanches et fêtes furent reprises, à la demande d'habitants de la banlieue et de familles rouennaises qui n'aiment pas à se coucher tard.

Enfin, une importante modification fut apportée à la mise en scène de *Faust* : conformément au texte de Gœthe, un des tableaux représenta l'intérieur de la cathédrale, et l'œuvre y gagna en grandeur et en logique.

DIRECTION VERDHURT

Année théâtrale 1889-1890.

Avant de déclarer la vacance de direction à partir du 16 mai 1889, le Conseil municipal, dans sa séance du 7 décembre 1888, apporta au cahier des charges quelques modifications fort peu importantes dont une seule est à retenir : l'article 10 spécifiait que le régisseur général devrait désormais être pris en dehors de la troupe, le cumul de cet emploi et de celui d'artiste, à quelque titre que ce soit, ayant paru nuisible au service intérieur de la scène.

Des six candidatures qui se produisirent ensuite, deux seulement furent maintenues et soumises à l'examen du Conseil :

Celle de M. Miral, directeur en fonctions.

Celle de M. Henri Verdhurt, ancien directeur du Théâtre de la Monnaie de Bruxelles.

Le premier demandait des conditions qui parurent inacceptables ; le second, au contraire, acceptait le cahier des charges dans son entier. Il se présentait à la Municipalité comme directeur-gérant, au nom et sous les auspices d'une société en commandite par actions, au capital de 80,000 francs.

Dans sa séance du 22 mars 1889, le Conseil municipal, qui avait recueilli d'excellents renseignements sur M. Verdhurt, nomma celui-ci directeur du Théâtre-des-Arts pour les campagnes 1889-1890 et 1890-1891.

Le Théâtre-des-Arts devenu troisième Théâtre lyrique Français. — L'Opéra et l'Opéra-Comique ne pouvant accueillir toutes les productions des compositeurs français, et ceux-ci étant obligés de faire représenter leurs œuvres à l'étranger, on s'était préoccupé de créer à Paris un troisième Théâtre lyrique, mais les pourparlers n'ayant pu aboutir, un groupe de compositeurs, auteurs et critiques se proposèrent de transformer le Théâtre-des-Arts en Théâtre lyrique départemental français. Ils estimaient que les dilettanti qui allaient volontiers à Bruxelles entendre des œuvres dont les directeurs parisiens ne voulaient pas, n'hésiteraient pas à se rendre à Rouen.

Un comité présidé par M. Auguste Vitu, ayant pour vice-présidents M. Edouard Lalo, l'auteur du *Roi d'Ys* et M. Lenepveu, et pour secrétaire M. Rosenlecker, se mit à l'œuvre, obtint de la Compagnie des Chemins de fer de l'Ouest une réduction sur le prix du voyage pour ses abonnés et annonça comme devant être montés chaque mois, à partir de janvier, et constituer les représentations du Théâtre lyrique : *Samson et Dalila*, de Camille Saint-Saëns, *Le Vénitien*, d'Albert Cahen, *Gwendoline*, de Chabrier, *La Coupe et les Lèvres*, de Canoby.

Par suite de circonstances dont nous parlerons plus loin, l'inauguration de ces abonnements parisiens au nombre de 87, ne put avoir lieu que le 3 mars 1890, pour la première représentation de *Samson et Dalila*.

Les œuvres annoncées furent données, comme nous le verrons, à l'exception de *Gwendoline*, que M. Verdhurt se proposait de monter, à l'expiration de son privilège à Rouen, au Théâtre lyrique à installer à Paris dans l'ancien Eden. Cette tentative n'eut pas d'ailleurs le succès qu'elle méritait et dès le mois de décembre 1890, ce Théâtre lyrique dut fermer ses portes. C'est là que *Samson et Dalila* fut joué devant le public parisien.

Saison. — Nous allons maintenant exposer la marche de la saison 1889-1890 suivant la méthode adoptée.

L'ouverture eut lieu le 8 octobre 1889, avec *L'Africaine*.

La période des débuts occasionna quelques incidents violents, notamment lors de l'admission de la basse chantante, mais ne mérite pas de mention spéciale.

La troupe se trouva constituée comme suit :

MM. Jehin, puis M. Gabriel Marie, chefs d'orchestre,
    Bouvard, régisseur général ;
    Lafarge, fort ténor ;
    Dolleon, d°
    Gandubert, ténor léger ;
    Drouville, deuxième ténor ;
    Mondaud, baryton de grand opéra ;
    Saint-Jean, baryton d'opéra-comique ;

MM. Verin, basse noble ;
   Schmidt, basse chantante ;
   Ferran,   d°
   Fronty, deuxième basse ;
   Baron, trial ;
   Lagrèze, laruette ;
Mmes Bronville, forte chanteuse falcon ;
   Panseron, chanteuse légère de grand opéra ;
   Verheyden, chanteuse légère d'opéra-comique ;
   Bossy, contralto ;
   Fouquet, première dugazon ;
   Dupont,   —   —
   Mallet, deuxième   —
   Gayet, duègne ;
   M. Théophile, maître de ballet, premier danseur ;
Mmes Piron, première danseuse noble ;
   Lalanne, première danseuse demi-caractère.

Nous retrouvons dans ce tableau Mlle Panseron, de la saison précédente, Mlle Verheyden, la chanteuse légère applaudie deux ans auparavant, M. Schmidt, la basse chantante de 1886-1887, Mlle Dupont qui faisait sa troisième année, M. Théophile et Mlle Piron qu'on connaissait depuis 4 ans consécutifs, enfin, Bouvard, le régisseur de 1882-1883.

M. Jehin, chef d'orchestre, cessa ses fonctions le 24 décembre pour se rendre à Monte-Carlo où l'appelait un brillant traité. Il fut remplacé par M. Gabriel Marie.

Répertoire. — M. Verdhurt remit à la scène les 32 ouvrages suivants :

L'Africaine (7).
Le Barbier de Séville (1).
Carmen (13).
Le Chalet (6).
Les Dragons de Villars (5).
Echo (7).
Eros (4).
Le Farfadet (11).

Faust (10).
La Favorite (7)
La Fille du Régiment (8).
Guillaume Tell (3).
Hamlet (8).
Les Huguenots (9).
La Juive (7).
Lakmé (6).

Le Maître de Chapelle (6).
Manon. (9).
Mignon (7).
Mireille (5).
Les Noces de Jeannette (4).
Le Nouveau Seigneur du Village [(4).
Les Rendez-vous Bourgeois (9).
Rigoletto (4).
Robert le Diable (4).
Le Roi d'Ys (9).
Roméo et Juliette (6).
Si j'étais Roi (5).
Le Sourd (7).
La Traviata (4).
Le Trouvère (2).
Le Voyage en Chine (4).

Artistes en représentation. — A part Mlle Cécile Mezeray, de l'Opéra-comique, qui fut vivement applaudie dans deux représentations de *Roméo et Juliette*, les artistes étrangers à la troupe n'eurent qu'un succès relatif.

Mlle Martini, de la Monnaie de Bruxelles, chanta le rôle de Valentine, des *Huguenots*, et celui de Rachel, de *La Juive*.

M. Herbert ne brilla pas dans *Le Barbier de Séville*, bien qu'il appartint à la troupe de l'Opéra-Comique.

M. Devilliers, notre ancien ténor des saisons 1882-1883 et 1883-1884, se montra encore bon chanteur, quoique un peu fatigué, dans *La Juive* et *La Favorite*.

M. Morlet, l'ancien baryton de la saison 1874-1875, chanta dans *Carmen* et dans *Les Dragons de Villars*.

Enfin, M. Ceste, un ancien artiste du Théâtre-Français, où il avait créé en 1879, *Les Mousquetaires au Couvent*, se montra assez bon chanteur dans *Hamlet*. Nous le retrouverons comme appartenant à la troupe, pour la campagne 1892-1893.

Nouveautés. — Les œuvres nouvelles montées par M. Verdhurt, furent toutes intéressantes; l'une d'entre elles, de tout premier ordre, est heureusement restée au répertoire.

Les Pêcheurs de Perles, opéra-comique en trois actes et quatre tableaux, de Carré et Cormon, musique de Georges Bizet. Première représentation, à Rouen, le 17 décembre 1889, avec l'interprétation suivante : MM. Lafarge (Nadir), Mondaud (Zurga), Ferran (Nourabad), Mme Panseron (Leïla). Cette œuvre de l'auteur de *Carmen*, fort bien montée, admirablement interprétée, n'eut cependant que six représentations.

Samson et Dalila, grand opéra en 3 actes et 4 tableaux, de Ferdinand Lemaire, musique de Camille Saint-Saëns. La première représentation, qui eut lieu le 3 mars 1890, constitua une véritable solennité musicale, d'autant plus que ce chef-d'œuvre, créé à Weimar, en 1877, n'avait jamais été donné sur une scène française. Les admirateurs et amis du grand compositeur, les notabilités parisiennes, la critique musicale au grand complet, étaient donc venus à Rouen, et la salle était fort brillante.

Les rôles avaient été distribués comme suit : MM. Lafarge (Samson), Mondaud (le Grand-Prêtre), Ferran (Abimélech), Mme Bossy (Dalila).

Le succès fut complet, aussi bien pour l'œuvre que pour les interprètes, les chœurs et le ballet. La mise en scène était également fort soignée, et les décors très réussis.

Samson et Dalila fut donné dix-sept fois cette année-là, et ne fit son apparition à l'Opéra que deux ans après, le 23 novembre 1892.

Le Vénitien, grand opéra en 3 actes et 4 tableaux, de Louis Gallet, musique d'Albert Cahen, représenté pour la première fois, le 14 avril 1890. Cette œuvre inédite avait encore provoqué l'exode d'un certain nombre de parisiens, parmi lesquels on remarquait César Franck, à qui était dédiée la partition. Les rôles, très nombreux, avaient été distribués à MM. Lafarge, Mondaud, Vérin, Dolleon, Schmidt, Ferran, Mmes Fouquet, Bossy, Dupont, etc. L'ouvrage, jugé un peu inégal, eut en tout huit représentations et n'a jamais été repris.

Le Printemps, opéra-comique inédit en un acte, de Rodaz et Montjoyeux, musique d'Alexandre Georges. Cette partition délicate, interprétée par MM. Gandubert, Mondaud, Fronty, Mmes Panseron, Dupont, etc., n'eut que deux représentations, les 2 et 4 mai 1890, la saison se terminant à cette époque.

La Coupe et les Lèvres, grand opéra inédit en 5 actes et 6 tableaux, d'Ernest d'Hervilly, musique de Canoby. La première et unique représentation eut lieu le 3 mai 1890, veille de la clôture, avec MM. Lafarge, Dolleon, Ferran, Mmes Panseron et Fouquet.

Cette œuvre fut cependant bien accueillie, malgré la hâte avec laquelle elle avait été montée ; mais le compositeur, qui attendait depuis vingt ans le bon plaisir d'un directeur, n'avait décidément pas de chance.

On voit donc que pendant cette saison 1889-1890, quatre œuvres inédites furent soumises au public rouennais qui n'avait jamais été à pareille fête.

Représentations au profit des Hospices. — Elles eurent lieu, la première, le 23 décembre 1889, avec *Les Pêcheurs de Perles* et un intermède, la seconde, le 11 mars 1890, avec *Samson et Dalila*; les recettes furent de 1,693 fr. 55 et 3,557 fr. 10.

Incidents. — Bornons-nous à noter que quelques soirées orageuses eurent lieu, soit pendant la période des débuts, soit après, notamment à des représentations de *Guillaume Tell*, de *Rigoletto*, du *Trouvère*; que de petites difficultés surgirent entre le directeur et certains de ses pensionnaires et que les Tribunaux furent plusieurs fois appelés à trancher des différends, mais nous ne voyons vraiment pas d'incident intéressant à signaler.

Les artistes font parfois montre d'une telle susceptibilité que des procès, dont on parle beaucoup sur le moment, paraissent bien insignifiants vingt ans après !

Représentations ayant précédé la saison. — Le 16 juin 1889, la Ligue de l'Enseignement avait organisé une représentation composée de *Polyeucte* et de *Tartuffe*, avec M. Pierre Laugier, de la Comédie-Française, Albert Lambert père et fils, etc.

Bien piteuse fut la soirée du 3 septembre où une tournée donna, avec une interprétation déplorable, *Les Exposés de l'Exposition* et *Le Barbier de Séville*. Notons que M. Savorgnan de Brazza y assistait avec ses Congolais.

Par contre, le 9 septembre, Mmes Favart et Reichemberg, de la Comédie-Française, bien entourées, eurent un vif succès dans *La Joie fait peur* et *Le Monde où l'on s'ennuie*.

Enfin, dans la dernière quinzaine de septembre, cinq concerts furent donnés par les chanteurs, au nombre d'une soixantaine, de la Chapelle nationale Russe, dirigés par Dmitri Slavianski d'Agreff. L'interprétation supérieure d'œuvres fort originales, valut à cette phalange des ovations prolongées et un succès colossal ; on cimentait ainsi l'alliance Franco-Russe !

Recettes. — M. Verdhurt, qui avait obtenu la concession de notre première scène pour deux ans, écrivit au Maire de Rouen, le 20 janvier 1890, pour demander à fermer le 4 février suivant, les pertes subies jusqu'alors ne permettant pas la continuation de l'entreprise. Les dépenses faites à Paris à l'occasion de l'Exposition, le mauvais état des affaires et enfin une grave épidémie d'influenza paraissaient être les causes évidentes de cette situation. Mais à la suite de pourparlers engagés entre la Municipalité et le commanditaire de M. Verdhurt, M. Sigismond Picard, celui-ci s'engagea à faire les sacrifices nécessaires pour permettre de terminer la campagne théâtrale, sous la condition, qui fut acceptée par le Conseil municipal, que le traité de M. Verdhurt serait résilié à dater du 4 mai 1890.

A cette dernière date, les recettes produites par les 172 représentations lyriques s'élevaient à 224,625 fr. 05.

Il est curieux de mentionner une fort belle recette faite le 20 février, avec *Le Voyage en Chine* et *Les Noces de Jeannette*, M. Bouvard tenant dans cette dernière œuvre le rôle de Jean (3,135 fr. 30). *Samson et Dalila* fournit également une brillante carrière à tous les points de vue.

DIRECTION TAILLEFER

Année théâtrale 1890-1891

La résiliation du contrat passé avec M. Verdhurt provoqua dans une partie de la population et chez un certain nombre de conseillers municipaux, un courant marqué en faveur de la suppression de la subvention allouée par la Ville, dont les finances étaient loin d'être prospères.

Néanmoins, dans sa séance du 21 février 1890, le Conseil municipal décida de maintenir la subvention pour la campagne 1890-1891, puis arrêta les modifications à apporter au cahier des charges.

Pour éviter toute fausse interprétation de la part du directeur, il fut stipulé que la troupe devrait comprendre un fort ténor de grand opéra (et non plus un premier ténor d'opéra), afin d'assurer le service de l'ancien répertoire, et un premier ténor d'opéra-comique, ce dernier pouvant être soit un ténor léger, soit un ténor mixte, selon les besoins de la saison.

La commission consultative avait été d'avis d'accorder au directeur le droit de jouer l'opérette, mais le Conseil, après une longue discussion, refusa d'entrer dans cette voie, se réservant toutefois d'examiner à nouveau la question, si les candidats le demandaient.

Le directeur était tenu à l'avenir de donner, à l'expiration de la période des débuts, c'est-à-dire à partir du troisième mois, et au moins une fois par mois, une matinée le dimanche.

Enfin, le nombre des représentations populaires était limité à quatre par mois, et la réduction de prix devait s'appliquer à toutes les places sans distinction.

L'avis de la vacance de la direction amena plusieurs candidatures, mais seule celle de M. Taillefer, fondateur de l'Opéra-

Français de Nice, était appuyée de la consignation préalable du cautionnement de 25,000 francs, et dans sa séance du 11 avril 1890, le Conseil nomma M. Taillefer directeur du Théâtre-des-Arts pour la campagne 1890-1891.

Avant ce vote, le Conseil avait apporté deux modifications au cahier des charges précédemment adopté. L'une autorisait le directeur à constituer son cautionnement en espèces ou en titres de rente à son gré, l'autre lui permettait d'exploiter le grand opéra, les traductions, l'opéra-comique *ou pièces assimilées* avec les divertissements que ces représentations comportaient, la Commission restant juge du caractère des pièces constituant le répertoire. Ces deux mots qui n'avaient l'air de rien : *pièces assimilées*, ouvraient en réalité la porte du Théâtre-des-Arts à l'opérette, genre qui va du meilleur au pire. Cette décision du 11 avril 1890 est donc à retenir : c'est elle qui a permis par la suite la représentation d'œuvres indignes de notre première scène et a amené de très bons esprits à contester la légitimité de la subvention.

Celle-ci ne peut en effet se défendre que si elle sert à réhausser le niveau artistique d'un théâtre et à former le goût du public, et notre Théâtre-des-Arts doit être pour la musique ce que nos musées sont pour la peinture et la sculpture.

On verra, par la suite, que ce furent parfois des opérettes qui firent le succès d'une saison et eurent le plus grand nombre de représentations. Le public aime donc l'opérette ; mais un tel goût est-il à encourager avec l'argent des contribuables ?

Saison lyrique. — L'ouverture de la saison lyrique eut lieu le 2 octobre 1890, par une représentation de *La Juive*. La période des débuts, quoique ayant été assez calme, se termina seulement le 12 janvier, et encore à cette date, la duègne, Mme Aultier, qui avait été refusée à son troisième début, dans *Roméo et Juliette*, n'avait pas été remplacée. Elle ne le fut d'ailleurs jamais, et continua de chanter jusqu'à la fin de la saison et malgré le verdict du public.

Quoi qu'il en soit, la troupe fut composée de la manière suivante :

MM. Flon, chef d'orchestre ;
Gérard, deuxième chef d'orchestre ;
Straleski, puis Masson, régisseur général ;
Raynaud, fort ténor ;
Leprestre, ténor demi-caractère ;
Télem-Trémoulet, ténor léger en double ;
Ferrières, deuxième ténor ;
Mondaud, baryton de grand opéra ;
Montfort, baryton d'opéra-comique ;
Bordeneuve, basse noble ;
Lequien, basse chantante ;
Delaunoy, deuxième basse ;
Gense, trial ;
Curini, laruette ;

Mmes Peyra, forte chanteuse ;
Levasseur, chanteuse légère de grand opéra ;
Marguerite Mineur, chanteuse légère d'opéra-comique ;
de Beridez, contralto ;
Albouy, première dugazon ;
Clary-Lannes, deuxième dugazon ;
Aultier, duègne ;

M. Rougier, maître de ballet, premier danseur ;

Mmes Ferraro, première danseuse noble ;
Antonelli, première danseuse demi-caractère.

Plusieurs noms étaient déjà connus, comme celui de M. Mondaud, l'excellent baryton de la saison précédente, M. Ferrières, le deuxième ténor, et M. Gense, le trial de la saison 1888-1889.

Mlle Marguerite Mineur fut plus heureuse cette fois qu'en 1884, car engagée alors par M. Olive Lafon, elle avait dû résilier après son second début.

Quant à Mlle Clary-Lannes, qui brilla surtout dans l'opérette, elle était simple figurante à l'ancien Théâtre-des-Arts et avait même failli périr dans l'incendie de 1876. Plus tard, elle s'était créé une place parmi les étoiles d'opérette et avait appartenu en 1882 au théâtre des Folies-Dramatiques.

Répertoire lyrique. — M. Taillefer reprit pendant la saison les œuvres lyriques suivantes :

Le Barbier de Séville (5).
Carmen (9).
Le Chalet (5).
Les Dragons de Villars (2).
Faust (8).
La Favorite (3).
La Fille du Régiment (7).
Guillaume Tell (3).
Hamlet (7).
Les Huguenots (3).
La Juive (4).
Lakmé (4).
Le Maître de Chapelle (5).
Mignon (6).
Mireille (8).
Les Noces de Jeannette (3).
Le Postillon de Longjumeau (4).
Le Prophète (3).
Rigoletto (3).
Robert le Diable (3).
Roméo et Juliette (5).
Si j'étais Roi (5).

Artistes en représentation. — Plusieurs anciens artistes du Théâtre-des-Arts vinrent interpréter des œuvres du répertoire en représentation :

Mme Moudaud-Panseron, qui avait tenu l'emploi de chanteuse légère la saison précédente, vint chanter Hamlet, Lakmé et Les Noces de Jeannette ;

Mme Emilie Ambre, titulaire du même emploi en 1885-1886, aborda avec succès le répertoire de grand opéra en se faisant entendre dans La Juive ;

M. Gibert, le ténor de 1887-1888 et 1888-1889, parut dans La Favorite, et M. Minvielle, le ténor de 1885-1886 et 1886-1887, dans La Juive ;

M. Saint-Jean, la basse noble de 1884-1885, chanta le rôle du roi dans Hamlet ;

Enfin, Mme Fouquet, l'excellente dugazon de l'année précédente, remporta de nouveau un grand succès dans Carmen et dans Mignon.

Nous trouvons ensuite à noter Mme Vaillant-Couturier, de l'Opéra-Comique, très bonne dans Faust et dans Mireille, et Mme Tarquini-d'Or, qui se montra très personnelle dans le rôle de Carmen.

Nouveautés. — Sous ce rapport, la campagne 1890-1891 tient la première place. M. Taillefer, en donnant Salammbô, Lohengrin et Gyptis même, releva sensiblement le niveau du Théâtre-des-

Arts ; nous verrons cependant que le résultat financier ne fut pas celui qu'on eut dû attendre.

Salammbô, opéra en 5 actes et 7 tableaux, d'après le roman de Gustave Flaubert, par Camille de Locle, musique d'Ernest Reyer. Cette œuvre magistrale qui avait été représentée pour la première fois au Théâtre de la Monnaie de Bruxelles, le 10 février 1890, n'avait encore paru sur aucune scène française, et la première, qui en eut lieu à Rouen le 22 novembre suivant, fut une véritable solennité musicale, à laquelle assistèrent des notabilités parisiennes et toute la grande critique ; mais Reyer n'y était pas !

L'interprétation, excellente d'ailleurs, avait été confiée à MM. Raynaud (Matho), Leprestre (Schahabarim), Mondaud (Hamilcar), Montfort (Spendius), Lequien (Narr'Havas), Larcher (Giscon), Mme de Beridez (Taanach), etc...

Le rôle de Salammbô fut créé par Mme Eva Dufranne, de l'Opéra, qui le chanta aux six premières représentations ; il fut repris ensuite par Mme Peyra, qui ne sut pas faire oublier sa devancière, presque incomparable du reste.

L'œuvre de Reyer, fort bien montée, eut neuf représentations, mais on peut se demander pourquoi elle n'a jamais été reprise. Le Théâtre-des-Arts devrait au contraire se faire un titre de gloire de l'avoir accueillie avant l'Opéra.

Gyptis, légende lyrique en 2 actes, de Maurice Boniface et Edouard Bodin, musique de Noël Desjoyeaux. Cet ouvrage inédit fut représenté pour la première fois à Rouen le 16 décembre 1890, en présence de quelques parisiens seulement, le froid excessif ayant empêché l'exode habituel. Mlle Jane Guy créa le rôle de Gyptis, Mme de Beridez celui de Rhoda, M. Leprestre celui de Euxénos, M. Mondaud celui de Gaël, M. Lequien celui du Roi.

L'orchestre, renforcé de plusieurs instrumentistes, fit merveille sous la direction de M. Flon, le ballet et la mise en scène contribuèrent également au succès et *Gyptis* eut ainsi onze représentations au cours de la saison ; mais nous demanderons encore pourquoi cette œuvre pleine de charme et d'originalité n'a jamais reparu sur notre scène. Le public avait cependant apprécié vivement ses qualités et tout fait prévoir qu'il les goûterait encore davantage aujourd'hui.

Lohengrin, opéra en 3 actes et 4 tableaux, de Richard Wagner. On sait que ce chef-d'œuvre avait été donné pour la première fois en France, le 3 mai 1887, sur la scène de l'Eden-Théâtre, de la rue Boudreau, sous la direction de M. Charles Lamoureux, mais que des manifestations, dûes à un patriotisme mal compris et organisées le soir de la première représentation, ne permirent pas que celle-ci eut un lendemain. M. Taillefer, en montant *Lohengrin* à Rouen, avait donc confiance dans le bon sens de la population et il fit bien, car rien ne vint troubler la première, qui eut lieu le 7 février 1891, en présence de toutes les notabilités de la littérature et de l'art.

M. Flon et M. Desjoyeaux, l'auteur de *Gyptis*, avaient parfaitement mis au point l'interprétation et en tirèrent tout le parti possible.

Les principaux rôles étaient confiés à : MM. Raynaud (Lohengrin), Moudaud (Frédéric de Telramund), Lequien (le Roi), Montfort (le Héraut), Mmes Jane Guy (Elsa), de Beridez (Ortrude). L'orchestre, dont la part est si grande, fut le vrai triomphateur de la soirée, à tel point que M. Léon Kerst, le critique du *Petit Journal*, rendant compte de la première de *Lohengrin* à l'Opéra, le 17 septembre 1891, regrettait l'enthousiaste et vibrante exécution de Rouen : Là, disait-il, c'était l'ardeur, la jeunesse et la vie; à Paris c'est une pontifiante et ennuyeuse solennité.

Lohengrin eut une très belle carrière à Rouen, car les vingt-six représentations qui en furent données, produisirent une recette totale de 63,758 fr. 75.

Ajoutons qu'un certain nombre de places payantes avaient été mises à la disposition du public pour la répétition générale, qui eut lieu le 5 février, et que des trains spéciaux furent organisés les dimanches 8 et 22 mars, pour amener les parisiens aux matinées qui furent données à leur intention.

Constatons avec plaisir que *Lohengrin* est sinon resté au répertoire, du moins repris souvent.

Chasse gardée, opéra-comique inédit en un acte, de Augé de Lassus, musique de R. de Montalent. La première eut lieu le 14 avril 1891, et fut suivie de deux autres représentations. Les principaux rôles étaient tenus par Mme Albouy et MM. Montfort, Delaunoy et Ferrières.

Velléda, opéra en 4 actes, de A. Challamel et Chantepie, musique de Charles Lenepveu. Cette œuvre de notre concitoyen n'avait été représentée qu'à Londres en 1882, avec le concours de la Patti, et fut donnée pour la première fois à Rouen, le 18 avril 1891, avec Mmes Levasseur (Velléda), Peyra (Ina), de Beridez (Even), MM. Leprestre (Cœlius), Mondaud (Teuter), Lequien (Senon).

Le compositeur fut acclamé à la chute du rideau ainsi que ses interprètes, mais la fin de la saison interrompit le cours des représentations qui furent seulement au nombre de quatre. Est-il besoin d'ajouter que l'*elléda* n'a jamais non plus reparu sur l'affiche du Théâtre des-Arts ? Mais on sait que nul n'est prophète en son pays !

Pendant la saison 1890-1891, trois ballets nouveaux furent montés :

Les Petits Mandarins, scénario de M. Rougier, qui fut donné six fois, dont la première le 25 décembre 1890. N'insistons pas sur la musique qui faisait regretter, paraît-il, celle de la foire Saint-Romain.

Le Rêve, ballet en 3 tableaux, de M. Rougier. Première représentation le 13 février, suivie de trois autres. Musique agréable et sans prétention.

Myosotis, musique de l'excellent chef d'orchestre Ph. Flon. Grand succès pour l'œuvre et les interprètes, Mlles Ferraro et Antonelli. La première, donnée au bénéfice de l'auteur, eut lieu le 4 avril 1891, et fut suivie de quatre autres représentations.

Répertoire d'opérette. — Nous devons donc ouvrir une nouvelle rubrique pour un genre auquel le vaste cadre du Théâtre-des-Arts ne se prête guère et dans lequel les vrais artistes d'opéra-comique sont généralement mal à l'aise ou perdent leurs qualités.

Une seule œuvre était inédite à Rouen : *Rip-Rip*, soi-disant opéra-comique en 3 actes, de Henri Meilhac, Philippe Gille et Farnié, musique de Robert Planquette. La première représentation eut lieu le 8 janvier 1891 avec Mmes Mineur, Ischabod, Curini, Sainti, MM. Montfort, Curini, Gense, Delaunoy, Ferrières, et le public parut y prendre goût puisque cette œuvre fut donnée neuf fois encore.

Les opérettes que nous allons citer maintenant avaient toutes été représentées à Rouen, soit au Théâtre-Français, soit au Théâtre-Lafayette. Nous nous contenterons donc d'en donner la liste :

Boccace (4).
La Fille de Mme Angot (11).
La Fille du Tambour-Major (12).
Gillette de Narbonne (3).
La Mascotte (14).
Les Mousquetaires au Couvent (3).
Le Petit Duc (7).

Enfin on reprit cette même année *La Grande Duchesse* et *Le Petit Faust* qui avaient déjà été donnés sur la scène de l'ancien Théâtre-des-Arts.

Représentations au profit des Hospices. — Par suite de la mise en liquidation judiciaire de M. Taillefer, une seule représentation put être donnée au profit des Hospices. Le spectacle se composait de *Salammbô* dont c'était la sixième représentation et la recette fut de 3.302 fr 60.

Représentation dramatique en cours de saison. — Le 21 avril 1891, le Comité des Fêtes de bienfaisance fit appel aux artistes de la Comédie-Française pour jouer, au profit des pauvres, *Le Baiser*, de Théodore de Banville, *Le Flibustier*, de Richepin, et *Une Conversion*, de Charles de Courcy. Il suffit de citer les noms des interprètes, sans aucun commentaire : Mmes Baretta-Worms, Pauline Granger, Ludwig, MM. Got, Laroche, Worms, Febvre, Falconnier et Beer.

Conférences. — M. Catulle Mendès vint faire, le 4 mars 1891, une conférence sur Richard Wagner et son œuvre, et se fit écouter avec le plus vif intérêt.

Le 4 juin suivant, M. Charles Loyson, l'ex-père Hyacinthe, fit, en soirée populaire, devant un nombreux public, une conférence sur l'Eglise et le Peuple.

Bal. — Comme les années précédentes, la Franc-Maçonnerie rouennaise organisa, le 24 janvier, un bal au profit de sa caisse de bienfaisance.

Représentations ayant précédé la saison. — M. Taillefer était entré en fonctions le 16 mai 1890 et les représentations suivantes eurent lieu avant l'ouverture de la saison lyrique :

Pour l'anniversaire de la naissance de Pierre Corneille, le Cercle rouennais de la Ligue de l'Enseignement donna le 13 juin, *Le Menteur, Le Malade Imaginaire*, avec MM. Albert Lambert, Darragon, Mmes Biana-Duhamel, Dulac, etc., et *Corneille à Petit-Couronne*, à-propos en vers d'Eugène Brieux.

La représentation gratuite du 14 Juillet se composa de *Marceau ou les Enfants de la République* et *La Marseillaise* chantée par le *Cercle orphéonique*.

Vinrent ensuite :

Les Jacobites, de François Coppée, avec Mme Segond-Weber ;

Le Voyage en Suisse, comédie-vaudeville-pantomime de Blum et Toché ;

Ménages parisiens, de Valabrègue, et *Le Misanthrope et l'Auvergnat,* de Labiche, avec Brasseur père et fils ;

Les Misérables, avec Dumaine, Taillade et Lacressonnière ;

La Fille de Roland, avec Mme Segond-Weber ;

Nos jolies Fraudeuses, de Bisson, et *La Mariée du Mardi-Gras,* de Grangé et Lambert Thiboust, avec Brasseur père et fils ;

Enfin *Feu Toupinel,* de Bisson, avec la Tournée Achard.

Résultat financier de la saison. — Si la gestion de M. Taillefer fut excellente au point de vue artistique, il n'en fut pas de même au point de vue de la réussite matérielle, car le 6 avril 1891, presque en fin de saison, le Directeur dut déposer son bilan et fut déclaré en état de liquidation judiciaire, avec un passif de 32,400 francs. Certains mois, novembre et février par exemple, ayant été fructueux, il parut évident que M. Taillefer, en entrant en fonctions, devait avoir de l'arriéré et s'était trouvé *étranglé* par des porteurs de reconnaissances antérieures à son arrivée à Rouen.

Sur les pressantes instances de la Municipalité, Me Collignon, agréé, liquidateur judiciaire de M. Taillefer, se chargea de continuer l'exploitation jusqu'au 3 mai 1891, sous condition du versement de la subvention pour les mois de mars et d'avril. Le Conseil avait, en outre, voté un crédit de 12.000 francs pour payer les appointements en retard du petit personnel, et les artistes, titulaires des premiers emplois, consentirent à abandonner 50 0/0 sur leurs cachets échus du mois de mars.

Un Comité, composé de MM. Flon, Desjoyeaux, Montfort, Ferrières et Raynaud, assura l'achèvement de la saison et monta notamment *Velléda;* mais le public, bien innocent d'ailleurs, eut souvent à souffrir d'incartades fâcheuses dues à des susceptibilités ou à des exigences injustifiées des artistes.

En résumé, les recettes de la saison s'élevèrent :

Pour les représentations lyriques à . . . 297.801 f. 50

Pour les représentations données avant l'ouverture de la saison à 14.482 30

Total. . . . . 312.283 f. 80

Lohengrin, comme nous l'avons dit, fit de belles salles, de même que *La Fille du Tambour-Major* qui réalisa un dimanche 3.894 fr. 15.

La résolution de la concession Taillefer rendit à la Ville la disposition du Théâtre à l'expiration de la saison lyrique.

De mai à août 1891 furent donnés :

Gabrielle, d'Emile Augier, et *Monsieur Alphonse*, d'A. Dumas fils, avec Mme Favart, ex-sociétaire de la Comédie-Française ;

Le Prix Montyon, de Valabrègue et Hennequin, et *Les Vieilles Gens*, de Valabrègue ;

Ma Cousine et *Paturel*, de Meilhac, avec Mme Réjane et Baron (1er et 2 juin).

Polyeucte et *L'Ecole des Femmes* furent donnés le 11 juin par la Comédie-Française inaugurant la série de ses représentations officielles à travers la France. Ces deux chefs-d'œuvre classiques eurent une magnifique interprétation avec Mmes Dudlay, Reichemberg, Kalb, Malck, MM. Mounet-Sully, Silvain, Boucher, Laroche, Truffier, Leloir, Martel, Villain, Falconnier, Joliet et Hamel.

Les Plaideurs et *Horace* avec la tournée Millaud formèrent un spectacle moins brillant, quoique suffisant, grâce surtout à Mme Segond-Weber et à M. Joliet (12 juillet).

Pour la représentation gratuite du 14 Juillet, le spectacle comporta *Camille Desmoulins ou Les Partis en 1794* et *La Marseillaise*.

Nous avons enfin à citer, pour terminer :

Phèdre et *Les Plaideurs*, avec la tournée Millaud (16 juillet).

Mademoiselle de La Seiglière, avec Coquelin cadet, Jean Coquelin et Mme Favart (5 août).

Enfin *Le Député de Bombignac*, avec Mme Favart, Coquelin aîné et son fils Jean (29 août).

DIRECTION DURIEZ, PUIS NERSSANT
Année théâtrale 1891-1892.

Au début de l'année 1891, la subvention fut remise en question comme constituant une dépense d'un caractère somptuaire, que la situation financière de la Ville ne permettait pas. Cependant, dans sa séance du 13 février, le Conseil municipal, par 19 voix contre 10, décida de maintenir la subvention, puis, contrairement à l'avis de la Commission, ne consentit pas à modifier le système des débuts en usage et supprima le droit de jouer l'opérette, à moins que le directeur futur n'en fît une condition *sine qua non*.

Néanmoins les candidats sérieux ne se présentèrent pas ou, si quelques-uns le firent, se retirèrent presque aussitôt. Le Conseil municipal autorisa donc, dans sa séance du 5 juin 1891, l'Administration à faire un nouvel appel et à traiter au besoin sur des bases différentes, mais les conditions posées par les candidats parurent inacceptables. M. Taillefer, le précédent directeur, tenta bien de constituer une Société au capital de 80,000 francs ; le Conseil trouva insuffisantes les garanties offertes et dans sa séance du 31 juillet, adoptant un amendement de M. Rollet, décida de s'occuper immédiatement de l'exploitation du Théâtre sur des bases nouvelles et en dehors de toute préoccupation du genre exclusivement lyrique.

Le nouveau cahier des charges fut adopté seulement le 21 août 1891 et apportait de grandes modifications au précédent :

La durée de la concession était de neuf mois, du 1er. septembre 1891 au 31 mai 1892.

Le paragraphe relatif à la subvention en argent était complètement supprimé.

Les troupes appelées à jouer devaient être composées d'artistes de mérite et dont le talent fut digne de la scène de Rouen, mais les débuts étaient supprimés, le Maire pouvant exiger le remplacement de tout artiste jugé insuffisant.

La durée de l'exploitation était fixée à sept mois au moins, et le nombre des représentations ne pouvait être inférieur à vingt par mois.

Le Directeur était tenu d'exploiter les divers genres : comédie, drame, opérette, vaudeville ; il pouvait faire représenter des féeries ou revues locales, sous la condition de soumettre à l'Administration municipale la liste des ouvrages qu'il se proposerait de monter.

Enfin, vers la fin de la saison théâtrale, le Directeur donnerait vingt soirées lyriques pendant une durée de six semaines.

Plusieurs candidatures se produisirent alors, mais furent retirées aussitôt, et dans cette même séance du 21 août, le Conseil municipal se trouva en présence d'un seul concurrent ayant effectué le versement préalable exigé des 16,000 francs, à titre de cautionnement, et s'empressa de le nommer Directeur : c'était M. Félix Duriez, qui, en 1864-1865, avait tenu l'emploi de jeune premier au Théâtre-Français et avait, depuis, dirigé les théâtres de Poitiers, Reims, Grenoble, Limoges et Nice.

L'ouverture de la saison eut lieu le 15 octobre, avec *Dora*, la comédie de Victorien Sardou, mais quoique le prix des places eût été réduit d'environ 25 0/0, le public ne venait pas, et les recettes, qui furent de 14,963 fr. 05, en octobre, où il fut donné quinze représentations, passèrent à 23,776 fr. 45, en novembre, pour vingt-six représentations, et tombèrent à 6,181 fr. 85 pour les dix représentations de la première quinzaine de décembre.

M. Duriez déposa son bilan et fut déclaré en état de liquidation judiciaire le 14 décembre, avec un passif de 5,357 fr. 95.

Les artistes, réunis en Société, obtinrent de la Municipalité la libre disposition du Théâtre, à titre gratuit, jusqu'à ce qu'une solution intervint, et MM. Nerssant, Hérault et Gelly furent désignés par leurs camarades pour la défense des intérêts de tout le personnel.

Le Maire reçut plusieurs propositions d'exploitation : celles de M. Nerssant et de M. Baduel, directeur de tournées artistiques, furent seules retenues par la Commission, et le Conseil nomma le premier Directeur, par 15 voix contre 7, dans la séance du 30 décembre 1891.

Nous allons donc, maintenant, indiquer la composition de la

troupe et les pièces jouées ; toutefois nous ne nous étendrons guère, la saison n'ayant pas été intéressante et ayant d'ailleurs donné de bien médiocres résultats.

Troupe. — M. Duriez avait composé sa troupe de la manière suivante :

MM. Ariste, administrateur ;
Harlin, régisseur général ;

Opéra-Bouffe, Opérette :

MM. Hérault, baryton ;
Froment, ténor ;
Jouanne, grand premier comique ;
Rolland, trial ;
Harlin, laruette ;
Gelly, basse-bouffe ;

Mmes Gilberte Andrée, première chanteuse ;
Marie Thèves, seconde chanteuse ;
Marie Bergot, d°
Valérie, mère dugazon ;
Dujardin, dugazon, troisième chanteuse ;

M. Placet, chef d'orchestre.

Comédie, Drame :

MM. Nerssant, premier rôle ;
Bellefond, jeune premier rôle ;
Leclair, fort jeune premier ;
Bligny, jeune premier ;
Gelly, troisième rôle ;
Zéher, père noble ;
Jouanne, premier comique ;
Harlin, premier comique marqué ;
Rolland, jeune premier comique ;
Valdo, comique de genre ;
Perret, jeune comique ;

Mmes Jeanne Malvau, jeune premier rôle ;
Mazalto, d°
Andrée Conti, grande coquette ;
Andreau, jeune première ;
Bergot, ingénue ;

Marthe Antoine, jeune amoureuse ;
Dambrun-Merz, mère noble ;
Valerie, duègne ;
Méryem, première soubrette ;
Darcy, seconde soubrette.

Le 7 décembre 1891, la direction communiqua à la Presse la singulière note suivante : « Mlle Marie Thèves, seconde chan-
» teuse, malgré son engagement, n'a pas craint de laisser la
» direction dans l'embarras, en prenant la fuite. Ce n'est certai-
» nement pas une perte pour les habitués du Théâtre-des-Arts,
» car cette artiste sera remplacée avantageusement ».

M. Nerssant résilia divers engagements, notamment ceux de MM. Dorbel, Leclair, Mmes Mazalto, Jeanne Robert, et compléta sa troupe par MM. Laty, Linières, Mmes Réal, Valia-Daurelly ; mais il est assez difficile, vu la suppression des débuts, de dresser un tableau rigoureusement exact.

Répertoire. — Nous allons donner l'énumération des pièces représentées, en les classant en trois catégories :

Œuvres lyriques ; opérettes ; comédies, drames, vaudevilles.

Œuvres lyriques. — Sous cette rubrique, nous avons peu de choses à mentionner.

Les 26 et 28 novembre, *Les Noces de Jeannette* furent agréablement interprétées par Mlle Jane Duran, de l'Opéra-Comique, et M. Barbe, notre ancien baryton.

Le 13 février, après la première représentation de *Cure d'Amour*, M. Devilliers, le ténor des campagnes 1882-83 et 1883-84, chanta le 4e acte de *La Juive*, et Mme Vaillant-Couturier et M. Ballard, de l'Opéra-Comique, Mmes Laurent et Monard, chantèrent des fragments des 4e et 5e actes de *Faust*.

Opérettes. — Les opérettes suivantes, représentées pour la première fois au Théâtre-des-Arts, avaient été données antérieurement, soit au Théâtre-Français, soit au Théâtre-Lafayette.

Les Brigands (13).   *Le Grand Mogol* (6).
Les Cent Vierges (7).   *Le Jour et la Nuit* (6).
Les Cloches de Corneville (14).   *Madame Favart* (4).

On reprit pendant cette même saison, *La Mascotte* et *Les Mous-*

quétaires au Couvent, chacune de ces opérettes ayant eu trois représentations.

Comédies, Drames, Vaudevilles. — La plupart des œuvres représentées en 1891-1892, n'avaient jamais été jouées antérieurement; nous nous contenterons cependant d'en donner les titres, puisque cette saison ne compte pour nous qu'au point de vue documentaire, le Théâtre-des-Arts étant avant tout un Théâtre lyrique.

Pourtant, quoique dans cet ouvrage la musique tienne un rôle prépondérant, nous devons constater que ce n'est pas toujours au Théâtre-des-Arts qu'ont eu lieu les grandes et véritables manifestations lyriques, et il y aurait à consacrer à la Musique à Rouen, pendant ces vingt dernières années, une intéressante et agréable étude, où l'on n'aurait à relater que des tentatives vraiment artistiques et d'un caractère élevé.

Donc cinquante-trois ouvrages furent représentés au cours de la saison :

L'Abbé Constantin (5).
L'Ami Fritz (1).
L'Arc-en-Ciel (1).
L'Autographe (1).
L'Autre motif (1).
Le Baiser (1).
Blanchette (3).
Le Bonheur Conjugal (4).
La Closerie des Genêts (6).
Corneille à Petit-Couronne (1).
Ma Cousine (1).
Cure d'Amour (6).
Les Danicheff (4).
Les Deux Orphelines (2).
Le Divorce à l'Amiable (1).
Les Dominos Roses (7).
Don César de Bazan (4).
Dora (5).
Durand et Durand (6).
L'Entr'acte (1).
La Famille Pont-Biquet (2).
Feu Toupinel (1).
Le Fils de la Nuit (6).
Francillon (3).
Le Gendre de M. Poirier (2).
La Grande Marnière (11).
L'Indécis (1).
Jacques Damour (2).
La Joie fait peur (1).
Les Jurons de Cadillac (3).
Lucrèce Borgia (2).
La Lutte pour la Vie (4).
Madame la Maréchale (1).
Le Maître de Forges (12).
Le Malade Imaginaire (1).
Le Marquis de Villemer (2).
Martyre (2).
La Mégère apprivoisée (1).
Mimi (1).
La Papillonne (7).
La Parisienne (1).
Le Passant (3).
Patrie (3).
Les Petits Oiseaux (1).
La Pluie et le Beau Temps (5).
Les Précieuses Ridicules (1).
La Reine Margot (5).
Ruy Blas (4).
Scapin Commissaire (9).
La Souris (1).
La Tartine (2).
La Tour de Nesle (5).
Le Voyage de M. Perrichon (10).

Artistes en représentation. — Plusieurs artistes étrangers à la troupe organisèrent ou parurent dans des spectacles qui relevèrent le niveau de cette saison, d'où l'art fut trop souvent exclu. Nous les mentionnerons dans l'ordre chronologique.

Mme Theo et sa troupe : *Le Baiser*, *L'Entente* et *Mimi*.

Mmes Favart et Lynnès, MM. Coquelin aîné, Coquelin cadet et Jean Coquelin, de la Comédie-Française, dans *Le Malade Imaginaire* et *Les Précieuses ridicules*.

Mlle Lutz, de la Renaissance, dans *Les Cloches de Corneville*.

Mme Favart, MM. Coquelin aîné et Jean Coquelin, dans *L'Arc-en-Ciel*, *Les Petits Oiseaux*, *La Joie fait peur*.

Mme Marie Laure, dans *Lucrèce Borgia* et *La Tour de Nesle*.

Mlle Reichemberg, dans *Le Baiser* et *L'Ami Fritz*.

MM. Coquelin aîné et Jean Coquelin, dans *La Mégère apprivoisée*.

M. Jean Sartère, de la Porte Saint-Martin, dans *Ruy Blas*.

M. Albert Lambert fils, également dans *Ruy Blas* ;

Mlle Reichemberg et M. Worms, de la Comédie-Française, dans *L'autre Motif* et *La Souris* ;

La tournée Frédéric Achard joua *La Tartine* et *La Famille Pont-Biquet*, puis *Feu Toupinel* ;

La tournée Jaeger et Lemonnier, *Madame la Maréchale* et un *Divorce à l'amiable*.

Enfin, trois représentations de *Blanchette*, de Brieux, furent données les 16, 24 et 26 février 1892 par la troupe du Théâtre-Libre, dirigée par M. Antoine. Les principaux rôles furent tenus par M. Antoine, Mlle Dulac et Mme Barny.

Représentation au profit des Hospices. — Une seule représentation eut lieu le 9 décembre et ne fut guère fructueuse (recette, 692 fr. 45). Elle se composait de *Scapin Commissaire* et *L'Abbé Constantin*.

Bals Masqués. — A l'occasion du Mardi-Gras et de la Mi-Carême, deux bals masqués furent organisés les 1er et 24 mars 1892 et attirèrent une foule énorme.

Bilan de la saison. — Cent cinquante représentations furent données pendant la saison, produisant une recette totale de 123.496 fr. 40, soit une moyenne de 823 fr. 30 par représentation. On peut signaler le produit ridicule (84 fr. 80) de la soirée du 12 février où le spectacle comportait cependant 9 actes avec *Don César de Bazan* et *Le Voyage de M. Perrichon*.

Les partisans de la subvention parurent donc triompher en affirmant que seul le genre lyrique convient au Théâtre-des-Arts. Et cependant l'expérience faite avec MM. Duriez et Nerssant n'est pas concluante : la troupe n'était pas assez satisfaisante ni les spectacles assez bien composés pour permettre de se prononcer en connaissance de cause.

Représentations ayant suivi la saison. — La concession transférée à M. Nerssant à la suite de la mise en liquidation judiciaire de M. Duriez prenant fin le 31 mars et la nouvelle exploitation ne devant avoir d'effet que du 16 mai 1892, la Municipalité eut, entre ces deux dates, la libre disposition du Théâtre qu'elle loua à diverses tournées.

Huit représentations eurent lieu ainsi dans l'ordre suivant :

Hernani, avec Mme Dudlay, MM. Mounet-Sully, Paul Mounet et Ariste de la Comédie-Française, bien mal entourés pour les rôles secondaires ;

La Porteuse de Pain, donnée au bénéfice des artistes du Théâtre-Français que la mise en faillite de leur directrice, Mme Anglade, laissait dans une situation assez fâcheuse ;

Madame a ses brevets et *Jean-Marie*, deux pièces en un acte, composèrent, avec un concert dans lequel se firent entendre Mme Bosman, MM. Vaguet et Dulac, de l'Opéra, un spectacle organisé au profit des mêmes artistes ;

Seul et *Leurs Filles*; en soirée, *L'Ecole des Veufs* et *Un beau Soir*, par la troupe du Théâtre-Libre.

La Famille Pont-Biquet et *Feu Toupinel*, par la tournée Achard ;

Roger la Honte, avec la petite Gaudy, la fille de l'ancien artiste du Théâtre-Français ;

Mithridate et *Sapho*, avec M. Silvain de la Comédie-Française et M. Jacques Fenoux, suivis d'une comédie inédite de M. Barbé, *Pierrot jaloux*.

Le Testament de César Girodot et *Le Médecin malgré lui*, avec

MM. Coquelin cadet, Jean Coquelin et Mme Favart, de la Comédie-Française.

Par la Fenêtre et *Monsieur chasse*, par une troupe dirigée par M. E. Simon et comprenant notamment Mlle Marie Kolb et M. Noblet.

DIRECTION JOSÉ BUSSAC
Année théâtrale 1892-1893.

Dès le 18 décembre 1891, le Conseil Municipal avait décidé de revenir au répertoire lyrique et à la subvention, et le 22 janvier suivant avait arrêté le cahier des charges de la campagne 1892-1893.

Parmi les modifications apportées nous n'en voyons qu'une à signaler, mais elle était importante : pour diminuer les frais incombant au Directeur, l'exploitation était obligatoire seulement pendant six mois, du 1er octobre 1892 au 30 avril 1893 et devait comporter l'opéra, le drame lyrique, les traductions et l'opéra-comique ; pendant le septième mois le genre était laissé à la faculté du Directeur.

Plusieurs candidatures se produisirent, notamment celles de M. Taillefer et de M. Gunsbourg, directeur du théâtre de Nice; mais les unes furent éliminées par la Commission, les autres retirées par leurs auteurs mêmes; et il ne resta bientôt plus que celle de M. Courboulin, dit Bussac, ancien artiste de l'Opéra-Comique, directeur du Théâtre-Royal de Liège.

Ce dernier fut nommé Directeur le 26 février, après avoir obtenu le paiement de la subvention par fractions de 21.666 fr. 66 à l'expiration de chacun des six mois d'exploitation obligatoire.

On remarquera que l'opérette avait été exclue par le Conseil municipal et que M. Bussac n'avait pas demandé le droit de représenter ce genre.

Saison lyrique. — Les débuts des artistes, commencés le 1er octobre, jour d'ouverture de la saison, dans *La Juive*, furent menés rapidement et terminés le 31 du même mois. Tous les artistes furent admis et les épreuves s'accomplirent dans le plus grand calme ; un peu d'effervescence se manifesta seulement à l'occasion du troisième début de MM. Maurice Fabre et Poitevin, les deux basses, dans *Les Huguenots*, mais il n'y eut rien de bien grave.

La troupe se trouva ainsi composée :
MM. Barwolf, chef d'orchestre ;
Ruhlmann, deuxième chef d'orchestre ;
Van Hamme, régisseur général ;
Dutrey, fort ténor ;
Anastay, fort ténor en double ;
Cornubert, ténor léger ;
Ferrières, deuxième ténor ;
Stamler, puis Ceste, barytons de grand opéra ;
Corpait, baryton d'opéra-comique ;
Fabre, basse noble ;
Poitevin, basse chantante ;
Viroux, deuxième basse ;
Delahaye, trial ;
Labatte, laruette ;

Mmes Baux, forte chanteuse falcon ;
Rhaijane, chanteuse légère de grand opéra ;
Parentani, chanteuse légère d'opéra-comique ;
Andral, puis Saint-Jean, contralto ;
Allary, première dugazon ;
Dejanne, deuxième dugazon ;
Legénissel, duègne ;

M. Soyer de Tondeur, premier danseur ;
Mmes Sampietro, première danseuse noble ;
Ferraro, première danseuse demi-caractère.

Nous retrouvons Mme Baux, la forte chanteuse des deux premières années de la réouverture et de la saison 1885-1886, et M. Ferrières, le deuxième ténor de l'année précédente. A côté d'eux tous les autres artistes étaient de nouveaux venus.

Répertoire. — Vingt-sept ouvrages furent repris pendant la saison.

L'Africaine (5).
Aïda (9).
Le Barbier de Séville (2).
Carmen (9).
Le Chalet (6)
Le Docteur Crispin (10).
Les Dragons de Villars (6).

Faust (12).
La Favorite (6).
La Fille du Régiment (5).
Guillaume Tell (3).
Hamlet (4).
Hérodiade (4).
Les Huguenots (6).

La Juive (9).
Lohengrin (5).
Le Maître de Chapelle (6).
Manon (7).
Mignon (10).
Mireille (6).
Les Noces de Jeannette (7).
Rigoletto (3).
Roméo et Juliette (2).
Samson et Dalila (10).
Si j'étais Roi (6).
Le Toréador (3).
La Traviata (1).

Artistes en représentation. — Peu nombreux furent les artistes étrangers à la troupe qui se firent entendre cette année-là.

Mlle Jane Guy reparut une fois dans le rôle d'Elsa de *Lohengrin*, qu'elle avait créé à Rouen.

Mme Elena Sanz, l'ancienne artiste du Théâtre-Italien de Paris, la maîtresse du roi d'Espagne, Alphonse XII, dont elle avait eu deux fils, remporta un véritable triomphe aux neuf représentations qu'elle donna de *Samson et Dalila*. La cantatrice se trouvait obligée de remonter sur les planches, la Cour d'Espagne faisant des difficultés pour payer la rente que le père avait assurée à ses enfants jusqu'à leur majorité. Elena Sanz chanta en outre deux fois le rôle de Carmen.

Mlle Yvonne Damar, qui abordait, paraît-il, la scène lyrique pour la première fois, succéda à Elena Sanz dans ce même rôle de Dalila et y réussit complètement.

Enfin, M. Manoury, le baryton des directions Pezzani et Campo-Casso, se fit entendre dans *Hamlet* et *Hérodiade*.

Nouveautés. — M. Bussac monta cinq ouvrages, dont un chef-d'œuvre. Les quatre autres, inédits d'ailleurs, n'ont pas survécu et le public n'y a pas perdu grand'chose.

Sigurd, opéra en 4 actes et 9 tableaux, de Alfred Blau et Camille du Locle, musique d'Ernest Reyer, fut représenté à Rouen le 23 décembre 1892. L'interprétation était confiée à MM. Dutrey (Sigurd), Ceste (Gunther), Poitevin (Hagen), Corpait (le grand Prêtre), Mmes Baux (Brunehilde), Rhaijane (Hilda), Andral (Utah). Cette interprétation fort convenable et la bonne exécution, par l'orchestre, de toute la partie symphonique, assurèrent le succès malgré une mise en scène trop mesquine, et *Sigurd*, qui eut dix représentations cette année-là, a été repris maintes fois depuis et fait maintenant heureusement partie du répertoire.

Atala, opéra inédit en 2 actes, de Paul Collin, musique de Mlle Juliette Folleville. Première représentation le 11 janvier 1893, suivie de trois autres.

Cousin Placide, opéra-comique inédit en un acte, de Belleville, musique de Diet. Première représentation le 20 janvier, suivie de trois autres.

Brocéliande, opéra féerique inédit en 4 actes et 6 tableaux, de André Alexandre, musique de Lucien Lambert. Première représentation le 25 février 1893 avec MM. Cornubert, Ceste, Corpait, Poitevin, Viroux, Mmes Baux et Parentani. Cet ouvrage n'eut que deux autres représentations.

Ibycus, drame lyrique en 3 actes de Jérôme Doucet, musique de Frédéric Le Rey, n'eut qu'une seule représentation, le 27 mars 1893.

Représentation au profit des Hospices. — M. Bussac ne donna qu'une représentation de ce genre, le 9 décembre, avec *Manon* (recette, 1590 fr. 75), et pour éviter de donner la seconde représentation prévue au cahier des charges, versa une somme de 1.500 francs à l'Administration hospitalière.

Incidents de la saison lyrique. — A la suite d'une discussion survenue pendant une répétition et devant le personnel, entre le chef d'orchestre et Mme Andral, la direction résilia l'engagement de la contralto. Mme Saint-Jean, appelée à la remplacer, parut pour la première fois le dimanche 26 février seulement, en matinée, dans *La Favorite*, en attendant, disaient les affiches, son premier début qu'elle n'effectua jamais, ce qui ne l'empêcha pas d'ailleurs de jouer le rôle d'Ortrude, de *Lohengrin*.

Un tour de force fut accompli par Mlle Parentani, dans *La Juive* : Mlle Rhaijane s'étant trouvée subitement indisposée, l'excellente chanteuse légère dut la remplacer au pied levé dans le rôle de la princesse Eudoxie qu'elle ne connaissait pas. Elle dut donc chanter la partition à la main, et se tira fort bien de cette lecture à vue.

Septième mois. — L'exploitation obligatoire du septième mois ayant été laissée, comme on le sait, au choix du Directeur, M. Bussac adopta le drame.

On vit donc ainsi défiler :

Au Dahomey, drame militaire en 5 actes et 6 tableaux, de Oswald, Gugenheim et Le Faure.

La Bouquetière des Innocents, d'Anicet Bourgeois et Fernand Dugué.

Le Courrier de Lyon, de Moreau, Siraudin et Delacour.

La Jeunesse des Mousquetaires, d'Alexandre Dumas et Maquet.

Représentations de Comédies en cours de saison. — Coquelin aîné et son fils Jean, bien entourés d'ailleurs, remportèrent un grand succès à deux reprises différentes, d'abord le 21 novembre 1892, dans *Gringoire* et *Le Gendre de M. Poirier*, puis, le 12 décembre, dans *Tartuffe* et *Les Précieuses ridicules*.

Bal masqué. — A l'occasion du Mardi-Gras, M. Bussac organisa, le 14 février 1893, un bal masqué qui fut très animé et auquel une bataille de confetti donna un aspect particulier.

Concert. — Quoique non organisé par M. Bussac, il convient de signaler le concert donné le 6 mai 1893 par le Cercle rouennais de la Ligue de l'Enseignement au profit de la Caisse des Ecoles. On y applaudit Mme Adèle Rémy, de l'Opéra-Comique ; MM. Sellier, de l'Opéra, Truffier, de la Comédie-Française ; cinq solistes de la Garde républicaine, dont M. Fontbonne, flûtiste, et la musique du 39e de ligne.

Représentations ayant précédé la saison lyrique. — M. Bussac traita avec des tournées qui vinrent donner quelques représentations pendant les mois de juin et juillet 1892. On eut ainsi :

La Gardeuse de Dindons, avec Mme Jeanne May ;

Jeanne d'Arc, de Soumet, avec Mme Segond-Weber ;

Le Bonhomme Jadis, de Murger, et *L'Herbager*, de Paul Harel, le poète aubergiste d'Echauffour, qui tint le principal rôle de son œuvre ;

Hernani, avec Mme Segond-Weber, MM. Marquet, Albert Lambert père et Segond ;

Les Jobards, de Guinon et Denier ; *La Preuve*, de Pierre Barbier ; *Au pied du Mur*, de de Najac, avec Mme Marie Laure ;

La Conjuration d'Amboise, de Louis Bouilhet, avec Mme Dufresne, de l'Odéon, MM. Albert Lambert père, Marquet, etc., suivie d'une *Ode à Bouilhet*, de Jérôme Doucet, et de *Rouget de l'Isle*, drame en un acte de Griselin.

Enfin la représentation du 14 Juillet 1892 comporta ce même drame *Rouget de l'Isle*, et *Charlotte Corday*, de Ponsard.

Recettes. — Les 145 représentations lyriques produisirent une somme de . . . . 231.760 f. 85

A quoi il faut ajouter les recettes du septième mois, du bal masqué, des représentations Coquelin et de celles données avant la saison . . . 37.785 40

Ensemble 269.546 25

Les mois d'octobre et de novembre et la première moitié de décembre furent les plus fructueux. Chose curieuse, les neuf représentations de *Samson et Dalila*, avec Elena Sanz, ne donnèrent qu'un total de 22.032 fr. 45, soit en moyenne 2.248 fr. 05 et jamais le chiffre de 3.000 francs ne fut atteint.

Faits divers. — Le titulaire de l'emploi de concierge du Théâtre-des-Arts mourut le 1er novembre 1892. Picot, qui occupait ce poste depuis la réouverture, ancien ouvrier forgeron, était entré comme ténor, en 1861, dans les chœurs du Théâtre où il reçut les conseils de Bonnesseur ; il chanta alors les rôles de Fernand, de *La Favorite* ; d'Olivier, de *La Vendéenne* ; d'Arnold, de *Guillaume Tell*. Il alla ensuite à Marseille, Nîmes, Nantes, Gand, interprétant le grand répertoire et ne revint à Rouen qu'en 1882. Les vieux habitués du Théâtre se souviennent sans doute de la « mère Picot », véritable cerbère qui gardait jalousement la porte et ne permettait pas facilement l'accès par la rue de la Comédie, qui mène à la scène et aux coulisses !

DIRECTION D'ALBERT
Année théâtrale 1893-1894.

Au moment de déclarer la vacance, le Conseil municipal décida d'accorder pour un an seulement la concession de l'exploitation du Théâtre-des-Arts, car, disait le Rapporteur, le candidat promet toujours monts et merveilles, mais les espérances qu'il a fait concevoir se réalisent rarement. Il parut donc prudent de ne pas s'engager à trop longue échéance, d'autant plus qu'un directeur ayant rempli tous ses engagements artistiques et financiers, obtiendrait toujours facilement le renouvellement de sa concession.

Deux modifications seulement furent apportées au cahier des charges. La première eut pour but d'astreindre aux trois épreuves règlementaires et au verdict des spectateurs les artistes engagés pour doubler les titulaires des principaux emplois, et cela dans le but d'éviter qu'un directeur ne soit tenté de substituer à un chef d'emploi, déjà admis, un artiste d'une qualité par trop inférieure et engagé pour cela même à des conditions moins onéreuses. Le Conseil municipal laissait ainsi au public, appelé à se prononcer sur la valeur de tous les artistes, le soin de veiller à l'exécution de l'article 10 du cahier des charges exigeant une troupe complète et de premier ordre. Excellente intention ! A quoi sert de ne pas laisser le public manifester son opinion et chercher à le violenter, ce qui ne réussit jamais.

La seconde modification obligeait le Directeur à rembourser le prix d'entrée à tout spectateur qui en ferait la demande, en cas de changement de spectacle ou de remplacement d'un chef d'emploi.

Des six candidatures primitives à la fonction de Directeur, deux seulement furent susceptibles d'être retenues : celle de M. Bussac, directeur sortant, et celle de M. Condo di Satriano, dit d'Albert, directeur du Théâtre d'Amiens et du Casino de Fécamp.

Ce dernier fut nommé Directeur le 4 mars 1893 par le Conseil municipal qui lui accorda le droit de faire de nouveau jouer l'opérette et de donner huit représentations populaires par mois.

La Commission consultative avait cependant donné un avis défavorable à ces deux innovations demandées également par M. Bussac. Par contre, elle avait été d'avis de supprimer les débuts comme le voulait ce dernier, et c'est même à cause du mauvais accueil rencontré dans le public et dans la presse par cette grave atteinte aux prérogatives des habitués du Théâtre que M. d'Albert fut préféré à M. Bussac. La Commission méritait donc bien son titre de *consultative* car ses trois avis ne pesèrent pas lourd sur la décision du Conseil municipal.

Saison lyrique. — La saison lyrique s'ouvrit le dimanche 1er octobre par *La Mascotte*, suivie du ballet d'*Espana* ; les débuts commencèrent le lendemain par *Les Huguenots* et se terminèrent définitivement le 27 décembre seulement.

Les épreuves furent funestes à plusieurs des pensionnaires présentés par M. d'Albert. Le public dut également se fâcher à plusieurs reprises pour faire respecter les traditions d'après lesquelles un artiste ne pouvait débuter ni un dimanche, ni dans une œuvre non encore représentée à Rouen, mais on n'eut pas à signaler de scènes trop tumultueuses pendant cette saison, au cours de la période des débuts tout au moins.

La troupe fut définitivement constituée comme suit :

MM. Dobbelaere, chef d'orchestre ;
 Ruhlmann, deuxième chef d'orchestre ;
 Van Hamme, régisseur général, maître de ballet ;
 Dutrey, fort ténor ;
 Selin, ténor léger ;
 Talier, deuxième ténor ;
 Illy, baryton d'opéra ;
 Rouyer, baryton d'opéra-comique ;
 Vérin, basse noble ;
 Pourret, basse chantante ;
 Latreille, seconde basse ;
 Fonvielle, trial ;
 Moreau, laruette ;

Mmes Bonvoisin, forte chanteuse falcon ;
Leavington, contralto ;
Oberty, chanteuse légère de grand opéra ;
Priollaud, chanteuse légère d'opéra-comique ;
Arméliny, première dugazon ;
Féraud, deuxième dugazon ;
Dupuis, duègne ;
Van Hamme, maître de ballet ;
Mlles Riva, première danseuse noble ;
Ferraro, première danseuse demi-caractère.

Quelques-uns de ces artistes étaient déjà connus : M. Dutrey reprenait son emploi de la saison précédente ; Mme Leavington avait déjà fait partie de la troupe pendant les saisons 1883-1884 et 1887-1888, et M. Vérin pendant la saison 1889-1890 ; Mlle Ferraro avait déjà été danseuse noble puis danseuse demi-caractère pendant deux ans.

Disons tout de suite que la troupe d'opéra-comique, même épurée, ne valait pas grand'chose et que la Commission en fit le reproche à M. d'Albert qui promit de tenir compte de ces observations *dans la mesure du possible*. Ces promesses ne l'engageaient guère et il ne tarda pas à les oublier. D'ailleurs, selon la presse locale, le commissaire de police, le chef de claque et le Directeur avaient à eux seuls ou à peu près, décidé du sort des artistes soumis aux débuts, sans même laisser au public le temps de se prononcer, et dans ces conditions, M. d'Albert ne pouvait que respecter les sentences de ce tribunal original.

Répertoire lyrique. — Pendant cette saison vingt-cinq reprises furent effectuées :

L'Africaine (7).
Le Barbier de Séville (4).
Carmen (8).
Le Chalet (4).
Le Cid (3).
La Dame Blanche (1).
Les Dragons de Villars (5).
Faust (12).
La Favorite (3).
La Fille du Régiment (6).
Guillaume Tell (1).
Hamlet (6).
Les Huguenots (4).
La Juive (3).
Lakmé (3).
Le Maître de Chapelle (4).
Manon (1).
Mignon (6).
Mireille (5).
Les Noces de Jeannette (2).
Les Pêcheurs de Perles (1).
Le Prophète (7).
Le Roi d'Ys (1).
Si j'étais Roi (3).
La Traviata (2).

Artistes en Représentation. — M. Dereims, de l'Opéra, chanta, le 6 décembre, le rôle d'Hamlet, transcrit pour ténor, épreuve qu'il fut le seul à tenter et où il ne trouva pas d'imitateur, la version primitive pour baryton semblant de beaucoup la meilleure. Trois passages seulement avaient été transposés : la chanson bachique, la méditation et l'arioso ; pour le reste le compositeur s'était borné à remplacer certaines notes par leur tierce, leur quinte ou leur octave. Malgré tout, le rôle était encore trop bas pour le ténor dont la voix était d'ailleurs un peu fatiguée. Deux jours après, M. Dereims se produisit avec succès dans *Carmen*.

Egalement dans *Hamlet*, Mme Alice Cognault, la femme de l'ancien propriétaire de « La Belle Fermière », rue aux Juifs, montra qu'elle savait interpréter les rôles du grand répertoire, car elle ne s'était fait entendre jusque-là par ses concitoyens que dans les œuvres de Gounod et de Lenepveu à la Cathédrale.

M. Galand, qui devait bien plus tard appartenir à notre première scène, et Mlle Savine, tous deux de l'Opéra-Comique, donnèrent le 28 mars une représentation de *Carmen*, sans grand éclat.

Mme Laville-Ferminet chanta, le 9 mars, des fragments du 1er acte de *Norma*, et le duo du 4e acte des *Huguenots*, avec M. Dutrey.

M. Godefroy et Mlle Houlbec, venus on ne sait d'où, massacrèrent *Les Pêcheurs de Perles*, le 25 février.

Le 5 novembre, Mlle Suzannah Altridge, une créole anglaise, la fille d'un tragédien nègre qui était venu jadis jouer à Rouen l'*Othello*, de Shakespeare, se produisit dans le rôle de Carmen, où elle fit preuve d'une telle insuffisance que l'on crût à une gageure de la direction.

Enfin, M. Gibert, de l'Opéra, un transfuge du Théâtre-des-Arts, vint, en compagnie de Mlle Marcolini, de l'Opéra-Comique, donner le 28 février une représentation du *Roi d'Ys*. La faiblesse de MM. Rouyer et Pourret, quelques notes stridentes de Mlle Marcolini, déchaînèrent dans la salle un de ces tapages qui font époque dans l'histoire du Théâtre-des-Arts. Les spectateurs tournaient le dos à la scène, les sifflets faisaient rage et personne ne put entendre un traître mot, notamment du deuxième tableau. Seul, M. Gibert se fit écouter et même le public tint à le mettre hors de cause en lui faisant bisser l'aubade du 3° acte.

Il faut dire que la direction avait eu le tort de substituer, à la dernière heure, M. Rouyer à M. Illy, dans le rôle de Karnac, et que les habitués du Théâtre, ayant sur le cœur tous leurs mécontentements de la saison, s'en étaient vengés en une seule fois. Une étincelle avait déchaîné l'orage qui était depuis longtemps dans l'air.

Nouveautés. — Elles furent nombreuses et bien choisies, mais l'insuffisance de l'interprétation nuisit au succès de plusieurs d'entre elles :

Werther, drame lyrique en 4 actes et 5 tableaux, de Edouard Blau, Paul Milliet et Georges Hartmann, musique de Massenet. La première eut lieu le 9 novembre 1893, et l'œuvre tomba à plat après deux représentations, par la faute du ténor Selin, chargé du principal rôle ; les autres étaient tenus par MM. Rouyer (Albert), Pourret (le Bailli), Talier (Schmidt), Mmes Priollaud (Charlotte) et Arméliny (Sophie). Cette œuvre délicieuse, d'une orchestration si soignée, se ressentit fort longtemps de ce mauvais départ et a à peine conquis le grand public, si elle est appréciée par les connaisseurs.

L'Attaque du Moulin, drame lyrique en 4 actes, de Louis Gallet, musique de Alfred Bruneau, qui avait été créé le 24 novembre 1893, à l'Opéra-Comique par Mlle Georgette Leblanc, notre compatriote. La première représentation à Rouen eut lieu le 20 janvier 1894, avec MM. Illy (Merlier), Selin (Dominique), Rouyer (le Capitaine), Talier (la Sentinelle), Mmes Bonvoisin (Marceline), et Priollaud (Françoise). Convenablement montée, cette pièce fut jouée neuf fois.

Esclarmonde, opéra en 4 actes et 8 tableaux, de Alfred Blau et Louis de Gramont, musique de Massenet. La première représentation eut lieu le 13 décembre 1893, avec MM. Selin (Roland), Illy (l'Archevêque), Pourret (le Bailli), Mmes Priollaud (Esclarmonde), et Arméliny (Parseis). La banalité de la mise en scène, la faiblesse de plusieurs des interprètes (Mme Priollaud et M. Illy mis à part), aboutirent à un échec, et la pièce, qui méritait mieux, ne fut jouée que deux fois.

Richard III, grand opéra en 4 actes et 6 tableaux, de Emile Blavet, musique de Salvayre. Première représentation le 22 décembre 1893. L'interprétation fut confiée à MM. Dutrey (Richmond), Illy (Richard III), Verin (le Cardinal), Mmes Bonvoisin (Elisabeth), Leavington (Marguerite), et Oberty (la Reine), et fut excellente ; M. Illy, surtout, se montra remarquable dans le rôle de Richard. Le compositeur, réclamé sur la scène, fut vigoureusement applaudi et son œuvre fut appréciée du public, car elle eut dix représentations.

Néron, opéra en 4 actes et 7 tableaux, de Jules Barbier, musique de Rubinstein. C'est à Rouen que fut donnée, le 14 février 1894, la première représentation en France de cette œuvre, créée en 1879, au Stadttheater de Hambourg.

L'illustre compositeur russe, un des plus étonnants pianistes du siècle, assistait à la représentation, ainsi que le librettiste, et tous deux furent appelés, à deux reprises, sur la scène et vigoureusement acclamés. La mise en scène fort soignée et une excellente interprétation : MM. Dutrey (Néron), Illy (Vindex), Vérin (Babillus), Mmes Bonvoisin (Chrysis), Leavington (Epicharis), et Oberty (Poppée), contribuèrent au succès de *Néron* qui eut onze représentations.

Deidamie, opéra en 2 actes, de Ed. Noël, musique de Maréchal.

La Taverne des Trabans, opéra-comique en 3 actes, de Jules Barbier, musique de Maréchal.

La première de ces œuvres fut assez bien interprétée, mais entourée d'une mise en scène qualifiée de honteuse par un critique local. La seconde fut chantée mollement et sans goût par M. Selin. Elles furent représentées le même jour et pour la seule et unique fois, le 14 mars 1894.

Enfin, un ballet de Chabrier, *Espana*, fut dansé les 1er et 19 octobre, par Mlles Charansonney (qui durent résilier depuis) et les dames du corps de ballet.

Représentation en l'honneur de Gounod. — Pour honorer la mémoire de Gounod, décédé à Saint-Cloud, le 18 octobre 1893, M. d'Albert organisa le 27 novembre suivant, une représentation composée de *Faust*, interprété par la troupe de grand opéra, et interrompue, après l'acte du jardin, par un intermède consacré à l'œuvre du maître.

Après l'ouverture de *Mireille*, Mme Priollaud enleva avec virtuosité la valse de *Roméo et Juliette*, puis Mme Priollaud et M. Selin chantèrent avec chaleur le duo final de *Mireille* : « l'Amour, de son flambeau divin », mais la salle fut surtout électrisée par l'émouvant *Ave Maria*, interprété par Mmes Bonvoisin, Priollaud, Oberty, Leavington, Arméliny et Féraud qui durent bisser cette admirable page. Puis, les artistes et choristes portant les costumes des personnages principaux des œuvres du maître, se réunirent autour du buste de Gounod pour chanter le chœur des soldats de *Faust* et défilèrent sur la marche de *La Reine de Saba*. Enfin, M. Labatte récita les strophes à la Gloire de Gounod, signées de M. Paul Sonniès, l'auteur d'*Arlequin séducteur*.

La cérémonie fut terminée d'une façon assez intempestive et à peine convenable : la Gloire, personnifiée par Mlle Preciosa Grigolatis, la danseuse aérienne du *Voyage de Suzette*, descendit du cintre au bout de son fil invisible, pour déposer une couronne sur le buste de Gounod !

Répertoire d'opérette. — L'opérette tint une grande place dans le répertoire de la saison.

Les opérettes suivantes qui avaient déjà été représentées, soit au Théâtre-Français, soit aux Folies-Bergère, firent leur apparition au Théâtre-des-Arts, et souvent la comparaison ne fut pas à l'avantage de celui-ci :

Les Charbonniers (1).	*Mam'zelle Nitouche* (2).
La Cigale et la Fourmi (5).	*La Timbale d'argent* (1).
Joséphine vendue par ses sœurs (3).	*Les 28 jours de Clairette* (3).
Miss Hélyett (9).	*Le Voyage de Suzette* (17).

Les opérettes qui vont suivre, avaient déjà été jouées sur notre première scène :

La Fille du Tambour-Major (8).	*Orphée aux Enfers* (4).
Le Grand Mogol (1).	*La Périchole* (4).
La Mascotte (9).	*Le Petit Faust* (1).
Les Mousquetaires au Couvent (8).	*La Princesse des Canaries* (2).

Nous devons noter que dans *Le Voyage de Suzette*, figuraient des pigeons apprivoisés, les dromadaires de la ménagerie Bidel, des danseuses aériennes, et qu'on ajouta à cette opérette une pantomime anglaise « The Bucher's Shop », avec dégringolades bouffonnes de clowns. On pouvait se croire transporté à la foire Saint-Romain, mais ce fut le succès de la saison !

Représentations au profit des Hospices. — Elles eurent lieu, la première le 20 décembre, avec *Esclarmonde* (recette 549 fr. 10), la seconde le 2 mars, avec *Néron* (recette 1,304 fr. 30).

La Municipalité dut à cet égard rappeler à l'ordre le Directeur qui ne faisait aucune publicité pour annoncer le but philanthropique de ces représentations qu'il donnait comme à regret.

Dernier mois d'exploitation. — Pendant le dernier mois, on joua *Le Pied de Mouton*, encore avec des clowns, *Le Bossu* et *Marceau ou les Enfants de la République*, ces deux dernières pièces montées dans des conditions déplorables.

Incidents de la saison lyrique. — Dès le 15 mars, Mlle Riva, danseuse noble, avait cessé son service pour des motifs qui restèrent ignorés. Deux jours après, Mme Priollaud, l'artiste goutée du public, surmenée par un service très dur (on lui fit chanter le même soir deux rôles) résilia son engagement. Deux emplois importants restèrent ainsi sans titulaire pendant la dernière quinzaine, au grand profit de la caisse directoriale.

La figuration n'entraîna pas non plus de dépenses exagérées, M. d'Albert acceptant des gens plus ou moins propres, à qui il refusait de fournir des chaussures pour paraître en scène et qu'il rémunérait par le versement de 20 centimes et la remise d'un billet de quatrièmes !

Représentation de comédie en cours de saison. — Une seule représentation de ce genre eut lieu le 14 octobre 1893 ; elle comportait *Le Père prodigue*, d'Alexandre Dumas, avec Frédéric Febvre, de la Comédie-Française.

Représentations qui précédèrent ou suivirent la saison lyrique. — Le 20 mai 1893, Coquelin aîné et son fils Jean vinrent interpréter *L'Aventurière* et *Oscar ou le Mari qui trompe sa Femme*.

Lysistrata, la comédie un peu leste de Maurice Donnay, fut donnée le 31 mai, avec Marguerite Ugalde et Guitry.

Baron et Mlle Lender, des Variétés, se firent applaudir le 7 juin dans *Le premier Mari de France*.

Un drame d'Ernest Morel, *Pour la Patrie*, constitua le spectacle du 14 juillet 1893, organisé par M. Maurice Simon, le futur directeur du Théâtre-Français.

Mme Réjane et Mlle Marie Kolb, parurent le 10 août et interprétèrent un spectacle coupé.

Le 18 août et le 13 septembre, les principaux artistes du Théâtre-Libre, alors dirigé par Antoine, donnèrent *Les deux Tourtereaux*, *Mariage d'argent* et *Boubouroche*.

Représentations de la Comédie-Française. — Nous avons voulu mettre à part et en vedette, deux soirées de tout premier ordre :

Les réparations nécessitées dans les bâtiments de la Comédie-Française, ayant laissé la troupe sans emploi pendant deux mois, des représentations *nationales* furent organisées en France et Rouen en eut la primeur. C'était la première fois que la Comédie, administrateur général en tête, se déplaçait tout entière.

Le 19 juillet, on représenta donc *La Fille de Roland*, avec Mounet-Sully, Silvain, Paul Mounet, Leitner, Dupont-Vernon, Martel, Falconnier, Samary, Pierre Laugier, Mme Dudlay et Mlle du Minil.

Le lendemain, *Le Cid* et *Le Dépit Amoureux* eurent comme brillants interprètes, le premier : Mounet-Sully, Paul Mounet, Dupont-Vernon, Martel, Mmes Dudlay, Moréno, du Minil ; le second : M. Berr et Mme Rachelle Boyer.

Les plus petits rôles avaient la même distribution que rue Richelieu et c'est tout dire.

Recettes de la saison. — Les recettes du répertoire lyrique furent de . . . . 215.291 f. 25

Le septième mois et les représentations ayant précédé ou suivi la saison produisirent . . . 35.116   25

Total. . . . . 250.407 f. 50

Faits divers. — Le bureau de location fut réinstallé par M. d'Albert, dans l'ancien local donnant sur la rue de la Comédie. Le public devait donc, les jours d'affluence, prendre la queue sur le trottoir, ce qui manquait de charme dans les mauvais temps.

DIRECTION D'ALBERT

Année théâtrale 1894-1895.

La manière dont M. d'Albert avait exploité le Théâtre-des-Arts pendant la campagne précédente, amena tout naturellement le Conseil municipal à réviser le cahier des charges, dans le but de prévenir le retour de certains faits déplorables que nous avons signalés.

Tout d'abord le chiffre de la subvention était ramené de 130,000 à 100,000 francs, le Conseil paraissant vouloir ainsi faire payer au Directeur le droit qu'il lui maintenait de jouer l'opérette, et la concurrence faite au Théâtre-Français auquel il se crut obligé de voter une subvention de 6,000 francs. Pour éviter à l'avenir des exhibitions par trop indignes de notre première scène, il obligeait le Directeur à soumettre à la Commission la liste des opérettes qu'il avait l'intention de monter.

Il était expressément stipulé qu'aucun début et qu'aucune épreuve de rentrée ne pourraient avoir lieu les dimanches et jours fériés, ni en matinée, ni en représentation à prix réduits, ni, enfin, dans la première d'ouvrages non encore joués à Rouen. En outre, les jours de début ou de rentrée, il était interdit au Directeur de délivrer des entrées de faveur, sous peine de nullité de l'épreuve.

Le nombre des populaires restait fixé à huit, mais le spectacle devait se composer d'un opéra ou d'un opéra-comique.

Pour les ouvrages nouveaux imposés, le Directeur devait justifier de l'emploi d'une somme de 3,000 francs en costumes ou décors.

L'Administration se réservait le droit de choisir elle-même dans le répertoire de la troupe les pièces devant composer le spectacle des deux représentations données au profit des Hospices.

Enfin, contrairement à l'opinion émise l'année précédente, la concession était prévue pour les campagnes 1894-1895 et 1895-

8

1896, mais la jouissance de la salle n'était laissée au Directeur que du 1ᵉʳ septembre au 15 mai.

Ces clauses, dont quelques-unes assez rigoureuses, éloignèrent les directeurs et les agences, et une seule candidature se produisit, celle de M. d'Albert déjà nommé, qui pouvait par conséquent discuter et tenir la dragée haute à la Municipalité.

Finalement ce dernier, après avoir reconnu ses torts et promis d'apporter remède aux défectuosités signalées, fut nommé Directeur après avoir obtenu la concession de l'exploitation du 16 mai 1894 au 15 mai 1896, sans interruption, la fixation du chiffre de la subvention à 120,000 francs et la réduction à 2,000 francs de la somme à consacrer pour la mise à la scène des ouvrages nouveaux imposés.

Saison lyrique. — La saison lyrique commença le dimanche 30 septembre par *La Mascotte* et la période des débuts s'ouvrit le lendemain par *Faust*, pour se terminer le 26 novembre par les *Dragons de Villars*.

Les débuts furent marqués par des incidents tumultueux et violents sur lesquels nous reviendrons plus en détail, et la troupe fut constituée définitivement comme suit :

MM. David, chef d'orchestre ;
   Ruhlmann, second chef d'orchestre ;
   Riza-Danel, régisseur général ;
   Soubeyran, fort ténor ;
   Degenne, ténor léger ;
   Jahn, deuxième ténor ;
   Illy, baryton de grand opéra ;
   Azaïs, baryton d'opéra-comique ;
   Malzac, basse noble ;
   Lequien, basse chantante, puis Olive Roger ;
   Michon, deuxième basse ;
   Souchet, trial ;
   Grésini, laruete ;
Mᵐᵉˢ Bonvoisin, forte chanteuse falcon ;
   De Léga, chanteuse légère de grand opéra ;
   Cholain, chanteuse légère d'opéra-comique ;
   Mosca, contralto, puis Zévort ;

Mmes VIAL, première dugazon ;
DURAND, deuxième dugazon ;
DUPUIS, duègne ;
PINTUCCI, maîtresse de ballet ;
Anita PIATTI, première danseuse noble ;
DE CARLI, première danseuse demi-caractère ;
CERNY, première danseuse travesti.

Rappelons que M. Illy et Mme Bonvoisin, M. Ruhlmann et Mme Dupuis, reprenaient possession de l'emploi qu'ils avaient déjà tenu la saison précédente et que M. Lequien avait déjà fait partie de la troupe en 1890-91, mais nous avait été alors plus fidèle.

Répertoire lyrique. — Pendant la saison, les œuvres reprises furent au nombre de trente-et-une :

L'Africaine (8).	Le Maître de Chapelle (3).
Le Barbier de Séville (6).	Manon (5).
Carmen (8).	Martha (2).
Le Chalet (3).	Mignon (5).
La Dame Blanche (3).	Mireille (2).
Les Dragons de Villars (4).	Les Noces de Jeannette (7).
L'Etoile du Nord (1).	Rigoletto (2).
Faust (7).	Robert le Diable (1).
La Favorite (4).	Le Roi d'Ys (3).
La Fille du Régiment (8).	Roméo et Juliette (5).
Galathée (3).	Si j'étais Roi (4).
Guillaume Tell (4).	Le Songe d'une Nuit d'été (2).
Hérodiade (3).	Le Trouvère (4).
Les Huguenots (7).	Werther (1).
La Juive (10).	Zampa (1).
Lakmé (3).	

Artistes en représentation. — Plusieurs artistes se firent entendre dans des œuvres du répertoire.

L'excellent ténor léger de l'Opéra-Comique, Delaquerrière, donna une très bonne interprétation du rôle d'Almaviva, du *Barbier*.

Noté, baryton de l'Opéra, qui avait, en 1886, été obligé de résilier son engagement à Rouen, tint à prouver qu'il avait acquis l'expérience et la science du chant et y parvint facilement dans le rôle de Nélusko, de *L'Africaine*.

Mlle Jeanne Harding qui était brusquement passée des restaurants de nuit sur la scène de l'Opéra-Comique où son début dans *Phryné* avait soulevé un joli tapage, donna une interprétation convenable de *Manon* et fit surtout apprécier des costumes d'une grande richesse portés avec élégance.

Deux artistes dont la venue fut considérée comme un essai, M. Vinche, basse noble, et Mlle Michelini, forte chanteuse, se produisirent dans *Les Huguenots* et firent sur le public une impression favorable. On revit la seconde l'année suivante où elle fit partie de la troupe. Quant à M. Vinche nous le retrouverons à plusieurs reprises.

Citons enfin M. Boussa, basse noble, qui chanta les rôles de son emploi en attendant l'arrivée du titulaire définitif, se fit vivement applaudir, surtout au cours de la tumultueuse représentation de *Robert le Diable*, et fut engagé pour la saison suivante par M. d'Albert.

Nouveautés. — Parmi les œuvres montées pour la première fois cette année-là au Théâtre-des-Arts, et toutes d'une valeur au moins secondaire, *Paillasse* seul a surnagé et est resté au répertoire.

Herrmann et Dorothée, opéra en 3 actes et 4 tableaux, par Julien Goujon, musique de Frédéric Le Rey. Cette œuvre, dont une audition avait été donnée quelques années auparavant dans les salons d'un de nos concitoyens, M. Poan de Sapincourt, fut représentée le 6 décembre 1894 ; montée avec soin et bien interprétée, notamment par M. Degenne et Mlle Cholain, elle obtint un certain succès et fut donnée sept fois.

Calendal, opéra en 4 actes et 5 tableaux, tiré du poème de Mistral par Paul Ferrier, musique de Henri Maréchal, fut donné à Rouen, pour la première fois en France, le 21 décembre 1894, en présence de Mistral et de Henri Maréchal qui furent réclamés sur la scène et applaudis. Quelques critiques parisiens assistèrent à la première qui se passa devant une salle très froide, les deux principaux rôles étant tenus dans des conditions déplorables par M. Soubeyran et Mme Bonvoisin, qui soulevèrent même des manifestations hostiles. *Calendal* fut joué huit fois, mais les recettes se tinrent, dès la troisième, à un niveau très bas.

Paillasse, drame lyrique en 2 actes, paroles françaises de Eugène Crost, musique de Léoncavallo. Cette partition fut bien interprétée par M. Degenne (Canio), Mme Cholain (Nedda), MM. Azaïs (Tonio), Jahn (Peppo), et eut un grand succès. La première eut lieu le 18 janvier 1895 et fut suivie de six autres représentations.

Otello, drame lyrique en 4 actes, paroles d'Arrigo Boïto, musique de Verdi. Première représentation, à Rouen, le 1er février 1895, avec MM. Illy (Iago), Soubeyran (Otello) et Mme Bonvoisin (Desdémone). Cette œuvre remporta à peine un succès d'estime en dépit du passé du grand compositeur italien et fut donnée quatre fois seulement avec des recettes dérisoires.

Gioconda, opéra en 4 actes de T. Gorris, traduction rythmique de Paul Solanges, musique d'Amilcare Ponchielli, représenté au Théâtre-des-Arts le 14 mars 1895 pour la première fois en France, peut-être parce que les théâtres des autres villes n'en avaient pas voulu. A part M. Illy, Mmes Zévort et de Léga, les interprètes ne brillèrent pas, dans une partition il est vrai bien démodée, et cette œuvre fut donnée deux fois seulement.

Répertoire d'opérette. — L'opérette sévit aussi intensément en 1894-1895 qu'en 1893-1894.

C'est ainsi que l'on reprit :

Boccace (3).
La Fille de *Mme Angot* (9).
La Fille du Tambour Major (7).
Gillette de Narbonne (1).
Le Grand Mogol (1).   [(2).
Joséphine vendue par ses sœurs

Madame Favart (1).
La Mascotte (9).
Miss Helyett (13).
Les Mousquetaires au Couvent (12)
Le Voyage de Suzette (1).

On voit qu'aucun opéra ou opéra-comique n'avait obtenu le chiffre de *Miss Helyett* ou des *Mousquetaires au Couvent*.

On donna, pour la première fois à Rouen, trois opérettes :

Ali-Baba, musique de Ch. Lecocq. Cette œuvre, qui ne constituait qu'un défilé de tableaux, dut son succès à deux ballets bien réglés et fut jouée cinq fois.

L'Amour mouillé, musique de Louis Varney. L'interprétation, pleine d'homogénéité dans le pire, comme le disait le *Patriote de Normandie,* causa un échec et la pièce n'eut que deux représentations.

Cousin et Cousine, musique de Gaston Serpette. L'unique représentation fut si mauvaise que le public se fâcha et jeta sur la scène des projectiles variés : pelures d'orange, sous, boulettes de papier !

Représentation au profit des Hospices. — En raison de difficultés survenues entre la Commission des Hospices et M. d'Albert, une seule représentation eut lieu le 14 décembre et produisit 1.026 fr. 40. Le spectacle comprenait *Le Chalet* et *Le Barbier de Séville.*

Dernier mois d'Exploitation. — Ce dernier mois fut consacré au drame interprété dans des conditions déplorables.

Occupèrent successivement l'affiche :

Les Pirates de la Savane.   *Le Chevalier de Maison Rouge.*
Roger la Honte.   *Le Juif Errant.*
Devant l'Ennemi.   *Sabre au clair.*
Le Bossu.   *Gigolette.*
Patrie.

Toutefois, le mois d'avril se signala par deux représentations intéressantes, du moins en partie :

Bataille de Dames et *Le Baiser* furent en effet interprétés le 25 avril par Mlle Reichemberg, mais la « petite Doyenne de la Comédie-Française » était si mal entourée que le succès en fut compromis.

Par contre, *L'Engrenage,* de Brieux, avec la tournée Baret, fut accueilli chaleureusement le 29 avril.

Incidents de la saison lyrique. — Le premier de ces incidents est à peu près unique dans les annales du Théâtre-des-Arts, du moins à notre connaissance : Le 10 décembre, les spectateurs qui venaient entendre *Les Huguenots* furent très surpris en voyant une bande annonçant que *pour cas de force majeure* on jouerait *La Favorite* et, avant le lever du rideau, demandèrent des explications au régisseur qui finit par déclarer que M. Lequien avait quitté furtivement la ville en compagnie de Mlle Mosca, contralto. Il n'y avait pas à insister, le Directeur s'en trouvant le premier fort marri.

Celui-ci, d'ailleurs, tenta de se venger en faisant venir à Rouen M. Sylvestre, directeur de l'ancienne agence Ambroselli, sous prétexte de renseignements à obtenir pour reconstituer sa troupe et en lui reprochant à brûle-pourpoint, devant tous ses artistes, d'avoir favorisé la fuite de M. Lequien, engagé depuis à Lyon.

M. Sylvestre se débattit comme un diable et attaqua même devant le Tribunal de Commerce M. d'Albert pour diffamation, mais fut débouté de sa demande.

Par contre, M. Lequien fut condamné par le même tribunal à payer 8.400 fr. de dommages-intérêts à M. d'Albert.

Le chef d'orchestre, M. Dobbelaere, qui avait fait preuve d'une insuffisance notoire au cours de la saison précédente, fut également la cause d'un incident digne d'être rappelé. Accueilli par des sifflets et des clameurs lors des premières représentations, M. Dobbelaere dut résilier son engagement devant l'insistance du public, qui ne paraissait pas vouloir céder, mais M. d'Albert se livra à une manifestation qui fut sévèrement jugée et qui fut même qualifiée au Conseil municipal de maladresse venant s'ajouter à beaucoup d'autres : à la suite de la distribution de *Robert le Diable*, l'affiche du 10 octobre reproduisit huit lettres émanant de cinq compositeurs, un librettiste et deux éditeurs dont les œuvres avaient été représentées en 1893-1894 et qui ne tarissaient pas en éloges sur M. Dobbelaere. Cette tentative de plébiscite eut le succès qu'elle méritait.

La période des débuts fut marquée par des tumultes d'une violence extrême. Un des plus saillants se produisit à l'égard de M. Fonteix, fort ténor : celui-ci effectuait son troisième début dans *Robert le Diable* et malgré une opposition si forte qu'elle couvrait les applaudissements de la claque, le régisseur, sur l'ordre du commissaire de police, apporta la pancarte *admis*. La toile baissée, le public se retira, mais dans la rue les manifestations continuèrent longtemps, et il était facile de voir que le public ne s'avouait pas vaincu en se rappelant le cas analogue du ténor Montbert. Le lendemain donc, M. Fonteix devant chanter dans *La Favorite*, en fut empêché par des cris, des sifflets et un vacarme d'une intensité inouïe. L'artiste refusant de résilier et étant, d'ailleurs, dans son droit absolu, la situation paraissait sans issue, mais le dernier mot devait rester à l'autorité. M. le Maire prit en effet, séance tenante, un arrêté disant en substance que le troisième début de M. Fonteix ayant été faussé par l'introduction dans la salle de personnes n'ayant pas payé leur place et qu'il en résultait un scandale que la Municipalité devait faire cesser, l'accès de la scène du Théâtre-des-Arts était interdit au fort ténor.

Ces faits eurent leur écho au Conseil municipal qui, après discussion, approuva les mesures prises, engagea l'Administration à persévérer, afin de conserver au Théâtre-des-Arts sa valeur et sa dignité, et à rappeler le Directeur au respect de son contrat.

M. Malzac, basse noble, fut également l'objet de manifestations hostiles lors de son troisième début dans *La Juive*, et le public lui fit payer cher, pendant longtemps, son admission obtenue grâce à une claque bien organisée, mais il fut plus heureux que son camarade et resta jusqu'à la fin de la saison.

M. Olive Roger, basse chantante, engagé en remplacement de M. Lequien, fut admis dans des conditions semblables, mais jamais on ne le lui pardonna, et le jour de la clôture, dans *Mignon*, des sous lui furent lancés pour l'humilier une dernière fois.

La claque fit donc parler d'elle, et le Conseil municipal aurait bien voulu la supprimer, mais l'Administration n'avait pas le moyen de contrôler le nombre de billets achetés pour être distribués gratuitement. Elle pouvait seulement faire faire par la police le dénombrement des personnes présentes dans la salle, à chaque catégorie de places, et établir ainsi une comparaison utile avec le bordereau que le Directeur était obligé d'envoyer à la Mairie, relatant le nombre des spectateurs également à chaque catégorie, et le montant de la recette. On était ainsi arrivé à savoir qu'il y avait dans la salle 322 entrées de faveur le jour du troisième début de M. Fonteix.

Quoi qu'il en soit la claque ne fut pas vaincue et l'on vit tous les soirs des personnages, de linge assez douteux, invectiver de paisibles spectateurs, qui n'applaudissaient pas assez à leur avis.

Un scandale fut même le résultat des exigences du chef de

claque : M. Lequien (avant sa fugue) chantant un soir dans *L'Africaine*, fut salué d'un coup de sifflet à sa sortie de scène, et laissa échapper cette exclamation « idiot », qui fut entendue des premiers rangs des fauteuils. Une polémique en étant résultée dans la presse, M. Lequien s'excusa publiquement de son mouvement de vivacité qu'il n'avait pu réprimer : le chef de claque, en sifflant, s'était vengé de la résistance de l'artiste, qui ne consentait pas à payer assez cher des applaudissements de commande !

Mentionnons, comme dernier incident, la panique qui se produisit, à une représentation de *Paillasse*, à la suite de la rupture d'un tuyau du ventilateur. Un bruit analogue à un crépitement de flammes affola une partie de la salle et il fallut tout le sang-froid des artistes en scène et de l'officier de service pour éviter une bousculade qui eut pu avoir de funestes conséquences.

Représentations de comédies en cours de saison. — Elles furent au nombre de quatre : le 7 décembre, *La Reine Juana ou Jeanne la Folle*, de M. de Parodi, avec Mme Dudlay, de la Comédie-Française ; le 28 janvier, *Cabotins*, de Pailleron, avec Mme Favart et Coquelin, de la Comédie-Française ; enfin, les 26 et 28 mars, *Le Fils de Giboyer*, avec de Féraudy.

Représentations qui précédèrent ou suivirent la saison. — D'abord deux représentations d'œuvres de deux de nos concitoyens : *Pierrot financier*, comédie en un acte et en vers, d'Hugues Delorme, et *L'Engrenage*, d'Eugène Brieux.

La troupe de M. Frédéric Achard vint donner *L'Héroïque le Cardunois*, comédie en 3 actes, de A. Bisson.

Devant une salle comble, Baron, des Variétés, interpréta comme il savait le faire, *Le Fiacre 117*, et le vieux vaudeville, *Les Saltimbanques*.

Pour faire suite à la saison lyrique une troupe composée par M. Silvain, de la Comédie-Française, représenta les 1er et 4 mai 1894, devant une salle malheureusement peu garnie, *La Femme de Tabarin* et *Grisélidis*, et le 6 mai, une autre troupe dirigée par M. Garnier, donna *Pour la Couronne*, le beau drame de François Coppée.

Recettes. — Les recettes du répertoire lyrique furent de . . . . 160.849 f. »
Celles du septième mois, des représentations extra-lyriques ou antérieures ou postérieures à l'ouverture de la saison furent de . 29.839 65

Total . . 190.688 f. 65

La plus forte recette fut faite un dimanche avec *Carmen* et *Miss Helyett* (3,032 fr. 25), la plus faible avec *Otello* (262 fr. 80).

Faits divers. — Par arrêté en date du 21 avril 1894, le Maire de Rouen nomma aux fonctions de peintre-décorateur, M. Rambert, qui sortait de l'atelier Carpezat, et sut d'ailleurs par la suite se faire vivement apprécier du public dans ses diverses productions, principalement lors des créations d'œuvres nouvelles.

En vertu d'une clause du cahier des charges, le bureau de location se trouva de nouveau transféré sous le péristyle ouvrant sur la rue Grand-Pont.

Enfin, comme couronnement de cette saison, signalons la nomination de M. d'Albert, au grade d'Officier de l'Instruction publique. Cette distinction lui avait été promise par le Commissaire du Gouvernement auprès des Théâtres subventionnés, M. Bernheim, lors de la première de *Calendal*. Cette pièce avait cependant quitté depuis longtemps l'affiche quand parut le décret.

DIRECTION D'ALBERT
Année théâtrale 1895-1896.

Cette année qui devait être la dernière campagne de M. d'Albert restait régie par le cahier des charges dont nous avons donné les parties essentielles.

Saison lyrique. — La saison lyrique commença le 2 octobre par *La Juive* pour les débuts de la troupe de grand opéra. Cette période de débuts se termina le 20 novembre avec *Hamlet* et ne fut pas trop mouvementée. La troupe se trouva définitivement constituée de la manière suivante :

MM. AMALOU, chef d'orchestre ;
STEINER, deuxième chef d'orchestre ;
SPECK, régisseur général ;
DUTREY, fort ténor ;
AUDISIO, ténor léger ;
BIANCONI, deuxième ténor ;
LABIS, baryton de grand opéra ;
VAUTIER, baryton d'opéra-comique ;
BOUSSA, basse noble ;
DARNAUD, basse chantante ;
DE DONCKER, deuxième basse ;
MONVAL, trial ;
NOEL, laruette ;

Mmes MICHELINI, forte chanteuse falcon ;
DE LÉGA, chanteuse légère de grand opéra ;
RHAIJANE, chanteuse légère d'opéra-comique ;
LEAVINGTON, contralto ;
DE CRAPONNE, première dugazon ;
STEMMA, deuxième dugazon ;
DUPUIS, duègne ;
PINTUCCI, maîtresse de ballet ;
DE CONSOLI, première danseuse noble ;
CERNY, première danseuse demi-caractère ;
Christine KERFS, première danseuse travesti.

On retrouvait ainsi M. Dutrey et M. Labis qu'on avait déjà appréciés auparavant, Mme Rhaijane, la chanteuse légère de la saison 1892-1893, M. Boussa et Mlle Michelini qui étaient venus en représentation l'année précédente, Mme Leavington qu'on avait déjà possédée en 1883-1884, en 1887-1888, en 1893-1894 et qui semblait avoir une mission spéciale à remplir au Théâtre-des-Arts, chaque fois qu'au commencement de la saison le public mettait à mal la contralto présentée par le Directeur. Mmes de Léga et Dupuis conservaient leur emploi. Enfin, Mme Pintucci restait à la tête du corps de ballet, Mlle Cerny montait en grade et Mlle Christine Kerfs, qui s'était déjà fait remarquer comme danseuse du premier quadrille, devenait danseuse travesti.

Répertoire lyrique. — Les trente œuvres suivantes furent reprises au cours de la saison :

L'Africaine (4).
Aïda (3).
Le Barbier de Séville (2).
Carmen (7).
Le Chalet (1).
La Dame Blanche (1).
Le Docteur Crispin (1).
Les Dragons de Villars (1).
Faust (14).
La Favorite (1).
La Fille du Régiment (2).
Guillaume Tell (1).
Hamlet (3).
Les Huguenots (5).
La Juive (5).

Lohengrin (3).
Le Maître de Chapelle (5).
Maître Pathelin (1).
Manon (3).
Mignon (10).
Mireille (4).
Les Noces de Jeannette (11).
Le Prophète (5).
Rigoletto (1).
Robert le Diable (1).
Le Roi d'Ys (2).
Roméo et Juliette (2).
Samson et Dalila (9).
Si j'étais Roi (2).
La Traviata (1).

Artistes en représentation. — Plusieurs représentations fort intéressantes furent données avec des artistes de tout premier ordre :

Mlle Jenny Passama, de l'Opéra, chanta huit fois le rôle de Dalila où elle fut merveilleuse, deux fois le rôle de Fidès, du Prophète où elle excella, puis voulut aborder le rôle de Carmen qui tente toutes les artistes, mais s'y montra simplement ordinaire ;

Mme Héglon, de l'Opéra, personnifia également Dalila, et remporta un succès aussi grand et aussi mérité que sa camarade ;

Mme Litvinne, de l'Opéra, se fit vivement applaudir dans *Les Huguenots, La Juive, Faust* et *Lohengrin* ;

M. Escalaïs, de l'Opéra, chanta le rôle d'Arnold, de *Guillaume Tell*, le 4 mars, mais l'artiste n'y parut pas en possession de tous ses moyens ;

M. Degenne, déjà connu du public rouennais, remplaça M. Audisio, indisposé, dans *Le Barbier*, *Mignon* et *Roméo et Juliette*;

M. Ceste, l'ancien baryton de 1892-1893, remplaça également M. Labis, dans *L'Africaine* ;

Enfin, M. Chastan, un fort ténor de passage, chanta sans aucune méthode *Robert le Diable*, où M. Boussa remporta un grand succès.

Nouveautés. — Les œuvres nouvelles montées au cours de cette saison furent pour la plupart intéressantes, à des titres divers, mais aucune ne fit époque dans l'histoire du Théâtre-des-Arts.

Marie Stuart, drame lyrique inédit en 4 actes et 5 tableaux, poème de Julien Goujon, musique de Robert Lavello. La première représentation eut lieu le 27 novembre 1895, avec MM. Dutrey, Labis, Boussa, Darnaud, de Doncker, Mmes Michelini, de Lega, Leavington. L'insuccès fut complet et en dépit des coupures pratiquées après la première, la seconde et dernière représentation eut lieu devant deux cents personnes à peine.

La Vivandière, opéra-comique en 3 actes, paroles d'Henri Cain, musique de Benjamin Godard. La première représentation fut donnée le 4 décembre 1895, avec Mlle Demédy (Marion), engagée spécialement, Mlle Rhaijane (Jeanne), MM. Audisio (George), Vautier (le Capitaine), Darnaud (la Balaffre), Bianconi. Cette œuvre facile, portant bien sur le public, fut jouée dix fois.

La Mégère apprivoisée, comédie lyrique inédite en 3 actes et 4 tableaux, d'après Shakespeare, paroles d'Emile Deshays, musique de Frédéric Le Rey, fut représentée pour la première fois à Rouen, le 8 janvier 1896. Cette œuvre de deux de nos concitoyens occupa cinq fois l'affiche, et eut un certain succès. Mlle Maud Roudé, engagée spécialement, y tint le principal rôle ; elle était entourée de MM. Labis, Audisio, Darnaud, Bianconi, Monval, Mmes Rhaijane et de Craponne.

La Navarraise, épisode lyrique en 2 actes, paroles de Jules Claretie et Henri Cain, musique de Jules Massenet. Première représentation le 22 janvier 1896, avec Mlle Rhaijane (Anita), MM. Audisio (Araquil), Darnaud (Garrido), etc... Cette œuvre qui est souvent reprise, fut donnée douze fois.

Le Vaisseau Fantôme, opéra en 3 actes de Richard Wagner, la seconde œuvre du grand compositeur et qui permit d'apprécier la distance qu'il avait ensuite parcourue. L'interprétation fut confiée à MM. Labis (le Hollandais), Dutrey (Erik), Boussa (Daland), Bianconi (le Pilote), Mmes Rhaijane (Senta) et Leavington (Marie), qui ne triomphèrent pas tous des difficultés d'exécution. La première représentation qui fut donnée le 12 février 1896, fut suivie seulement de deux autres.

Patrie, grand opéra en 5 actes, de Victorien Sardou et Louis Gallet, musique de Paladilhe, qui assistait à la première représentation (26 février 1896), mais avait quitté le théâtre avant la fin du spectacle et ne put venir sur la scène où le public le demandait. Quoique l'interprétation eût été très bonne avec MM. Dutrey (Karloo), Labis (Rysoor), Boussa (duc d'Albe), Bianconi (la Trémoïlle), Vautier (Jonas), Mmes Michelini (Dolorès) et de Léga (Raphaële), cette œuvre ne fut jouée que trois fois.

Paul et Virginie, opéra en 3 actes et 7 tableaux, paroles de Michel Carré et Jules Barbier, musique de Victor Massé. Cette œuvre n'était pas à proprement parler une nouveauté, ayant déjà été jouée en 1879 au Théâtre-Lafayette. La première sur la scène du Théâtre-des-Arts, eut lieu le 9 mars 1896, avec M. Audisio et Mlle Rhaijane, dans les deux principaux rôles. L'interprétation assez terne et la mise en scène peu soignée, compromirent le succès de la pièce, qui n'eut que deux représentations avec de mauvaises recettes.

Cavalleria Rusticana, drame lyrique en un acte, paroles de Targioni, Tozzetti et Menasci, version française de Milliet, musique de Mascagni. Lors de la première qui eut lieu le 16 mai 1896 avec Mlles Rhaijane (Santuzza) et de Craponne (Lola), MM. Labis (Alfio) et Audisio (Turrido), le public se montra assez réservé et l'œuvre n'eut que deux représentations. Elle est cependant restée au répertoire et est toujours diversement appréciée.

Rébecca, scène lyrique inédite en un acte, paroles de Emile Deshays, musique de Raoul Lesens. Cette œuvre, de deux rouennais d'origine, fut représentée les 16 et 19 mars 1896 et favorablement accueillie.

Représentation en l'honneur d'Ambroise Thomas. — Comme il l'avait fait pour Gounod en 1893-94, M. d'Albert, avec juste raison d'ailleurs, organisa le 28 février 1896, en l'honneur d'Ambroise Thomas, décédé quelques jours auparavant, une représentation composée de fragments des œuvres du grand compositeur en y comprenant celles de ses débuts dans la carrière.

Le spectacle se composait de l'ouverture et du 1er acte du *Caïd*, du ballet de *Françoise de Rimini*, de l'ouverture de *Raymond*, du chœur des Nymphes de *Psyché*, d'un à-propos en vers de Paul Delesques, dit par le régisseur, M. Speck, puis les artistes de la troupe déposérent sur le buste d'Ambroise Thomas des palmes et des couronnes (il n'y avait plus de danseuses aériennes). Enfin, les 2e et 3e tableaux de *Mignon* et le 4e acte d'*Hamlet* terminèrent la représentation.

Il faut bien dire, pour être exact, qu'à part l'orchestre, le ballet et les chœurs, l'exécution de cette manifestation laissa fort à désirer. Le 1er acte du *Caïd*, notamment, paraissait plutôt une dérision qu'un hommage rendu à la mémoire de son auteur.

Répertoire d'opérette. — Dans ce genre, il n'y a guère à signaler qu'une représentation de *La Fille de Madame Angot*, interprétée par la troupe d'opéra-comique, qui n'y brilla pas.

Les œuvres suivantes furent données au cours de la saison. Elles avaient déjà été représentées soit dans l'ancien théâtre, soit dans le théâtre actuel, soit enfin au Théâtre-Français ou au Théâtre-Lafayette :

La Chanson de Fortunio (1).
M. Choufleuri restera chez lui [le... (10).
Les Charbonniers (1).
Les Cloches de Corneville (23).
La Dot de Brigitte (1).
La Fauvette du Temple (8).
La Femme à Papa (1).
La Fille de Madame Angot (2).
La Fille du Tambour-Major (3).
Joséphine vendue par ses Sœurs (3).
Le Mariage aux lanternes (4).
La Mascotte (3).
Miss Helyett (4).
Les Mousquetaires au Couvent (3).
Pomme d'Api (3).
Rip-Rip (7).
Le Violoneux (4).

Retenons le chiffre de vingt-trois représentations des *Cloches de Corneville*. Ce fut le record de la saison lyrique.

Représentations au profit des Hospices. — L'entente ne put se faire entre l'Administration des Hospices et M. d'Albert, et aucune représentation ne fut organisée cette année-là. Ce n'est vraiment pas difficile pour un Directeur d'éluder ses obligations !

Dernier mois d'exploitation. — Ce mois fut consacré à *Michel Strogoff*, monté d'ailleurs dans des conditions fort convenables et avec une mise en scène soignée, qui eut vingt-cinq représentations. Cette féerie céda la place à *L'Ennemi du Peuple*, le drame d'Ibsen, qui ne fut joué qu'une fois devant un public assez clairsemé.

Incidents de la saison lyrique. — La période des débuts ne fut marquée que par une représentation assez mouvementée d'*Hamlet* qui servait de troisième début à Mlle Salembier. Cette artiste, accueillie très froidement dans *Le Barbier* et dans *Mignon*, terminait l'air de la Folie et s'étendait au milieu des fleurs, quand les sifflets éclatèrent, ayant évidemment la majorité, et ne cessèrent plus. Mlle Salembier, au lieu de se relever pour aller se noyer, s'étendit, complètement évanouie, et des choristes durent venir la relever. Des spectateurs apitoyés, mûs par un sentiment charitable, ayant alors applaudi, le Commissaire de service en profita pour prononcer l'admission, en opposition manifeste avec le jugement du public.

Pour éviter le retour du tumulte occasionné par la réception du ténor Fonteix, dans des conditions semblables, l'artiste prit d'ailleurs le sage parti de résilier le lendemain.

Le corps de ballet fut fort long à constituer cette année-là. Pour une cause ou pour une autre, diverses danseuses avaient déjà dû résilier, quand six autres, emportant les avances que la direction leur avait faites, prirent le chemin de la gare d'un pied léger qu'on ne leur avait jamais soupçonné. Les vides furent comblés seulement à la fin d'octobre.

Une représentation de *L'Africaine*, le 16 octobre, fut troublée par un artiste lyrique, originaire de Marseille, occupant une des avant-scènes du troisième étage, et qui jeta des sous et une tomate aux pieds de Mlle Michelini au moment où elle attaquait la Berceuse du second acte. On dut baisser le rideau en présence de l'émotion intense éprouvée par Sélika, et le perturbateur fut emmené au poste.

Le Commissaire de police de service à une représentation du *Prophète*, menaça de faire subir le même sort à un abonné qui réclamait contre la coupure d'un air que doit chanter, au 1er acte, la chanteuse chargée du rôle de Bertha. Il lui infligea une simple contravention pour avoir troublé le spectacle.

Cette méconnaissance des droits du public amena le critique du *Petit Rouennais* à soumettre à M. le Maire un projet de règlement sur la police du Théâtre qui mérite d'être rappelé et était ainsi conçu :

ARTICLE 1er. — Le Commissaire de service aura *seul* qualité pour prendre la parole dans les salles de spectacle. Toute personne qui voudra interpeller sur une coupure faite au cours d'une représentation devra l'en prévenir *trois jours à l'avance* par lettre recommandée. La réclamation sera rédigée sur une feuille de timbre de 60 centimes. Le Commissaire la transmettra au Directeur, s'il le juge convenable.

ART. 2. — Le Commissaire de service, les jours de troisièmes débuts, se prononcera *seul* sur l'admission ou le refus des artistes. Toute manifestation sera immédiatement réprimée par la force armée.

ART. 3. — Le Commissaire de service sera *seul* juge de la qualité des représentations et pourra donner *seul* le signal des applaudissements.

ART. 4. — Quand le ton dans lequel un morceau est écrit déplaira au Commissaire de service, il aura toujours le droit de faire changer l'armure de la clé. Pour cela il s'adressera au chef d'orchestre et non au costumier, l'armure en question n'étant pas de celles qui figurent dans le cortège de la *Juive*.

ART. 5. — Comme sanction aux dispositions du présent règlement, le Commissaire de service sera autorisé à appliquer la peine de mort en cas d'infraction. Il prononcera sans appel. Toutefois, les personnes ainsi condamnées à la peine capitale assisteront, avant leur exécution, à une audition de *Marie Stuart*, de façon à leur faire trouver la mort plus douce.

ART. 6. — Ainsi que la loi l'édicte pour les procès anarchistes, le compte rendu des représentations théâtrales sera désormais interdit.

Un dernier incident peu banal reste à mentionner : Le 26 mars 1896 devait avoir lieu avec le concours de Mme Litvinne une représentation de *Lohengrin* au bénéfice de M. Dutrey, quand, un peu avant six heures du soir, un employé de la Compagnie des Eaux voulant ouvrir la vanne qui commande la canalisation du cours Boieldieu se trompa et ouvrit la vanne du Théâtre-des-Arts située tout à côté. En un clin d'œil la scène fut inondée, et quoique le pompier gardien eut immédiatement donné l'éveil et fait fermer la vanne, l'eau dégringolait par les escaliers jusqu'à la rue des Charrettes. On juge de l'état de la scène. Bref, la représentation dut être remise au lendemain.

Ce malencontreux hasard eut au moins pour résultat de rassurer les habitués du Théâtre sur le bon fonctionnement du rideau d'eau débitant 10,000 litres d'eau à la minute.

La Compagnie des Eaux se reconnaissant responsable versa à M. d'Albert une somme de 15,000 francs jugée nécessaire pour la restauration et la réfection des décors détériorés.

Représentations qui précédèrent ou suivirent la saison lyrique. — Le 21 mai 1895, Coquelin aîné et son fils Jean, M^{mo} Favart, etc., vinrent interpréter *Mademoiselle de la Seiglière*.

La tournée Achard donna, le 25 du même mois, *Monsieur le Directeur*, la nouvelle comédie d'A. Bisson.

Madame Sans-Gêne, de Sardou, obtint un grand succès de mise en scène et d'interprétation les 28, 29 et 30 mai.

Le spectacle du 14 Juillet comprenait *Ruy Blas*, avec Albert Lambert père, Albert Lambert fils, Gaudy, l'artiste si connu des rouennais, Franck Morel, dont le père avait tenu fort longtemps un établissement de bains froids, etc.

Deux seules représentations eurent lieu avant la vacance de la direction : l'une se composait de *Mademoiselle de la Seiglière* avec Coquelin cadet et Mme Favart, et était offerte aux officiers, sous-officiers et pompiers des compagnies ayant pris part au Concours de pompes organisé par la Municipalité à l'occasion de l'Exposition. Elle eut lieu le 24 mai 1896. La seconde représentation fut donnée le 25 juin 1896, *à bureaux fermés* parce qu'on jouait *Mademoiselle Fifi* et que l'on craignait des manifestations à la vue des uniformes prussiens. Il n'y eut rien, et cependant il suffisait de demander une carte à l'Administration dans l'après-midi pour avoir le droit d'entrer le soir. La fooorme ! ! !

Représentations dramatiques en cours de saison. — Le 26 octobre 1895 eut lieu une représentation de *Pêcheur d'Islande*, avec musique de scène de Guy Ropartz. A l'exception de Mme Marie Laurent, l'interprétation fut plutôt faible.

Un drame sacré, *Rédemption*, de Ch. Vincent, musique de Esteban Marti, fut représenté le 28 mars 1896 avec une mise en scène trop négligée. L'interprétation dramatique fut convenable, mais le compositeur qui conduisait un orchestre improvisé s'enfuit épouvanté dès les premières mesures.

Recettes. — Les représentations lyriques produisirent.. . . . . 200.060 f. 50
A quoi il faut ajouter les représentations extra-lyriques et ayant précédé ou suivi la saison.. . . . . 36.027 90

Total. . . . . 236.088 f. 40

Cent cinquante-trois représentations furent données en cours de saison et dans ce chiffre entrèrent quatre-vingt-une opérettes.

Faits divers. — En 1895, l'éclairage électrique fut substitué au gaz. L'installation, composée de 1,610 lampes, comportait l'éclairage principal et l'éclairage de sûreté pour tous les dégagements, mais le second alimenté par une source distincte de façon à éviter la dangereuse obscurité, engendrant la panique en cas de sinistre, dans les couloirs et les escaliers.

Le chauffage fut également renforcé et amélioré.

DIRECTION CASTEX

Année théâtrale 1896-1897.

Malgré les nombreuses démarches faites par l'Administration municipale auprès des agences, qui paraissaient vouloir mettre le Théâtre-des-Arts en interdit, il y avait pénurie de candidats, tout au moins sérieux et dignes d'être pris en considération, car la Mairie avait reçu une lettre d'un monsieur qui s'intitulait *artiste ambidextre jongleur athlète* et se proposait de poser sa candidature.

Enfin, dans sa séance du 22 juin 1896, M. Castex, ancien directeur du théâtre de Nantes, fut nommé Directeur pour une année (1er juillet 1896-30 juin 1897), après avoir demandé et obtenu que la durée de l'exploitation serait de six mois au lieu de sept, sans réduction de la subvention, ce qui n'alla pas sans soulever de vives discussions.

Quelques légères modifications avaient été apportées au cahier des charges, notamment pour obliger le Directeur à prendre au cachet les instrumentistes supplémentaires qui seraient nécessaires pour la représentation des opéras comportant l'emploi de musiciens sur la scène ou dans les coulisses.

En vue d'éviter le retour des incidents survenus lors du troisième début du ténor Fonteix, il fut décidé que trois membres de la Commission consultative seraient, à tour de rôle, adjoints au Commissaire de police pour apprécier avec lui le sentiment exprimé par le public lorsque le Régisseur venait le consulter sur le sort de chaque artiste ayant effectué ses trois débuts.

Saison lyrique. — La saison lyrique ayant commencé le dimanche 18 octobre, par une représentation de *Boccace*, la période des débuts s'ouvrit le lendemain par *La Juive* ; elle fut close le vendredi 11 décembre par *Le Barbier de Séville*.

Il y eut quelques manifestations tumultueuses à l'occasion des débuts, notamment contre le ténor Ayrot qui fut refusé après une représentation des *Huguenots*, et contre le ténor léger Garoute et la basse chantante Lafon, qui durent résilier à la suite d'une mauvaise interprétation du *Barbier*.

On peut signaler également le mauvais accueil fait à la basse chantante Cobalet, engagé en remplacement de Lafon. Cet artiste, qui paraissait pour la première fois dans le rôle de Saint-Bris, ne tarda pas à indisposer le public par sa façon de traîner le chant et par son jeu mélodramatique, et sa résiliation immédiate fut exigée, mais non obtenue. Le lendemain, au contraire, M. Cobalet fut applaudi dans *Mignon* et définitivement admis quelques jours après dans *Le Barbier*. Il faut dire que les spectateurs avaient vu dissiper par les journaux un fâcheux malentendu. M. Cobalet, ancien pensionnaire de l'Opéra-Comique, où il créa notamment le rôle de Nilakantha, de *Lakmé*, fut, lors de l'incendie de ce théâtre, victime d'un accident qui lui valait une claudication assez prononcée. Une partie du public, ignorant cette circonstance, avait attribué à une toute autre cause l'embarras que l'artiste éprouvait à se tenir en scène !

Malgré tout, il n'y eut pas d'incidents trop violents pendant cette période de débuts et la troupe se trouva définitivement constituée de la manière suivante :

MM. Lecoq, chef d'orchestre ;

Barras, deuxième chef d'orchestre ;

Descamps, régisseur général ;

Casset, fort ténor ;

Degenne, ténor léger ;

Bianconi, deuxième ténor ;

Decléry, baryton d'opéra ;

Vialar, baryton d'opéra-comique ;

Vallier, basse noble ;

Cobalet, basse chantante ;

Rius, deuxième basse ;

Ometz, trial ;

Berthier, laruette ;

Mmes Bossy, forte chanteuse falcon ;

Privat-Huguet, contralto ;

Frandaz, chanteuse légère de grand opéra ;

Mauger, chanteuse légère d'opéra-comique ;

Mmes Marie STAR, première dugazon;
Marthe BACH, deuxième dugazon;
TONY, duègne;
M. Van HAMME, maître de ballet;
Mlles FERRERO, première danseuse noble;
ZACCONE, première danseuse demi-caractère;
SIVITZ, première danseuse travesti;
Jeanne VANDENESSE, deuxième danseuse.

Nous relevons dans ce tableau les noms d'anciennes connaissances : Mme Bossy, forte chanteuse, avait tenu brillamment en 1889-1890, l'emploi de contralto, et avait créé *Samson et Dalila* avec grand succès; Mme Privat-Huguet reprenait possession de l'emploi qu'elle avait déjà occupé en 1884-1885 et 1888-1889; M. Degenne s'était déjà fait applaudir en 1894-1895; M. Bianconi était le seul survivant de la campagne précédente, et M. Van Hamme avait déjà dirigé le ballet en 1893-94. Enfin, M. Ometz avait déjà figuré dans le tableau de troupe de 1884-1885. Depuis cette date il avait contracté des engagements ailleurs, mais n'a plus quitté, dès lors, la scène du Théâtre-des-Arts.

Répertoire lyrique. — Pendant la saison, les œuvres reprises furent au nombre de vingt-neuf.

L'Africaine (3).
Le Barbier de Séville (4).
Carmen (5).
Le Chalet (3).
La Dame Blanche (1).
Les Dragons de Villars (4).
Faust (6).
La Favorite (2).
La Fille du Régiment (4).
Galathée (3).
Hamlet (6).
Hermann et Dorothée (1).
Hérodiade (5).
Les Huguenots (3).
La Juive (4).
Lohengrin (3).
Le Maître de Chapelle (7).
Manon. (6).
Mignon (7).
Mireille (2).
Les Noces de Jeannette (4).
Paillasse (3).
Le Roi d'Ys (1).
Roméo et Juliette (3).
Samson et Dalila (4).
Sigurd (7).
Si j'étais Roi (3).
La Traviata (3).
Le Trouvère (2).

Artistes en représentation. — Quelques pensionnaires de l'Opéra et de l'Opéra-Comique vinrent interpréter des œuvres du répertoire.

Mlle Nina Pack, de l'Opéra-Comique, produisit une mauvaise impression dans *Carmen* et dut demander l'indulgence.

Mlle Merguillier obtint, au contraire, un grand succès dans trois représentations de *Manon*.

M. Gautier, de l'Opéra, fut assez applaudi dans *Sigurd*, mais n'éclipsa pas M. Casset, le titulaire habituel du rôle.

Dans *Samson et Dalila*, trois artistes se produisirent successivement : Mlle d'Ajac, de l'Opéra-Comique, malgré des moyens vocaux assez restreints, fit preuve d'intelligence et de style ; Mlle Jenny Passama y fut très brillante. Quant à M. Vergnet, de l'Opéra, il y fut correct, sans plus.

Nouveautés. — Trois œuvres nouvelles furent montées pendant la saison. Elles réussirent plus ou moins, mais il faut reconnaître que la Direction avait su choisir des compositeurs dont le passé pouvait paraître suffisant pour garantir le présent. En tous cas, une de ces œuvres nouvelles, tout au moins, était de premier ordre.

La Reine de Saba, opéra en 4 actes et 6 tableaux, de Jules Barbier et Michel Carré, musique de Gounod. La première représentation eut lieu le 23 décembre 1896, et les principaux rôles furent confiés à MM. Casset (Adoniram), Vallier (Soliman) ; Mmes Bossy (Balkis), et Marie Star (Bénoni). La pièce ne fut jouée que quatre fois.

Le Tannhauser, opéra en 3 actes et 4 tableaux, poème et musique de Richard Wagner (traduction française de Charles Nuitter). Première représentation le 22 janvier 1897 avec la distribution suivante : MM. Casset (Tannhauser), Decléry (Wolfram), Vallier (le Landgrave), Bianconi (Walter) ; Mmes Bossy (Elisabeth), Privat-Huguet (Vénus), Marie Star. Cette belle œuvre remporta un grand succès et fut jouée onze fois. On reprocha seulement à la Direction d'avoir coupé 591 mesures dans la partition, ce qui peut constituer un record.

Phryné, opéra-comique en 2 actes, de M. Augé de Lassus, musique de Camille Saint-Saëns. La première représentation eut lieu le 10 février 1897. Le principal rôle fut créé par Mlle Frandaz, qui y remporta un double succès de chanteuse et de jolie femme. Un critique local regrettait même que, contrairement à l'histoire, Phryné ne dût montrer pour sa justification que la statue sculptée par Praxitèle ! Cet opéra-comique, d'une musique si gracieuse, fut joué huit fois au cours de la saison.

Répertoire d'opérette. — Pendant le cours de la saison les opérettes suivantes furent représentées :

Boccace (4).
Les Cloches de Corneville (4).
La Fille du Tambour-Major (3).
Gillette de Narbonne. (1)
Le Grand Mogol (3).
Joséphine vendue par ses Sœurs (2).
Le Jour et la Nuit (4).
Madame Favart (5).
Mamzelle Nitouche (9).
La Mascotte (6).
Les Mousquetaires au Couvent (6).
Le Petit Duc (4).

Le 5 décembre 1896 eut lieu la première représentation, à Rouen, du *Baron Tzigane*, opérette en 3 actes et 6 tableaux, paroles françaises de Armand Lafrique, musique de Johann Strauss. Bien que cette pièce fut fort bien montée, elle n'eut pas de succès, à cause peut-être du livret incompréhensible, et ne fut jouée que cinq fois avec de faibles recettes.

Représentations au profit des Hospices. — Les deux soirées organisées au profit des Hospices eurent lieu, la première, le mardi 15 décembre pour la quatrième représentation de *Sigurd* (recette 1,676 fr. 60), la deuxième, le 11 mars, pour la septième représentation de *Phryné* (recette 756 fr. 35).

Dernier mois d'exploitation. — Par dérogation à l'article 35 du cahier des charges qui stipulait que pendant le sixième mois le genre d'exploitation laissé au choix du Directeur devrait avoir un caractère lyrique, M. Castex, avec l'assentiment de la Commission d'ailleurs, monta *Cendrillon*, féerie en 5 actes et 30 tableaux, de Clairville, Monnier et Blum, qui avait été représentée un grand nombre de fois au Théâtre-Lafayette, en 1880.

Cette pièce parut trente-six fois sur l'affiche cette année-là.

Représentation dramatique en cours de saison. — Mentionnons la soirée organisée par Mme Jane May, avec le concours de M. Ancelin, ancien directeur du Théâtre-Français, le 2 mars 1897, et comportant *La Petite Fadette*, pièce en 2 actes, de George Sand, et *Si jamais j'te pince !* vaudeville, de Marc Michel et Labiche.

Représentations qui précédèrent ou suivirent la saison lyrique. — La représentation gratuite comprise au programme de la Fête Nationale de 1896 fut organisée par M. Riza-Danel, ancien régisseur du Théâtre-des-Arts. Au programme, *Patrie ou les Martyrs de la Liberté*, drame en 5 actes et 7 tableaux, de Victorien Sardou.

Le vendredi 2 octobre, une tournée, dirigée par M. Deletraz, joua *L'Empereur*, pièce en 4 actes et 9 tableaux, de Charles Grandmougin, interprétée par M. Charpentier, de la Comédie-Française, dans le rôle de Napoléon.

Le vendredi 9 octobre, une tournée, dirigée par M. Baret, donna :

Mariage d'argent, comédie en 1 acte, d'Eug. Bourgeois ;

Le Petit Lord, comédie en 3 actes, traduction de Jacques Lemaire ;

A la Chambrée, fantaisie militaire en 1 acte, de Matral et Fordyce.

L'interprétation était confiée notamment à M. Baret lui-même et à Pierre Berton.

M. Castex, pour finir le temps de sa concession, traita avec la tournée Moncharmont qui, les 5 et 7 mai 1897, représenta *Amants*, la pièce de Maurice Donnay, et avec M. Dorny, qui donna quatre représentations classiques composées comme suit :

Le 20 mai, *Le Cid* et *Le Malade Imaginaire*, avec Albert Lambert père, Mlles Verteuil et Laparcerie ;

Le 3 juin, *Horace* et *Les Plaideurs*, avec MM. Marquet, Charpentier, Mlle Verteuil, etc.

Le 10 juin, *Mithridate* et *Tartuffe*, avec Silvain, de la Comédie-Française ;

Enfin, le 16 juin, *Andromaque* et *Le Médecin malgré lui*, avec Albert Lambert fils.

Pendant le mois de juin, on représenta également neuf fois *La Passion*, drame sacré, de Edmond Haraucourt, avec la musique de Bach.

Conférence. — La Société Normande de Géographie avait invité l'explorateur Fridtjof Nansen à faire une conférence sur sa terrible et périlleuse expédition au pôle Nord. Cette conférence eut lieu le 30 mars 1897, à 5 heures de l'après-midi, devant une salle bondée. Au-dessous des frises une grande carte géographique montrait l'itinéraire de l'expédition. La Fanfare Rouennaise occupait la place de l'orchestre et exécuta *Le Chant Norvégien* et *La Marseillaise*.

Recettes. — Le nombre total des représentations lyriques fut de 134, avec une recette de. . . . . . 155.023 f. 45

Le sixième mois, et les représentations extra-lyriques produisirent 41.195 80

Total. . . . 196.219 f. 25

Faits divers. — C'est pendant la saison 1896-1897 que la Municipalité concéda à la Société générale des Jumelles le droit de poser à toutes les places et à tous les étages des appareils automatiques de location de jumelles moyennant un droit de 0 fr. 50. La Ville avait 1 0/0 sur la recette, qui s'éleva, la première année, à 1,181 fr. 50. Par la suite, les recettes diminuèrent si bien que les appareils furent retirés en 1902.

Sur la proposition du Maire, et d'accord avec le Directeur, la Commission fut d'avis de supprimer le supplément perçu pour la location des places retenues à l'avance. L'essai en fut tenté, mais le public n'en profita point : le concierge du théâtre et les débitants du voisinage achetaient, en effet, les billets à l'avance et les revendaient, bénéficiant ainsi du droit bénévolement abandonné par le Directeur et au détriment de celui-ci, dont le préjudice fut évalué à 10,000 francs par saison.

DIRECTION MELCHISSÉDEC
Année théâtrale 1897-1898.

Il s'en fallut de peu que les Rouennais fussent privés du répertoire lyrique pendant cette campagne de 1897-1898 : une proposition formulée par M. Léon Louvet au cours d'une réunion de la quatrième Commission du Conseil municipal et tendant à la suppression pure et simple de la subvention, avait été, en effet, adoptée par 6 voix contre 4 ; mais le Conseil, réuni en Commission générale, en décida le maintien par 19 voix contre 10, et ce vote fut ratifié à la séance du 19 février 1897, dans laquelle le cahier des charges subit quelques modifications.

La durée de la concession était portée à trois années et la période d'exploitation obligatoire devait durer sept mois, dont six ayant un caractère exclusivement lyrique ; le septième, d'un genre laissé au choix de la Commission consultative, après avis du Directeur, devait conserver un caractère lyrique comportant un orchestre et des chœurs, dont le nombre ne pouvait être réduit de plus de moitié.

Le Directeur était obligé de faire exécuter pour 3,000 francs de décors et costumes nouveaux.

Le tarif fixé pour le prix des places pouvait être réduit, mais n'était susceptible d'aucune augmentation, en vertu d'une clause formelle.

Enfin, le poste de conservateur du matériel théâtral était rétabli, et confié à M. Rambert, déjà peintre-décorateur.

Les autres modifications étaient d'ordre intérieur ou de peu d'importance.

Trois candidatures se produisirent ; la première ayant été retirée, la seconde écartée, M. André Melchissédec, fils de l'excellent baryton de l'Opéra, professeur au Conservatoire, fut nommé Directeur, grâce à l'appui de son père qui promettait de l'aider dans son entreprise.

Mais il fut admis que la concession accordée pour trois

années pourrait être résiliée à la fin de la seconde, à la volonté réciproque des contractants, et que le Directeur aurait le choix du genre d'exploitation pendant le septième mois, qui n'aurait pas nécessairement un caractère lyrique. Enfin, le droit de jouer l'opérette s'étendait à toutes les œuvres, soit inédites, soit jouées sur les principaux théâtres de Paris.

Saison lyrique. — La saison lyrique s'ouvrit le 1er octobre par une représentation de L'Africaine. La période des débuts commença le même jour et se termina le 26 novembre. Elle fut plutôt mouvementée et on en jugera facilement quand on saura que le fort ténor, le ténor léger, le baryton et la basse de grand opéra, la chanteuse falcon et la première dugazon durent être remplacés.

Finalement, la troupe se trouva constituée comme suit :

MM. Amalou, chef d'orchestre ;
Bovy, deuxième chef d'orchestre ;
Florentin, régisseur général ;
Cornubert, fort ténor ;
Ariel, ténor léger ;
Jahn, deuxième ténor ;
Labis, baryton de grand opéra ;
Vautier, baryton d'opéra-comique ;
Vinche, basse noble ;
Jacquin, basse chantante ;
Gheleyns, deuxième basse ;
Ometz, trial ;
Montclair, laruette ;

Mmes Martini, forte chanteuse falcon ;
Lemeignan, chanteuse légère de grand opéra ;
Potel-Aguado, chanteuse légère d'opéra-comique ;
Soïni, contralto ;
Montmain, première dugazon ;
Mancini, deuxième dugazon ;
De Geradon, duègne ;
Adelina Gedda, maîtresse de ballet ;
Cerrato, première danseuse noble ;
Gini, première danseuse demi-caractère.
Kerfs, première danseuse travesti.

Dans ce tableau nous retrouvons d'anciennes connaissances : M. Amalou, l'excellent chef d'orchestre de la saison 1895-1896, M. Cornubert qui, en 1892-1893, chantait les ténors légers; M. Jahn, qui avait tenu son emploi en 1894-1895 ; M. Labis, le baryton des saisons 1887-1888 et 1895-1896 ; M. Vautier, le baryton d'opéra-comique de 1895-1896 ; M. Ometz et Mlle Christine Kerfs.

Reprises. — Trente et une œuvres lyriques furent reprises au cours de la saison :

L'Africaine (4).
Le Barbier de Séville (3).
Le Caïd (4).
Carmen (10).
Le Chalet (2).
La Dame Blanche (3).
Le Domino noir (5).
Les Dragons de Villars (4).
Faust (7).
La Favorite (7)
La Fille du Régiment (4).
Galathée (6).
Guillaume Tell (4).
Hamlet (3).
Les Huguenots (6).
La Juive (3).

Lakmé (2).
Le Maître de Chapelle (3).
Manon (5).
Mignon (6).
Mireille (6).
Les Noces de Jeannette (3).
Les Rendez-vous bourgeois (1).
Rigoletto (3).
Roméo et Juliette (3).
Samson et Dalila (5).
Sigurd (5).
Si j'étais Roi (2).
Le Sourd ou l'Auberge pleine (5).
La Traviata (4).
Le Trouvère (3).

Artistes en représentation. — En dehors des artistes qui vinrent remplacer les titulaires d'emploi empêchés au dernier moment, et qui ne méritent pas une mention, nous citerons :

M. Melchissédec père qui se fit entendre dans *Guillaume Tell*, *Rigoletto* et *La Favorite* avec un grand succès et créa, en outre, le rôle de Kormach dans *Moïna* ;

M. Dutrey, notre ancien et futur fort ténor, vint chanter *Les Huguenots* et *Samson et Dalila* ;

M. Isnardon, de l'Opéra-Comique, tint brillamment le rôle de Lescaut, dans une représentation de *Manon*, donnée au bénéfice de M. Amalou ;

Mlle Loventz, quoique pensionnaire de l'Opéra, produisit une mauvaise impression dans le rôle de Marguerite de *Faust ;*

Enfin, deux chanteuses abordèrent le rôle de *Carmen* :

Mlle Charlotte Wyns, de l'Opéra-Comique, y fut très bonne, malgré quelques exagérations ; par contre, Mlle Lacombe, de l'Opéra, n'y réussit pas.

Citons sous cette rubrique un artiste qui faisait, en quelque sorte, partie de la troupe, mais sans être astreint aux débuts, ayant été engagé en double : M. Reyveli, peintre en bâtiments à Lyon, ayant été signalé à M. Melchissédec père comme doué d'une voix superbe, celui-ci l'exhorta à venir à Paris, lui donna des leçons, le façonna tant bien que mal et décida son fils à le produire sur la scène du Théâtre-des-Arts. L'artiste, assez gauche et sachant à peine se tenir, parut pour la première fois dans le rôle d'Arnold de *Guillaume Tell*, et le public, voulant encourager un débutant, l'accueillit avec indulgence et sympathie. M. Reyveli chanta trois fois le rôle d'Eléazar de *La Juive*, mais ne fit plus recette. On lui avait, en somme, rendu un mauvais service en lui faisant aborder la scène trop tôt et sans travail préparatoire suffisant.

Nouveautés. — Sept œuvres lyriques proprement dites furent offertes au public, plus cinq ballets, dont un de premier ordre, un agréable et sans prétention, et les trois autres insignifiants.

Nous indiquerons les premières, suivant l'ordre chronologique, quoique *Don Juan*, l'immortel chef-d'œuvre, eut mérité d'être mis à part.

Le Dîner de Pierrot, opéra-comique en 1 acte, de Millanvoye, musique de Charles Hess. Première représentation le 29 octobre 1897, avec M. Vautier et Mme Aguado. Cette piécette fut donnée trois fois.

Moïna, drame lyrique en 2 actes et 3 tableaux, de Louis Gallet, musique d'Isidore de Lara. Avec cette œuvre, qui fut représentée pour la première fois le 22 décembre, l'école Monégasque faisait son apparition sur la scène du Théâtre-des-Arts. Elle fut interprétée par MM. Melchissédec père, Labis, Vautier, Cornubert, Jacquin, Mlle Martini, en présence du compositeur qui fut naturellement appelé et acclamé à la fin du spectacle. Elle fut jouée dix fois.

Don Juan, grand opéra en 4 actes et 10 tableaux, de Lorenzo da Ponte, musique de Mozart. Bien que cet ouvrage ait été accepté par la Commission consultative comme une nouveauté, il avait déjà été représenté au Théâtre-des-Arts le 4 juin 1841 par la troupe allemande du théâtre d'Aix-la-Chapelle, et le 24 janvier 1866 par la Compagnie du Théâtre-Italien de Paris. En fait, il était cependant inédit pour la plus grande partie du public qui n'a pas souvent l'occasion d'entendre une musique aussi élevée. La première représentation eut lieu le 19 janvier 1898, devant une salle comble, et avec un grand succès.

L'interprétation était convenable avec MM. Labis (don Juan), Jacquin (Leporello), Ariel (Ottavio), Vinche (le Commandeur), Vautier (Mazetto), Mmes Aguado (Zerline), Martini (Anna), Lemeignan (Elvire). La mise en scène était également très soignée et l'orchestre, comme les chœurs et le ballet, furent dignes d'éloges. Cette représentation fut suivie de sept autres.

Suzon, comédie lyrique en 1 acte, de Montoya et Sulot musique de Mulder. La première et unique représentation eut lieu le 28 janvier 1898. Le public fit un accueil assez réservé à ce livret, d'une simplicité trop peu scénique, noyé dans une orchestration vraiment compliquée. L'interprétation laissait d'ailleurs à désirer.

Siva, drame lyrique inédit, en trois parties, de Saint-Luth, musique de Léon Honnoré. Première représentation le 4 mars 1898, avec MM. Labis et Jahn, Mmes Soïni, Duvall, engagée spécialement, Girard et Mancini.

Cette œuvre avait été couronnée au concours Cressent, et le nombre de représentations ayant atteint le chiffre de dix, M. Melchissédec toucha la prime de 10,000 francs.

Ascanio, opéra en 5 actes, de Louis Gallet, musique de Camille Saint-Saëns, représenté le 18 mars 1898, avec MM. Cornubert (Ascanio), Labis (Benvenuto), Vinche (François Ier), Jahn, Jacquin, Vautier ; Mmes Martini (la duchesse), Soïni (Scozzone), Lemeignan (Colombe). Quatre représentations furent données de cet ouvrage.

Gaëtane, comédie lyrique en 2 actes, de André Lenéka, musique de Edouard Kann. Deux représentations seulement furent données les 24 et 29 mars. L'interprétation en était confiée à MM. Ariel, Vautier, Jacquin, Mmes Aguado et Girard.

Nous avons enfin à signaler cinq ballets que nous indiquerons par ordre de mérite pour une fois.

Javotte, ballet champêtre, inédit, en 1 acte et 3 tableaux, de J.-L. Croze, musique de Camille Saint-Saëns, représenté pour la première fois à Rouen le 5 novembre 1897, en présence du compositeur qui dut venir saluer le public. Fort bien dansée par le corps de ballet, cette œuvre charmante obtint un grand succès et eut dix représentations.

Le lendemain de la seconde, Camille Saint-Saëns adressa à M. Melchissédec un billet qui mérite d'être reproduit :

> Il était une fois un vieux compositeur
> Qui faisait de la musique assommante ;
> Un directeur
> De jeunesse triomphante
> Fit exécuter cette triste musique
> Avec tant de chic
> Qu'il vit changer sa tristesse
> En allégresse ! !
> Et dans le vers libre
> Qui vibre
> La vieille ganache de compositeur
> Remercie le délicieux directeur
> De tout son cœur.
>
> Camille SAINT-SAËNS.

Feu Pierrot, ballet en 1 acte et 2 tableaux, de Charles Mouton, musique de Emile Schwartz. Première représentation le 30 décembre 1897, suivie de six autres.

La Fête des Fleurs, cinq représentations.
Nymphes des Bois.
Baïka.

Ces deux derniers ballets furent donnés une seule fois (19 novembre et 28 mars).

Répertoire d'opérette. — Pendant cette campagne les opérettes suivantes furent reprises.

Les Brigands (4).   *La Mascotte* (8).
Les Cloches de Corneville (3).   *Le Petit Faust* (5).
Mamzelle Nitouche (7).

Trois œuvres nouvelles en ce genre furent données sur notre première scène.

L'Enlèvement de la Toledad, musique d'Edmond Audran. Première représentation le 3 octobre, suivie de cinq autres.

L'Auberge du Tohu-Bohu, musique de Victor Roger. Première représentation le 17 décembre, suivie de treize autres.

Le Bucentaure, musique de Demortreux. Deux seules représentations les 27 janvier et 3 février, ce qui était encore trop pour une pièce aussi mauvaise.

Représentation en l'honneur de Boieldieu. — Pour célébrer l'anniversaire de Boieldieu, on donna le 15 décembre une représentation, d'ailleurs assez terne, de *La Dame Blanche*, coupée par l'exécution des ouvertures du *Nouveau Seigneur du Village* et du *Calife de Bagdad*, le couronnement du buste du compositeur, et des vers de Catulle Blée, déclamés par Jacques Fenoux, de la Comédie-Française. Enfin, ce dernier remit une adresse signée de lui et de tous les artistes à Mme Sanson, femme du Trésorier-Payeur général et petite-fille de Boieldieu, qui leur offrit ensuite le champagne dans leur foyer.

Concerts. — Le 31 janvier 1898 fut donné, devant une salle peu garnie, un concert symphonique comportant des œuvres de genres fort différents, telles que *La Symphonie Ecossaise*, de Mendelssohn, *Kermaria*, d'Erlanger, une valse de Raoul Lesens et une suite d'orchestre de M. Surleau, directeur de la Banque de France à Rouen.

Un autre concert eut lieu le 31 mars, au profit de la Musique Municipale, et attira une véritable affluence qui fut désappointée par des changements dans le programme dûs à des indispositions (?) des artistes annoncés.

Mentionnons sous cette rubrique l'exécution, au cours d'une représentation d'*Ascanio*, de l'ouverture de *Rahn*, opéra inédit de M. René Doire, notre concitoyen.

Représentations au profit des Hospices. — Elles furent données, la première le 10 décembre avec *Les Huguenots* (recette 1,159 fr. 65), la seconde le 29 mars avec *Moïna* et *Gaëtane* (recette 1,604 fr. 20).

Incidents de la saison lyrique. — La période des débuts, quoique assez mouvementée, ne se signala par aucun incident digne d'être relaté.

Il faut retenir cependant le billet que crut devoir adresser aux journaux M. B., baryton, qui ayant dû résilier son engagement, prétendait échapper à toute critique jusqu'à son remplacement.

Rouen, le 21 octobre 1897.

« Monsieur,

» Je vous défends à l'avenir de vous occuper de moi dans » votre journal.

» J'ai résilié, je ne vous appartiens donc plus. Je vous préviens » que si vous continuez à imprimer vos méchancetés sur mon » compte, je vous foutrai *(sic)* sur les oreilles.

» Je vous salue, etc...

(Signé) B...

Cette incorrection fut relevée comme elle le méritait.

Ajoutons que M. B... est devenu un excellent artiste et chante actuellement à la Gaîté-Lyrique.

La claque fit encore parler d'elle. On avait d'abord annoncé sa suppression mais on eut encore des exemples d'artistes sifflés parce qu'ils n'avaient pas voulu répondre aux sollicitations du chef de claque qui prétendait les faire chanter autrement que sur la scène. Le troisième début d'une danseuse, admise malgré une violente opposition, fit dire même à un critique que la claque un instant menacée par le nouveau Directeur avait été finalement élevée à la hauteur d'une institution.

Il arriva une bien bonne histoire à un commissaire de police, de service à la représentation du 12 décembre. Au second acte de *Mamzelle Nitouche* qui, comme on le sait, se passe dans les coulisses d'un Théâtre de petite ville, le commissaire se leva, quitta sa place et se rendit sur la scène pour reprocher au Directeur et au Régisseur leur négligence : des décors à l'envers, des bouts de ficelle qui pendaient, des gens qui allaient et venaient les mains dans les poches ! Après explications, le brave magistrat fut le premier à rire de sa méprise.

De la police aux vols, la transition est facile : mentionnons donc le vol d'une somme de 15,000 francs commis dans des circonstances assez mystérieuses, et avec effraction, au préjudice du Directeur, dans la nuit du 9 au 10 février, sans que l'auteur de ce délit ait jamais pu être découvert. Par contre un figurant, pris au moment où il explorait les poches d'un vêtement appartenant à un artiste, fut condamné à trois mois de prison.

Au premier vol se rattache indirectement une scène de pugilat entre M. Melchissédec et son administrateur général, M. Gabriel Lefeuve, qui remplissait également les fonctions de Directeur artistique. Sur la médiation du Maire, M. Laurent, les choses n'allèrent pas plus loin, mais les conventions unissant les deux parties furent résiliées.

Enfin, un incendie survenu dans les bâtiments de la Haute-Vieille-Tour, occasionna des dégâts à une partie des décors appartenant au Théâtre-des-Arts.

Exploitation en avril 1898. — Pendant le mois d'avril, trois œuvres furent représentées :

La Joueuse d'Orgue, pièce nouvelle en 3 actes et 11 tableaux, de Xavier de Montépin et J. Dornay. Ce mélodrame, plein de grosses ficelles et d'invraisemblances, convenablement interprété, fut donné six fois ;

Cyrano de Bergerac, la pièce héroï-comique de Rostand, jouée par M. Candé dans le rôle de Cyrano, obtint un immense succès aux six représentations successives ;

Enfin, *Les trois Filles de M. Dupont*, d'Eugène Brieux. Cette comédie fut favorablement accueillie, quoique l'interprétation eût laissé à désirer.

Représentation dramatique en cours de saison. — Le 7 février 1898, Mme Dudlay, sociétaire de la Comédie-Française, vint représenter *Hamlet*, en personnifiant elle-même le rôle du prince de Danemark. Cette innovation parut désorienter quelque peu les spectateurs, malgré les grandes qualités dont fit preuve la célèbre artiste.

Représentations ayant précédé la saison lyrique. — La représentation gratuite du 14 juillet 1897 se composa de *L'Ami Fritz*, et pendant le mois de septembre on donna :

Les Mystères de Paris, d'Eugène Süe ;

Thermidor, de V. Sardou, avec Coquelin aîné ;
L'Evasion, de Brieux, par la tournée Baret.

Bal Masqué. — A l'occasion du Mardi-Gras, le 22 février 1898, l'Association générale des Etudiants avait organisé un bal masqué qui remporta un très grand succès.

Résiliation de la concession. — M. Melchissédec, qui avait cependant formé une société en commandite pour l'exploitation du Théâtre-des-Arts et encaissé d'assez fortes recettes, ne put achever la saison que grâce à des avances qui lui furent consenties à diverses reprises par un de nos concitoyens. Il dut donc, pour pouvoir faire face à ses obligations, demander à toucher une partie de son cautionnement, à charge par lui de le reconstituer dans le délai d'un mois, ce qui lui fut accordé; mais à l'expiration du délai, le Maire n'ayant rien vu venir, résilia la concession de M. Melchissédec et prononça la vacance de la direction. Ce dernier avait toutefois obtenu l'autorisation d'exploiter le Théâtre, à ses risques et périls, pendant le mois d'avril.

Recettes. — Les recettes des représentations lyriques avaient été de. . . . . 216.304 f. 20
Celles des représentations hors saison et du mois d'avril, de. 37.800
                                                                    254.104 20
Si l'on y ajoute le montant du prix Crescent . 10.000
On trouve un total de . . . . 264.104 f. 20

Représentations ayant suivi la saison. — La Ville ayant repris la libre disposition du Théâtre après la résiliation de la concession, traita directement pour la location de la salle à des tournées de passage. Dans ces conditions, les spectacles suivants furent donnés :
L'Etrangère, avec Mlle Wanda de Boncza, Mme Favart et M. Le Bargy, de la Comédie-Française.
Horace, avec M. Silvain, de la Comédie-Française, et Mlle Hartmann, de l'Odéon ;
La Dame aux Camélias, avec Sarah-Bernhardt ;

Cyrano de Bergerac, avec M. Candé, à deux reprises différentes ;

Tartuffe et *Le Gendre de M. Poirier*, avec Coquelin cadet, Jean Coquelin, et Mlle Lynnès, de la Comédie-Française ;

Quatre-Vingt-Treize, de Victor-Hugo, pour la Fête nationale du 14 juillet 1898 ;

Hernani, avec Mlle Wanda de Boncza, Mounet-Sully, Paul Mounet et Le Bargy, de la Comédie-Française ;

Enfin, quatre piécettes, dont *Mlle Fifi*, furent données par la tournée Romain.

Faits divers. — Par arrêté du Maire en date du 20 octobre 1897, pris sur avis conforme du Directeur et de la Commission consultative, les dames durent laisser leurs chapeaux au vestiaire pour être admises aux fauteuils d'orchestre, aux stalles de parquet et au parterre.

Cette sage mesure fut fort bien accueillie du côté masculin ; les dames s'y conformèrent de bonne grâce tout en protestant cependant, et non sans raison, contre l'insuffisance des vestiaires.

Cette même année, divers travaux furent effectués dans la salle pour faciliter la sortie des spectateurs en cas de sinistre : élargissement des portes d'entrée par la suppression de quelques places, transfèrements de vestiaires, etc. La scène fut séparée de la salle par des portes en fer, et quatre nouveaux postes d'eau furent installés.

Le service médical fut complètement réglementé par arrêté du Maire, en date du 22 février 1898 ; enfin, un service de tramways au tarif double, fut assuré à la sortie du Théâtre. Nous ne sommes donc plus au temps où les habitants de Déville, Maromme ou Darnétal ayant pris leurs billets de spectacle au bureau de la Compagnie des Omnibus, place des Arts, avaient droit à leur retour gratuit dans les voitures stationnant à la sortie, sauf les dimanches et fêtes. Ceci se passait en 1856 !

DIRECTION BRUMENT

Année théâtrale 1898-1899.

La vacance de la Direction fut déclarée seulement le 3 mai 1898, et le Conseil municipal apporta quelques modifications, peu importantes d'ailleurs, au cahier des charges. La concession de l'exploitation devait comprendre les campagnes 1898-1899 et 1899-1900, avec faculté pour les deux parties de la résilier à la fin de la première campagne. Une proposition de réduire à six mois la durée de l'exploitation obligatoire fut vivement discutée et finalement repoussée.

M. Melchissédec se mettait de nouveau sur les rangs, ainsi que M. Castex, l'ancien directeur, puis M. Taillefer offrait de reprendre le théâtre sans subvention, mais en écartant le genre lyrique. M. Brument, ancien chef d'orchestre des concerts de l'Exposition de 1896, acceptait le cahier des charges, mais ne voulait donner que cinq mois de représentations lyriques, le sixième mois quinze représentations, drame, comédie, féerie, et cinq représentations semblables le septième mois. La subvention était imputable aux cinq mois de direction lyrique.

Une discussion fort longue s'engagea sur cette réduction de l'exploitation, mais par 20 voix contre 11, M. Brument obtint gain de cause et fut nommé directeur du Théâtre-des-Arts (séance du 22 juillet 1898).

Saison lyrique. — La saison lyrique s'ouvrit le dimanche 9 octobre avec *Le Chalet* et *Mireille*, mais les débuts commencèrent seulement le lendemain dans *Les Huguenots* et se terminèrent le 9 décembre dans *Carmen*. Cette période ne fut pas particulièrement violente. Il y eut bien quelques tumultes, des spectateurs furent même expulsés plusieurs soirs, mais nous ne voyons rien de spécial à retenir.

La troupe fut définitivement constituée comme suit :
MM. Lematte, chef d'orchestre,
    Cherubini, deuxième chef d'orchestre ;
    Poyard, régisseur général ;

MM. Fédas, régisseur parlant au public;
   Casset, fort ténor;
   Nandès, ténor léger;
   Emery, deuxième ténor;
   Stamler, baryton de grand opéra;
   Mazotti, baryton d'opéra-comique;
   Bourgeois, basse noble;
   Féraud de Saint-Pol, basse chantante;
   Fronty, deuxième basse;
   Ometz, trial;
   Roche, laruette;
Mmes Darlays, forte chanteuse falcon;
   De Voos, chanteuse légère de grand opéra;
   Érard, chanteuse légère d'opéra-comique;
   Eva Romain, contralto;
   Albouy, première dugazon;
   Hermann, deuxième dugazon;
   Poyard, duègne;
   Rita Papurello, maîtresse de ballet;
   Nelly Cabrini, première danseuse noble;
   Gini, première danseuse demi-caractère;
   Aranka, première danseuse travesti.

Plusieurs artistes étaient déjà connus du public rouennais Mlle Albouy, la dugazon de 1890-1891, Mlle Gini, M. Casset, le créateur du *Tannhauser*, M. Stamler qui avait échoué en 1892.

Reprises. — En 1898-1899, vingt-six œuvres furent reprises:

L'Africaine (4).	*Manon* (6).
Le Barbier de Séville (1)	*Mignon* (7).
Carmen (9).	*Mireille* (7).
Le Chalet (6).	*Les Noces de Jeannette* (9).
Les Dragons de Villars (3).	*Paillasse* (7).
Faust (9).	*Le Pré-aux-Clercs* (4).
La Favorite (5).	*Rigoletto* (2).
La Fille du Régiment (3).	*Robert le Diable* (3).
Hamlet (2).	*Samson et Dalila* (8).
Les Huguenots (4).	*Sigurd* (7).
La Juive (5).	*Le Sourd* (2).
Lucie de Lammermoor (1).	*Le Tannhauser* (8)
Le Maître de Chapelle (2).	*La Traviata* (4).

Artistes en représentation. — Exception faite de Mlle Baux, notre ancienne falcon, qui vint chanter le 9 décembre le rôle de *Carmen*, il ne parut pas de grandes vedettes pendant la saison.

Nouveautés. — Cinq œuvres nouvelles et un ballet furent montés.

L'Amour Médecin, de Ch. Monselet, d'après Molière, musique de Poise. La première représentation eut lieu le 16 novembre 1898 avec des interprètes de second plan, ne possédant aucune des qualités requises pour une musique aussi légère : Mlle Deliane, chanteuse d'opérette, non soumise aux débuts, et MM. Roche, Ometz, Fronty. Cette pièce fut cependant jouée onze fois.

La Vie de Bohême, comédie lyrique en 4 actes, de Giuseppe Giacosa et Luigi Illica, traduction Paul Ferrier, musique de Puccini. Première représentation le 14 décembre avec Mlle Deliane (Musette), De Voos (Mimi), M. Buysson, un ténor engagé pour quelques créations, dont une n'a pas eu lieu (Rodolphe), Féraud de Saint-Pol (Schaunard), Mazotti (Marcel), Fronty (Colline). Cette œuvre, si peu intéressante, fut accueillie froidement, comme elle le méritait. Elle fut jouée trois fois seule avec de faibles recettes. Aux cinq représentations suivantes, elle fut accompagnée d'autres pièces pour amener un peu le public.

Haensel et Gretel, conte lyrique en 3 actes et 5 tableaux, poème d'A. Wette, version française de Catulle Mendès, musique de Humperdinck. La première eut lieu le 11 janvier 1899. Mlles Deliane et Albouy personnifiaient les deux enfants ; M. Féraud de Saint-Pol tenait le rôle du père, Mme Erard le rôle de la mère, et Mme Darlays celui de la fée Grignotte ; M. Brument conduisait l'orchestre. Cette œuvre exquise, qui ne fut jouée à Paris qu'en 1900, fut donnée huit fois.

Thaïs, opéra en 3 actes et 7 tableaux, de Louis Gallet, musique de J. Massenet. Première représentation le 18 janvier 1899 avec Mme Erard (Thaïs), Mme Eva Romain (Albine), MM. Stamler (Athanaël), Nandès (Nicéas), Féraud de Saint-Pol (Palémon). Ce fut un demi-succès et l'œuvre fut jouée cinq fois avec des recettes médiocres.

Princesse d'Auberge, opéra en 3 actes et 4 tableaux, de Nestor de Tière, paroles françaises de Gustave Lagye, musique de Jan Blockx. La première représentation eut lieu le 22 février 1899. L'interprétation qui laissa d'ailleurs à désirer était confiée à Mmes Erard, Eva Romain, Albouy, MM. Buysson, Bourgeois, Féraud de Saint-Pol. La mise en scène fut également négligée et cependant le compositeur, qui conduisait lui-même l'orchestre, obtint un vif succès personnel et fut acclamé à plusieurs reprises. Cet ouvrage fut représenté quatre fois en tout et n'a jamais été repris.

Fleurs des Champs, ballet divertissement, de Mme Papurello, musique de Comino, interprété par Mlles Cabrini, Gini, Aranka. La première fut donnée le 10 février 1899 et fut suivie de cinq autres représentations.

Répertoire d'opérette. — M. Brument ne monta que deux opérettes pendant sa campagne et celles-ci n'avaient pas encore été jouées à Rouen :

La Poupée, de Maurice Ordonneau, musique d'Audran. Première le 20 octobre 1898 avec Mlle Deliane, MM. Ferrière et Letellier. Cette piécette obtint un grand succès et fut jouée dix-neuf fois.

Les P'tites Michu, de Vanloo et Duval, musique de Messager. Première le 10 février 1899, suivie de cinq autres représentations. Mlle Alice Bonheur interprétait le rôle qu'elle avait créé aux Bouffes en 1897.

Incidents de la saison lyrique. — Un incident unique dans l'histoire du Théâtre-des-Arts signala la direction Brument.

Dès sa nomination, celui-ci avait fait annoncer qu'il avait traité avec M. Arthur Coquard, le compositeur de *La Jacquerie*, pour la création à Rouen de *Jahel*, opéra en 4 actes et 6 tableaux, paroles de Mme Simone Arnaud. La répétition générale avait eu lieu le 1er février en présence des principaux critiques parisiens, quand le lendemain, jour de la première, toutes les places étant louées à l'avance, les auteurs, en présence de l'insuffisance de l'interprétation, interdirent la représentation et firent saisir par huissier les partitions d'orchestre, en vertu d'une autorisation de M. le Président du Tribunal civil.

D'un commun accord, le chiffre de 3,500 francs fut admis pour indemniser M. Brument des frais faits par lui.

En somme, *Jahel* avait, comme presque toutes les nouveautés de la saison, été sacrifié par M. Brument qui avait réservé tous ses soins à la mise au point de *Haensel et Gretel* qu'il dirigea lui-même.

De nombreux vols furent constatés pendant cette campagne sans que les auteurs en eussent été découverts. On constata d'abord la disparition de vingt et une des lorgnettes installées aux fauteuils d'orchestre et de balcon, mais l'enquête ouverte les fit retrouver sous un plancher au-dessus du lustre. Puis une paire de boucles d'oreilles ornées de diamants, appartenant à Mme Eva Romain, et une fourrure appartenant à Mlle Gini furent dérobées, pendant une représentation, dans les loges respectives de ces artistes.

Le service des tramways de théâtre donna lieu à un autre incident. La Direction ayant pris l'habitude d'allonger démesurément ses spectacles qui finissaient à des heures impossibles, l'Administration des Tramways, lasse de récriminer sans pouvoir obtenir satisfaction, fit un soir partir les tramways à l'heure réglementaire, soit minuit un quart, laissant les banlieusards regagner leurs logis à pied, on devine avec quels sentiments à l'égard de M. Brument.

Représentations au profit des Hospices. — En vertu de l'article 51 du cahier des charges, le Directeur versa aux Hospices une somme de 2,000 francs en remplacement des deux représentations qu'il avait négligé d'organiser au profit de ces établissements.

Dernier mois d'exploitation. — M. Brument traita avec son prédécesseur, M. Taillefer, pour l'exploitation du Théâtre-des-Arts pendant le sixième mois (9 mars-9 avril) dont le répertoire était laissé à son choix par le cahier des charges.

M. Taillefer monta ainsi :

Frédégonde, drame en 5 actes en vers, de M. Alfred Dubout, avec Mme Dudlay et M. Albert Lambert fils, de la Comédie-Française (trois représentations).

L'Histoire d'un Drapeau, grande pièce militaire, d'Adolphe d'Ennery (treize représentations).

Les Deux Gosses, drame de Pierre Decourcelle (sept représentations).

Les Deux Orphelines, drame de d'Ennery (quatre représentations).

Une tournée dirigée par M. Achard donna quatre représentations de *La Dame de chez Maxim's*.

Enfin, les « Auteurs en voyage », Compagnie composée de Georges Courteline, Grenet-Dancourt, Edouard Guillaumet, Jules Lévy et Edouard Morès, vinrent interpréter, le 12 mars, leurs propres œuvres : *Boubouroche, Le Gendarme est sans pitié, Ceux qui restent*, etc. Une autre Compagnie vint le 3 avril, mais le public, rendu méfiant par la précédente tentative, n'y vint qu'en petit nombre, et cette fois il eut tort. On vit MM. Louis Tiercelin, Docquois et Mars dans *Le Sacrement de Judas, Le Petit Champ, Le Marchand de Désespoirs*, etc.

Représentations dramatiques en cours de saison. — Le 22 novembre 1898 une troupe, en tête de laquelle figurait Mme Lina Munte, interpréta avec succès *La Tosca*, de Victorien Sardou, et le 25 février 1899 Mme Lina Munte vint interpréter *Catherine*, la comédie d'Henri Lavedan.

Représentations ayant précédé ou suivi la saison lyrique. — Une seule représentation fut donnée avant la saison lyrique, le 15 septembre : Courteline, bien entouré d'ailleurs, interpréta lui-même ses œuvres : *Boubouroche, La Peur des Coups, Un Client sérieux*.

Dès le lendemain du sixième mois obligatoire, *Cyrano de Bergerac* fut repris et joué deux fois avec M. Jean Darragon et Mme Marchetti.

M. Antoine vint interpréter, le 13 avril, *La Nouvelle Idole*, de F. de Curel, où il fut merveilleux. Le spectacle était complété par *Que Suzanne n'en sache rien*, de Pierre Veber.

La Dame de chez Maxim's fut de nouveau représentée par les mêmes artistes que précédemment.

M. de Féraudy, accompagné de Mme Segond-Weber et de M. Marquet, de l'Odéon, donna le dimanche 23 avril : en matinée,

Le Cid et *Le Dépit Amoureux*, précédés d'une conférence sur l'Œuvre de Corneille, par M. Ch. Samson, bibliothécaire de l'Odéon ; en soirée, *L'Ami Fritz* et *Le Dépit Amoureux*.

Le Cabaret Montmartrois, imitation du Chat-Noir, vint le 1er mai avec les chansonniers Jacques Ferny, Perducet, etc.

Enfin, le 5 mai, on entendit *Athalie* avec Mme Favart, M. Paul Mounet, M. Ph. Garnier, de l'Odéon, etc., l'orchestre et les chœurs, sous la direction de M. Edouard Colonne, interprétant la partition de Mendelssohn.

Bal masqué. — Comme l'année précédente, l'Association générale des Etudiants organisa, le 14 février 1899, à l'occasion du Mardi-Gras, un bal masqué qui obtint un grand succès, notamment avec l'entrée d'une Noce Villageoise.

Concert. — Le 29 mai, devant une salle comble, eut lieu un concert au profit de l'Œuvre des Vieux Vêtements. On y entendit Mmes Bossy et Lemeignan, MM. Casset, Labis, Féraud de Saint-Pol, du Théâtre-des-Arts, Vaunel et Charley des Folies-Bergère de Paris.

Représentation gratuite du 14 Juillet 1899. — Le spectacle se composa de *Hernani*, interprété par une très bonne troupe en tête de laquelle se trouvait M. Albert Lambert père.

Matinée Guy de Maupassant. — Le Comité constitué sous la présidence de M. Masson-Forestier, en vue de l'érection d'un monument à Guy de Maupassant dans le jardin Solférino, offrit le 12 mars 1899 une matinée littéraire, dont la recette était destinée à grossir la souscription. Ce fut un vrai régal. Au début, M. Albert Sorel, membre de l'Académie française, puis M. Gustave Larroumet, prononcèrent deux magnifiques discours sur Maupassant et son œuvre. MM. Leitner et Georges Berr, de la Comédie-Française, donnèrent lecture, avec un art consommé, le premier de *La Parure* et de *L'Apparition*, le second de *Boitelle* et du *Papa de Simon* ; Mlle Moreno et M. Jacques Fenoux, également de la Comédie-Française, dirent en grands artistes *La Nuit d'Octobre*, d'Alfred de Musset. Enfin, après une causerie de M. Jacques Normand sur l'œuvre théâtrale de Guy de Maupassant, le spectacle se termina par *His-*

toire du Vieux Temps, interprétée à ravir par Mlle Pierson et M. Leloir de la Comédie-Française.

La recette de cette belle matinée s'éleva à 3,874 francs.

Le Théâtre de l'Odéon à Rouen. — Le Ministre de l'Instruction publique et des Beaux-Arts ayant décidé que le Théâtre-National de l'Odéon ferait, en 1899, une tournée officielle dans plusieurs villes de France, Rouen eut la primeur de ces représentations qui eurent lieu les 21, 22, 23 et 24 juin 1899.

En dépit d'une excellente interprétation, le public s'abstint en grande partie, on ne sut pourquoi.

On donna pendant ces quatre jours :

Pendant le Bal, de Pailleron, et *Ma Bru*, de Fabrice Carré et Paul Bilhaud ;

Le Dépit Amoureux et *Le Barbier de Séville* ;

Le Dépit Amoureux et *Ma Bru*, deux jours de suite.

Recettes. — Au cours de la saison, 128 représentations lyriques furent données avec un produit de . . 163.798 f.55

Le septième mois et les représentations extra-lyriques donnèrent 37 750 30

Total. . . . 201.548 f.85

M. Brument accusait cependant un déficit de plus de 30,000 francs dont il était impossible de vérifier l'existence. Il avait d'ailleurs demandé la résiliation de sa concession à la fin de la première année, et le Conseil municipal fit droit, sans difficultés, à cette requête, car deux jours auparavant la Commission compétente avait été d'avis qu'il convenait de dénoncer le traité conclu entre la Ville et M. Brument.

DIRECTION FRANÇOIS

Année théâtrale 1899-1900.

La Commission compétente du Conseil municipal venait d'émettre l'avis qu'il y avait lieu de résilier la concession de M. Brument, et l'Administration allait étudier les modifications à apporter au cahier des charges et déclarer la vacance de la Direction, quand M. François, fermier de droits communaux à Dieppe, sollicita la direction du Théâtre-des-Arts pour une période de trois années, s'engageant à constituer une troupe de premier ordre et à donner à notre première scène le rang artistique auquel elle a droit.

Dans sa séance du 20 janvier 1899, le Conseil, menant les choses rondement, accepta la candidature de M. François, après avoir introduit quelques modifications au cahier des charges.

La concession comprenait les campagnes 1899-1900, 1900-1901 et 1901-1902, avec faculté réciproque de résiliation à la fin de chaque campagne. L'exploitation était obligatoire du 1er octobre au 30 avril, la saison lyrique étant ramenée à six mois.

Il était bien stipulé :

Que dans le cas où le Directeur instituerait un emploi spécial de régisseur parlant au public, le titulaire de cet emploi devrait, comme le régisseur général, être pris en dehors de la troupe ;

Que les artistes engagés pour doubler les titulaires des emplois, ou en supplément de ceux imposés par le cahier des charges, seraient également soumis aux débuts ;

En ce qui concernait le prix des places, la fixation d'un maximum était jugée suffisante, le Directeur pouvant se dispenser de l'appliquer dans la proportion qu'il croirait utile à ses intérêts. Comme conséquence on supprimait la clause limitant à huit par mois le nombre de représentations à prix réduit.

Enfin, M. François était autorisé à ne pas exploiter le théâtre pendant le septième mois de la campagne 1900-1901, faisant suite à l'Exposition universelle de Paris, où les Rouennais étaient présumés devoir laisser toutes leurs économies.

Saison lyrique. — La saison lyrique ouvrit le 6 octobre avec *Hérodiade*, pièce dans laquelle débutèrent les artistes de grand opéra. Cette période de débuts, qui s'éternisa jusqu'au 17 janvier, fut cependant d'un calme rare. Il ne s'y produisit pas de scènes tumultueuses et les quelques artistes qui furent refusés ne subirent pas d'affront brutal.

La troupe définitive fut composée ainsi :

MM. Amalou, chef d'orchestre ;
Labis, régisseur général ;
Dalmorès, fort ténor ;
Nandès, ténor léger ;
Stuart, deuxième ténor ;
Grimaud, baryton de grand opéra ;
Fuld, baryton d'opéra-comique ;
Vinche, basse noble ;
Féraud de Saint-Pol, basse chantante ;
Carbonneil, deuxième basse ;
Ometz, trial ;
Montclair, laruette ;

Mmes Bossy, forte chanteuse falcon ;
Lemeignan, chanteuse légère d'opéra ;
Aguado-Potel, chanteuse légère d'opéra-comique ;
Eva Romain, contralto ;
De Camilli, première dugazon ;
Lair, deuxième dugazon ;
Montclair, duègne ;
Stichel, maîtresse de ballet ;
Olga Mauri, première danseuse noble ;
Pezzatini, première danseuse demi-caractère ;
Scardovi, première danseuse travesti...

Les noms déjà connus sont si nombreux qu'il ne convient pas d'insister particulièrement. M. Labis, l'ancien baryton, abandonnait le chant pour la mise en scène, et M. Fuld était engagé pour tenir l'emploi de baryton sur le théâtre où il avait fait ses premiers essais, puisqu'il avait été simple choriste en 1882-1883.

Reprises. — Vingt-cinq opéras et opéras-comiques furent repris pendant la saison :

L'Africaine (3).
Le Barbier de Séville (7).
Carmen (9).
Le Chalet (5).
La Dame Blanche (5).
Les Dragons de Villars (5).
Faust (10).
La Fille du Régiment (4).
Galathée (2).
Hamlet (6).
Hérodiade (9).
Les Huguenots (8).
Lakmé (2).

Le Maître de Chapelle (6).
Manon (6).
Mignon (6).
Mireille (4).
Les Noces de Jeannette (9).
Les Pêcheurs de Perles (1).
Le Prophète (8).
Roméo et Juliette (1).
Samson et Dalila (3).
Sigurd (7).
Si j'étais Roi (3).
La Traviata (1).

Artistes en représentation. — Quelques artistes de grande réputation parurent dans les œuvres du répertoire.

M. Degenne, notre ancien ténor léger, remplaça M. Nandès, indisposé, pendant le mois de janvier.

M. Cazeneuve, de la Monnaie et des Concerts Colonne, chanta le rôle de don José, de *Carmen*, avec un organe d'un timbre agréable, quoique sans ampleur, mais le style et la méthode dénotaient un véritable artiste ;

M. Isnardon, de l'Opéra-Comique, tint le rôle de Basile, du *Barbier de Séville*, dans une représentation au bénéfice des chœurs ;

M. Beyle, de l'Opéra-Comique, se fit entendre avec un grand succès dans *Roméo et Juliette* ;

Enfin, M. Clément, également de l'Opéra-Comique, remporta un véritable triomphe à chacune des représentations de *La Dame Blanche*, du *Barbier*, de *Lakmé* et de *Manon*.

Nouveautés. — Trois œuvres nouvelles seulement furent montées, mais deux tout au moins font date dans l'histoire d'un théâtre de province.

Thi-Theu, opéra inédit en 3 actes et 4 tableaux, d'Edouard Noël et Lucien d'Hève, musique de Frédéric Le Rey. Première représentation le 23 décembre 1899, avec MM. Dalmorès, Grimaud, Féraud de Saint-Pol, Mme Bossy. Succès d'estime pour le compositeur rouennais, dont l'œuvre ne fut jouée que deux fois en tout.

Siegfried, drame musical en 3 actes et 4 tableaux, de Richard Wagner. La première représentation, qui en fut donnée le 17 février 1900, constitua une véritable solennité, car ce chef-d'œuvre n'avait pas encore été joué en France. M. Leygues, ministre de l'Instruction publique et des Beaux-Arts, y assista, ainsi que les critiques musicaux des grands journaux de Paris, notamment Catulle Mendès, un fervent Wagneriste.

L'interprétation fut confiée à M. Dalmorès (Siegfried), M. Stuart (Mime); Mme Bossy (Brunehilde), Mme Eva Romain (Erda); M. Grimaud (le Voyageur), M. Vinche (le Dragon), M. Féraud de Saint-Pol (Alberich); Mlle Lemeignan (l'Oiseau).

Grand triomphe pour toute la troupe et pour l'orchestre, admirablement conduit par son chef Amalou.

Pendant un entr'acte, le Ministre remit les palmes académiques à M. Amalou et à Mme Bossy, au milieu d'acclamations prolongées.

Comme pour *Lohengrin*, des trains spéciaux amenèrent des Parisiens aux représentations de *Siegfried*, qui fut donné dix fois avec de très belles recettes.

La Flûte enchantée, opéra fantastique en 4 actes et 11 tableaux, musique de Mozart. Quoique cette œuvre eût déjà été donnée les 28 et 30 mai 1841 par la troupe allemande du théâtre d'Aix-la-Chapelle, elle fut acceptée par la Commission consultative comme une nouveauté et la première représentation eut lieu le 14 mars 1900 au bénéfice de M. Amalou, avec M. Devineau, un ténor du grand théâtre de Lyon (Tamino), M. Fuld (Papageno), M. Vinche (Sarastro), M. Ometz (Monostalos); Mlle Lemeignan (la Reine de la Nuit), Mme Aguado (Pamina).

Trois autres représentations suivirent seulement. Et cependant cette musique, hors de pair, était très convenablement chantée et la pièce était dans son ensemble fort bien montée.

Mentionnons, sans autrement y insister, deux ballets nouveaux :

Colin-Maillard, musique de Michiels (28 janvier 1900).

Le Menuet de l'Infante, musique de Gastinel (24 mars).

Répertoire d'opérette. — Les représentations d'opérettes furent au nombre de quarante et une, et on reprocha vivement à la Direction, mais en vain, de composer trop souvent avec ce genre secondaire le spectacle des dimanches soir et des populaires.

Les opérettes reprises furent :

Ali Baba (5).   *La Mascotte* (5).
La Fille du Tambour-Major (7).   *Les Mousquetaires au Couvent* (13).
Le Grand Mogol (3).   *Madame Favart* (3).

En outre, on donna, pour la première fois depuis la réouverture, *La Belle Hélène*, d'Offenbach, qui avait déjà été jouée bien des fois à Rouen, à l'ancien Théâtre-des-Arts, au Théâtre-Français et au Théâtre-Lafayette. La première eut lieu le 17 janvier 1900 et fut suivie de quatre autres représentations.

Représentation en l'honneur de Boieldieu. — *La Dame Blanche* fut donnée le 12 janvier 1900 à la mémoire de Boieldieu, avec M. Clément dans le rôle de Georges Brown. Le spectacle fut complété par l'ouverture du *Calife de Bagdad*, des vers de Raoul Lesens et le couronnement du buste du compositeur rouennais.

Représentation patriotique. — Le 30 mars, on donna *Sigurd* au profit de la souscription ouverte pour l'érection, à Moulineaux, d'un monument à la mémoire des soldats morts pour la Patrie en 1870-71. Entre les 3e et 4e actes, M. Albert Lambert père récita divers poèmes, dont plusieurs de sa composition.

Incidents de la saison lyrique. — La troupe fut presque toute la saison amputée de son ténor léger : M. Nandès, en effet, après avoir effectué sa rentrée dans *Faust* et chanté le rôle de Don José, de *Carmen*, dut demander un congé pour raison de santé et fut remplacé dans le répertoire courant par des artistes de passage, de divers mérites.

Plus tenace fut la seconde dugazon, Mlle Borderie, qui avait retourné drôlement son nom pour s'appeler Eiredrob. Refusée par la Commission consultative, elle continua à paraître sous le nom de Samie, sans que personne eut trop l'air de s'en apercevoir.

Quelques difficultés eurent lieu au sujet de la location des places, la Direction ayant pris l'habitude de faire vendre par des commerçants, des marchands de contremarques, etc., des billets à prix réduit avant l'ouverture du bureau de location, et les spectateurs payant le tarif plein, n'ayant plus ainsi le choix des meilleures places. Il fallut que l'Administration rappelât le Directeur à l'ordre pour faire cesser cet abus.

Dernier mois d'exploitation. — On donna pendant le mois d'avril 1900 :

Le Vieux Marcheur, de Lavedan, avec Baron fils, du Vaudeville, dans le rôle du sénateur Labosse ;

On ne badine pas avec l'amour et *Les Femmes savantes*, avec Mlle Delvair et M. Le Bargy, de la Comédie-Française ;

Madame Sans-Gêne, de Sardou, avec Mme Berny et MM. Charpentier, Boulle, etc... ;

L'Aventurière et *La Joie fait peur*, avec Coquelin cadet, qui récita, en outre, plusieurs monologues ;

Enfin *Jean-Bart*, la nouvelle pièce d'Edmond Haraucourt, qui assista à l'une des représentations.

Représentations dramatiques en cours de saison. — Elles furent au nombre de six et comprirent :

L'Avare et *Le Médecin malgré lui* (13 novembre 1899), avec M. Talbot, de la Comédie-Française ;

Trois pièces du répertoire de la troupe Antoine : *Mariage d'argent*, d'Eug. Bourgeois ; *La Peur de souffrir*, d'André Rivoire, et *Le Père naturel*, de Dupré et Charton, jouées par MM. Antoine, Duményi, Gémier, Arquillère, Verse, Mmes Bellanger, Mellot, Barsange (19 décembre).

Cyrano de Bergerac, avec M. Jean Darragon (11 janvier 1900).

Plus que Reine, d'Emile Bergerat, avec MM. Charpentier, Bourgeois, Mmes Vallia et Bourgeois (13 janvier 1900).

Enfin *L'Arlésienne* (4 et 5 avril), avec M. Paul Mounet, de la Comédie-Française, les chœurs et l'orchestre du Théâtre-des-Arts, sous la direction de M. Amalou.

Bals masqués. — A l'occasion du Mardi-Gras et de la Mi-Carême, M. François organisa, les 28 février et 22 mars, deux bals masqués, qui obtinrent le succès habituel.

Concerts. — Deux concerts furent donnés au profit de la Musique municipale :

Le premier, le 30 septembre 1899, avec le concours de Mlle Chaminade, la brillante pianiste, qui présenta une de ses meilleures élèves, Mlle Turpin ;

Le second, le 1er avril 1900, où se firent entendre les artistes de la troupe, Mlle Reylda, de l'Opéra-Comique, et le ténor Plamondon.

Représentations ayant suivi la saison. — Aucune représentation ne fut donnée avant l'ouverture de la saison ; mais en mai, juin et juillet 1900, quelques spectacles furent organisés par des tournées :

Andromaque, avec Mme Segond-Weber et M. de Max, notamment, précédé d'une conférence de M. Samson, archiviste de l'Odéon, sur Corneille et Racine.

Froufrou, brillamment interprété par cinq artistes de la Comédie-Française : Mlles Lara et Brindeau, MM. de Féraudy, Raphaël Duflos, Dessonnes.

Francillon, avec MM. Baillet, Leitner, Fenoux, Mlles Lara et Netza-Moia, de la Comédie-Française, et *L'Histoire du Vieux Temps*, de Guy de Maupassant, interprétée par Mme Favart et M. Gangloff.

L'Aiglon, de Rostand, avec Mlle Grumbach dans le rôle du duc de Reichstadt.

Signalons pour mémoire une piteuse soirée organisée le 27 mai par le Comité du Souvenir Normand, en vue de la restauration du clocher de Corneville-sur-Risle.

Enfin, la représentation du 14 Juillet se composa des *Fourchambault* et de *La Marseillaise*, déclamée par M. Jacques Fenoux.

Recettes. — Les 148 représentations lyriques données pendant la saison produisirent . . . . 227.955 f. 40

Le dernier mois, les représentations dramatiques et hors saison rapportèrent. 53.287 35

Total. . . . . 281.242 f. 75

De fort belles recettes furent faites aux premières de *Siegfried* et de *La Flûte enchantée* et aux représentations données avec le concours de M. Clément.

Faits divers. — C'est pendant cette saison que M. Rambert refit plusieurs décors de *Faust,* notamment celui représentant l'intérieur de la Cathédrale.

Avant l'ouverture de la saison, le proscénium avait été diminué pour permettre l'agrandissement de l'orchestre, dont le plancher fut abaissé.

DIRECTION FRANÇOIS

Année théâtrale 1900-1901.

Dès le mois de janvier 1900, M. François, qui avait obtenu, comme on l'a vu, la concession de l'exploitation pour trois années consécutives, demanda à ne faire que cinq mois de représentations lyriques, le sixième demeurant facultatif, en se basant sur ce que le public ayant fait pendant l'été, à Paris, des dépenses exceptionnelles à l'occasion de l'Exposition, se montrerait moins assidu au théâtre pendant l'hiver.

Malgré une certaine opposition, le Conseil municipal fit droit à cette demande, et la saison lyrique qui, de sept mois était passée à six, se trouva réduite à cinq mois, le montant de la subvention restant le même.

Saison lyrique. — La campagne commença le dimanche 28 octobre par une représentation de *L'Arlésienne* avec M. Paul Mounet et Mme Favart; en matinée, *Les Cloches de Corneville* formant le spectacle du soir.

La période des débuts s'ouvrit le lendemain par *La Juive*, et n'était sa longueur, n'aurait présenté aucun caractère particulier. Au 22 décembre, il restait encore deux emplois à pourvoir : celui de la chanteuse légère d'opéra-comique et celui de la contralto. Mme Walter-Villa fut admise le 25 janvier à remplir le premier, mais pour le second ce fut une autre affaire. Mme de Spanyi effectua, en effet, son premier début le 23 janvier seulement et son troisième le 15 mars. Elle fut donc admise douze jours avant la clôture de la saison !

Voici la composition de la troupe :

MM. Amalou, chef d'orchestre ;
  Wouters, deuxième chef d'orchestre ;
  Léonce, régisseur général ;
  Dutrey, fort ténor de grand opéra ;
  Ariel, ténor léger d'opéra-comique ;
  Stuart, deuxième ténor ;
  Grimaud, baryton de grand opéra ;

MM. Du Tilloy, baryton d'opéra-comique;
Vinche, basse noble;
Béchard, basse chantante;
Orban, deuxième basse;
Ometz, trial;
Fétis, laruette;

Mmes Bossy, forte chanteuse falcon;
Lemeignan, chanteuse légère de grand opéra;
Walter-Villa, chanteuse légère d'opéra-comique;
De Spanyi, contralto;
Jane Paulin, première dugazon;
Mativa, deuxième dugazon;
Lelong, duègne;
Stichel, maîtresse de ballet;
Olga Mauri, première danseuse noble;
Casalegno, première danseuse demi-caractère;
Fabiani, première danseuse travesti.

Beaucoup d'anciens artistes connus figuraient dans ce tableau : MM. Grimaud, Vinche, Stuart, Ometz, Mmes Bossy, Lemeignan, Stichel, Olga Mauri avaient appartenu à la troupe de la précédente campagne, ainsi que M. Amalou, chef d'orchestre, M. Dutrey était le ténor des saisons 1892-1893, 1893-1894, 1895-1896, M. Ariel, le ténor léger de 1897-1898.

Reprises. — En 1900-1901, on reprit les vingt-quatre opéras et opéras-comiques suivants :

L'Africaine (2).
L'Attaque du Moulin (1).
Le Barbier de Séville (2).
Carmen (7).
Le Cid (2).
La Dame Blanche (3).
Les Dragons de Villars (1).
Faust (6).
La Favorite (4).
La Fille du Régiment (2).
Hamlet (5).
Les Huguenots (4).
La Juive (4).
Lakmé (3).
Lohengrin (2).
Le Maître de Chapelle (3).
Manon (5).
Mignon (3).
Mireille (2).
Les Noces de Jeannette (4).
Samson et Dalila (2).
Sigurd (2).
La Traviata (1).
Le Trouvère (1).

Artistes en représentation. — Mme Ballard-Bronville, qui avait tenu l'emploi de falcon pendant la saison 1889-1890, vint chanter *Les Huguenots*, en remplacement de Mme Bossy, indisposée.

Mme Duvall-Melchissédec, la créatrice de *Siva* en 1898, reparut également dans le rôle de Valentine des *Huguenots*.

Mlle Parentani, de l'Opéra-Comique, notre ancienne chanteuse légère de 1892-1893, remporta un grand succès dans le rôle de Rosine du *Barbier de Séville*.

Deux chanteuses, Mlle Mastio et Mlle Marguerite Reid, tinrent le rôle de Marguerite de *Faust* d'une façon simplement correcte.

Mlle Laisné, de l'Opéra-Comique, se fit entendre dans l'unique représentation de *L'Attaque du Moulin*.

Mme Soyer, de l'Opéra, chanta avec talent le rôle de Dalila et s'y fit applaudir.

M. Maréchal, de l'Opéra-Comique, interpréta le rôle de don José de *Carmen*, ayant comme partenaire Mme Bossy, qui, à son tour, se laissa tenter par le personnage redoutable de la Carmencita.

Enfin, M. Clément triompha, selon son habitude, dans *Mignon, La Dame Blanche, Manon, Lakmé* et *Carmen*.

Nouveautés. — M. François, qui avait d'abord manifesté l'intention de monter *Le Crépuscule des Dieux*, donna seulement deux nouveautés, dont le principal mérite résida dans la mise en scène.

Messaline, drame lyrique en 4 actes et 5 tableaux, d'Armand Sylvestre et Eugène Morand, musique d'Isidor de Lara. Première représentation le 17 décembre 1900 : ce fut un grand succès, et on acclama le compositeur, le directeur, le régisseur, le chef d'orchestre et le décorateur. Les principaux rôles furent distribués à Mme Bossy (Messaline), Mme Lemeignan (Tyndaris), Mme Mativa (la Citharède) ; MM. Dutrey (Hélion), Grimaud (Harès), Du Tilloy (Myrrhon), Vinche (Myrtille), etc.

Cette œuvre fut donnée vingt fois en produisant près de 49,000 francs de recettes.

Cendrillon, conte de fée en 4 actes et 6 tableaux, d'après Perrault, de Henri Cain, musique de J. Massenet. Première représentation le 15 février 1901 au bénéfice de M. Amalou. Le rôle de Cendrillon fut confié à Mlle Marguerite Giraud (devenue Mme Albert Carré), celui du prince Charmant à Mme Walter-Villa, puis à Mme Paulin; celui de la bonne fée à Mlle Lemeignan, etc. *Cendrillon* qui fut, en somme, un succès, fut joué douze fois.

Comme les années précédentes, deux ballets inédits furent offerts au public :

Le Loup et l'Agneau (22 décembre 1900), musique de José Bussac, ancien directeur du Théâtre-des-Arts ; *Le Réveil de la Rose*, musique de M. Jouberti, chef d'orchestre aux Folies-Bergère (27 février 1901).

Répertoire d'opérette. — L'opérette composa le spectacle de quarante et une représentations, faisant les lendemains de grand opéra, par suite de l'insuffisance de la troupe d'opéra-comique qui ne faisait pas recette.

On reprit ainsi :

Les Cloches de Corneville (9).   *Miss Hélyett* (3).
La Fille de Madame Angot (10).   *La Périchole* (3).
Le Jour et la Nuit (6).   *Le Petit Duc* (3).
La Mascotte (2).   *Les 28 jours de Clairette* (2).

On remonta *Barbe Bleue*, l'opérette d'Offenbach, qui avait déjà été jouée au Théâtre-Français et à l'ancien Théâtre-des-Arts.

On donna enfin deux nouveautés :

Surcouf, de Chivot et Duru, musique de Planquette, qui fut représenté pour la première fois le 30 décembre 1900 sur la scène du Théâtre-des-Arts ;

La Petite Mariée, de Chivot et Duru, musique de Ch. Lecocq, représentée deux fois seulement, les 20 et 31 janvier 1901.

Dernier mois d'exploitation. — Pour le sixième et dernier mois d'exploitation, M. François traita avec M. Baret : c'est dire que toutes les représentations présentèrent un réel intérêt. On donna ainsi :

L'Ecole des Belles-Mères et *Les Remplaçantes*, de Brieux ;

Les Revenants, d'Henrik Ibsen, précédés d'une conférence de Laurent Tailhade qui donna lieu à quelques manifestations ;

Le Vieux Marcheur ;

Le Contrôleur des Wagons-Lits, avec Galipaux ;

Horace et *Le Barbier de Séville*, en matinée, et *La Vie de Bohème*, de Murger, en soirée, avec Mlles Delvair, Marie Leconte et M. de Féraudy, de la Comédie-Française, assez mal entourés d'ailleurs ;

Cyrano de Bergerac ;

Niniche, avec Baron et Mme Judic ;

Le Nouveau Jeu, de Lavedan.

Représentation dramatique en cours de saison. — Le 8 janvier 1901, une tournée dirigée par M. Baret interpréta *La Robe rouge*, de Brieux.

Conférence. — M. Marius Vachon, membre du Conseil supérieur de l'Enseignement technique, fit, le 28 janvier, une conférence gratuite sur l'Exposition universelle de 1900, devant une salle comble, naturellement.

Concerts. — Deux concerts eurent lieu pendant la saison :

Le premier, donné le 10 novembre 1900 par la Musique Municipale au profit de sa caisse de secours ; le second, le 26 février 1901 par la Société des Compositeurs Normands.

Incident de la saison. — Nous voyons seulement à signaler dans cette saison, qui fut d'un calme extraordinaire, le procès intenté par M. François à son ténor, Dalmorès, qui, au mépris du traité l'attachant pour deux années encore à notre première scène avait signé un engagement avec le Directeur du Théâtre-de-la-Monnaie à Bruxelles. Dalmorès fut condamné par le Tribunal civil à payer à M. François 20,000 francs de dommages-intérêts.

Représentations qui suivirent la saison. — Le 3 mai, une troupe dirigée par M. Baret donna *La Main gauche*, de Pierre Veber, *L'Anglais tel qu'on le parle*, de Tristan Bernard, et *Paris-Roulant*, saynète revue de Victor Meusy ;

Vinrent ensuite : le 5 mai, *Ruy Blas*, avec Talbot, de la Comédie-Française, âgé de soixante-dix-sept ans.

La Fille Elisa et *Poil de Carotte*, le 10 mai ;

Patrie, avec Mlle Delvair, Paul Mounet et Albert Lambert fils, de la Comédie-Française ;

Les Maris de Léontine, le 21 mai ;

La Veine, de Capus, les 25 et 28 mai ;

Ruy Blas, avec Mlle Delvair, Paul Mounet, Albert Lambert fils.

Enfin, la représentation du 14 Juillet se composa du drame de d'Ennery, *Martyre*, avec Mme Marie Laurent qui déclama *La Marseillaise*.

Recettes. — Les cent trente-sept représentations lyriques données pendant la saison produisirent. . . 228.140 f. 65
Le sixième mois et les représentations extra-lyriques donnèrent.. . . . . 34.241 05

Total. . . 262.381 f. 70

D'après la renommée publique, cette saison aurait laissé un joli bénéfice à M. François.

DIRECTION HEURION ET MELCHISSÉDEC
Année théâtrale 1901-1902.

Dès le mois de janvier 1901, M. François, qui avait encore pour une année la concession de l'exploitation, informa l'Administration municipale qu'il ne lui était pas possible de continuer aux clauses et conditions du cahier des charges en vigueur. Prétendant que l'opéra-comique ne faisait recette qu'avec des artistes en représentation, il réclamait la suppression, dans le tableau de troupe, du ténor léger et de la chanteuse légère.

La Municipalité dut donc déclarer la vacance, et diverses candidatures se produisirent.

M. François, à la suite des articles de journaux combattant sa proposition comme équivalant à la suppression déguisée de l'opéra-comique, se ravisa et sollicita la direction pour une nouvelle période de trois années aux clauses du cahier des charges, c'est-à-dire avec une saison lyrique de six mois et les deux troupes au complet.

Sept autres candidats étaient sur les rangs, mais le Conseil, réuni en Commission générale pour discuter leurs titres et régler l'ordre de présentation en séance publique, émit les votes suivants :

M. Miral : 15 voix ;
MM. Heurion et Melchissédec, 16 voix ;
M. François : 1 voix.

La majorité absolue n'étant pas atteinte, on procéda aussitôt à un second tour qui donna les résultats suivants :

M. Miral : 17 voix ;
MM. Heurion et Melchissédec : 15 voix.

Mais à la séance publique qui suivit immédiatement, le Conseil désigna comme Directeurs pour les campagnes 1901-1902, 1902-1903 et 1903-1904, MM. Heurion et Melchissédec par 18 voix contre 14 à M. Miral.

Pendant le trajet de la Salle des Mariages à la Salle des

Séances, l'opinion de trois conseillers avait donc changé ! Cet incident fut longuement commenté dans le public et fut même l'objet d'une discussion dans une séance ultérieure du Conseil, mais il ne fut naturellement jamais tiré au clair.

Rappelons que M. Miral avait déjà été Directeur du Théâtre-des-Arts pendant les campagnes 1887-1888 et 1888-1889, que M. Melchissédec avait été également Directeur en 1897-1898 et que son associé, M. Heurion, était depuis plusieurs années à la tête du Théâtre-Français.

Saison lyrique. — *La Mascotte* fut donnée le dimanche 29 septembre, mais la vraie saison et la période des débuts s'ouvrirent le lendemain par *Aïda*. Cette période fut d'ailleurs fort agitée et donna lieu à des incidents, sur quelques-uns desquels nous aurons à revenir, et amena le remplacement du chef d'orchestre, du régisseur général et de onze artistes.

La troupe définitive fut composée comme suit :

MM. Coste, chef d'orchestre ;
  Max Guillaume, deuxième chef d'orchestre ;
  Speck, régisseur général ;
  Dutrey, fort ténor de grand opéra ;
  Gérard, ténor léger, puis Galand ;
  Descombes, deuxième ténor ;
  Mézy, baryton de grand opéra ;
  Marchand, baryton d'opéra-comique ;
  Vérin, basse noble ;
  La Taste, basse chantante ;
  Berthaud, deuxième basse ;
  Ometz, trial ;
  Fétis, laruette ;
Mmes Duvall-Melchissédec, forte chanteuse falcon ;
  Rigaud-Labens, chanteuse légère de grand opéra ;
  Mondaud-Panseron, chanteuse légère d'opéra-comique ;
  Doria, contralto ;
  Mézy, première dugazon ;
  Yosse, deuxième dugazon ;
  Valdys, duègne ;
  Rozier, maîtresse de ballet ;

Keller, première danseuse noble ;
Casalegno, première danseuse demi-caractère ;
Fabiani, première danseuse travesti.

M. Frédéric Le Rey, l'auteur de *Thi-Theu*, d'*Eros*, *Stenio*, etc., était au tableau de troupe comme directeur de la musique, chargé de guider la Direction dans les œuvres nouvelles à monter et de préparer *Les Guelfes*, l'œuvre posthume de Benjamin Godard.

Bien des noms étaient déjà connus des habitués du Théâtre : M. Speck, qui avait été régisseur en 1895-1896, M. Dutrey, qui faisait sa dernière saison, MM. Ometz et Fétis, Mlles Casalegno et Fabiani, qui avaient appartenu à la précédente troupe ; M. Vérin avait déjà tenu avec succès l'emploi de basse noble en 1889-1890 et 1893-1894, Mme Mondaud-Panseron avait été chanteuse légère de grand opéra, 1888-1889, enfin, Mme Duvall-Melchissédec avait créé *Siva*, en 1898.

Répertoire lyrique. — Vingt-cinq opéras ou opéras-comiques furent repris au cours de la saison :

L'*Africaine* (4).
Aïda (7).
Carmen (7).
Le Chalet (3).
Les Dragons de Villars (2).
Faust (11).
La Favorite (5).
La Fille du Régiment (3).
Guillaume Tell (3).
Hamlet (5).
Les Huguenots (6).
La Juive (3).
Lakmé (2).
Le Maître de Chapelle (2).
Manon (5).
Mignon (7).
Mireille (4).
Moïna (6).
Les Noces de Jeannette (2).
Rigoletto (4).
Roméo et Juliette (2).
Samson et Dalila (3).
Sigurd (3).
Si j'étais Roi (1).
La Vie de Bohème (6).

Artistes en représentation. — La Direction fit souvent, pendant la saison, appel au concours d'artistes étrangers à la troupe, mais elle n'eut pas toujours la main heureuse et le public le lui fit bien voir. Il convient de signaler d'ailleurs que Mme Mondaud-Panseron profita largement du concours des meilleurs dans les trois épreuves réglementaires qu'elle dut subir. Son admission fut ainsi enlevée dans *Mireille*, où elle était admirablement soutenue par M. Beyle.

M#me# Deschamps-Jehin, de l'Opéra et de l'Opéra-Comique, fut, dans *Hamlet*, une superbe reine.

M#lle# Lucia Muller, de l'Opéra-Comique, délaissant pour un soir le rôle de Louise, fut excellente dans celui de Mignon, quoique un peu bas pour sa voix ;

M#lle# Cécile Ketten et M. Clément, de l'Opéra-Comique, remportèrent un immense succès dans les deux principaux rôles de *Carmen* ;

M. Beyle, de l'Opéra-Comique, chanta admirablement le rôle de Vincent, de *Mireille* ;

M. Melchissédec père fut un très bon bouffon dans *Rigoletto* ;

M#me# Loyd, de l'Opéra, fut simplement convenable dans *La Juive* et *La Favorite*, et M. Ansaldi fut un assez bon Arnold dans *Guillaume Tell*.

Deux artistes ayant eu jadis une grande réputation, M. Isnardon, de l'Opéra-Comique, et M. Duc, de l'Opéra, rencontrèrent un accueil très froid, leurs principales qualités ayant disparu avec le temps, le premier dans le rôle de Lescaut, de *Manon*, le second dans le rôle d'Arnold, de *Guillaume Tell* ;

Dans le rôle de Philine, de *Mignon*, M#lle# Lydia Nervil, se disant de l'Opéra-Comique, se montra franchement mauvaise et souleva des protestations telles que la Direction fit chanter à sa place M#me# Mondaud-Panseron, dans la coulisse, au dernier acte.

Enfin, M#me# Mary Garnier, de l'Opéra-Comique, et M. Rivière, ténor léger, venus pour chanter *Lakmé* au profit des Hospices, déchaînèrent un tumulte si violent que la Direction, après avoir tenté de parlementer par l'intermédiaire de M. Speck, dut se résoudre à rembourser le prix des places. Le 3e acte s'acheva devant une soixantaine de personnes de bonne volonté, mais avec M#me# Mondaud-Panseron dans le rôle de Lakmé. Cette représentation du 20 décembre 1901 fut une des plus mouvementées dans l'histoire du Théâtre-des-Arts.

Nouveautés. — Elles furent au nombre de trois, auxquelles il convient d'ajouter quatre ballets, dont deux au moins méritent une mention plus complète que celle que nous consacrons d'ordinaire à ce genre de spectacle.

La Fille du Calife, opéra-comique inédit, de Paul Collin et Charles Jacomet, musique de Eug. Lacheurié. Première et unique représentation le 6 décembre 1901, soit un échec complet.

Les Guelfes, opéra inédit en 5 actes, de Louis Gallet, musique de Benjamin Godard.

Le compositeur étant décédé en 1895, avant que son œuvre eût été représentée sur aucune scène, la partition fut confiée, sur la demande de Mlle Magdeleine Godard, l'éminente violoniste, sœur du musicien, à M. F. Le Rey, qui se chargea de la monter, de la mettre au point et d'en diriger les répétitions.

La première eut lieu le 17 janvier 1902 devant une très belle chambrée et les critiques des grands journaux parisiens. L'interprétation était confiée à MM. Dutrey (le prince Henri), Mézy (Manfred), La Taste (Fiemarosca), Mmes Duvall-Melchissédec (Jeanne), Doria (Hélène Commène).

Les Guelfes furent donnés en tout neuf fois avec d'excellentes recettes.

Louise, roman en 4 actes et 5 tableaux, paroles et musique de Gustave Charpentier. Cette œuvre, un peu discutée au début mais qui heureusement est à peu près entrée au répertoire, et qui a été, en tous cas, reprise avec succès bien des fois, fut représentée le 21 février 1902, avec MM. Galand (Julien), La Taste (le Père), Descombes (le Noctambule), Mlle Lucia Muller, de l'Opéra-Comique, engagée spécialement (Louise), Mme Doria (la Mère), Mme Rigaud-Labens (une Ouvrière). Montée avec grand soin, pourvue de décors fort réussis dûs à M. Rambert, cette œuvre obtint un grand succès et fut donnée douze fois.

Passons maintenant aux ballets.

Conte de Mai, scénario de Jean Bernac, musique de Gaston Paulin. La première en avait été fixée au 23 octobre, à la suite d'une représentation de *La Favorite*, qui avait été tellement agitée que, le tumulte n'ayant pas cessé après le lever du rideau, l'auteur décida de retarder l'audition de son œuvre, qu'il voulait diriger lui-même. La véritable première fut donc donnée le 6 novembre 1901 après *Rigoletto* et fut un succès pour M. Paulin et ses interprètes, Mlles Keller et Fabiani. Deux autres représentations en furent données.

Une Aventure de la Guimard, de Henri Cain, musique d'André Messager. Très bien accueilli, ce ballet terminait la soirée du 11 décembre. Mlles Keller, Fabiani et Casalegno s'y firent applaudir, et il en fut de même les huit autres fois.

Le Faune, ballet inédit en 1 acte, scénario de L. Chaumier, musique d'Edouard Kann, eut la malchance de compléter une mauvaise représentation de *Manon*, et les spectateurs se vengèrent en ne laissant pas jouer cette œuvre qu'ils condamnaient sans l'avoir entendue (8 janvier 1902). Deux jours après, dans une atmosphère plus calme, *Le Faune* put enfin être donné en entier, mais ne reparut plus sur l'affiche.

L'Idole aux yeux verts, ballet inédit en 2 actes, scénario de Raoul Lefebvre, musique de Fernand Le Borne. Première représentation le 12 mars 1902, suivie de deux autres. Succès pour la partition et ses interprètes, le corps de ballet de la troupe et surtout pour Mlle Louise Mante, de l'Opéra.

Répertoire d'opérette. — Pendant cette campagne, les opérettes suivantes furent reprises :

L'Auberge du Tohu-Bohu (6). *La Mascotte* (5).
La Fille du Tambour Major (4). *Les Mousquetaires au Couvent* (5).
Le Grand Mogol (5). *La Poupée* (6).

On donna une nouveauté : *Les Travaux d'Hercule*, de Caillavet et de Flers, musique de Claude Terrasse. La première eut lieu le 7 novembre 1901, et cette opérette fut encore jouée huit fois.

Représentations au profit des Hospices. — La première représentation eut lieu le 20 décembre 1901 avec *Lakmé*, qui donna lieu aux scènes tumultueuses dont nous avons parlé et qui se terminèrent par le remboursement du prix des places. La Direction dut donc payer, conformément au cahier des charges, la somme de 1.000 francs prévue. Le seconde eut lieu avec *Louise* le 28 février 1902 (recette 2.724 fr. 90).

Dernier mois d'exploitation. — Pendant le mois d'avril 1902, dix représentations furent organisées par des troupes de passage :

Oscar ou les Projets d'un mari et *L'Affaire Mathieu*, de Tristan Bernard ;

La Marchande de fleurs, de Xavier de Montépin et Jules Dornay ;

Que Suzanne n'en sache rien et *Gringoire*, M. Melchissédec, directeur, tenant lui-même le rôle de Gringoire, où il se fit applaudir unanimement ;

Le Bourgeois gentilhomme, avec Coquelin aîné et Jean Coquelin ;

Le Fils naturel, avec Coquelin cadet, Mmes Persoons, Delvair, de la Comédie-Française, etc.

Incidents de la saison. — Cette saison fut particulièrement orageuse et mouvementée, et il nous est impossible de mentionner toutes les soirées qui provoquèrent des tumultes ou de violentes protestations du public. La période de débuts fut également agitée et suscita une proposition d'un conseiller municipal ayant pour objet la mise à l'étude d'un nouveau mode de vote moins bruyant et moins impressionnant pour les artistes.

Cet état de fièvre régnait même aux répétitions où cependant le public n'assistait pas. Mlle Mancini, en effet, engagée comme première dugazon, emploi qu'elle avait d'ailleurs tenu pendant la saison 1897-1898, prit mal des observations que lui adressait correctement le régisseur pendant une répétition des *Huguenots*, et administra à celui-ci deux gifles formidables, en accumulant en même temps les injures contre l'adjoint aux Beaux-Arts, témoin de la scène, la direction, le public, la Ville de Rouen... Ce mouvement de vivacité coûta cher à Mlle Mancini, qui se vit, par arrêté du maire, interdire la scène du Théâtre-des-Arts, et fut remplacée par Mme Mézy.

On avait décidément la main leste, cette année-là : un spectateur, s'étant cru lésé par l'Administration qui, d'après lui, aurait surfait le prix d'une place, traita de voleur, en passant au contrôle, le beau-frère de M. Melchissédec, M. Duvall, qui lui donna un soufflet. L'affaire en resta là, le giflé ayant préféré se retirer sans donner son nom.

Une autre altercation plus grave eut lieu le même soir. Un abonné, M. G. O..., qui avait pris pour la saison deux places de baignoire, avec engagement par la Direction de ne faire occuper les deux autres que faute de vacances ailleurs, avait déjà vu à plusieurs reprises introduire derrière lui deux spectateurs ayant mission de le surveiller et de faire intervenir la police dans le cas où il sifflerait. En arrivant au théâtre, M. O... ayant fait à l'ouvreuse une réflexion sur la composition d'un spectacle prochain, M. Melchissédec, qui s'était dissimulé dans le vestiaire, en sortit brusquement et allongea un violent coup de poing en plein visage de M. O..., qui dut aller se faire panser dans une pharmacie voisine.

L'affaire se termina en justice de paix où M. Melchissédec fut condamné, par défaut, à une amende de la valeur de deux journées de travail, à 1 franc de dommages-intérêts et à la contrainte par corps fixée à cinq jours.

On voit comment la Direction avait tenu sa promesse, annoncée dans les journaux du 26 septembre 1901, de supprimer la claque. Elle faisait même surveiller les spectateurs, notamment au parquet et aux secondes, où des habitués se virent insulter et menacer par de grossiers personnages, sous l'œil des agents !

Bals masqués. — Deux bals masqués eurent lieu : le premier le Mardi-Gras, 11 février, avec défilé burlesque dans lequel figurait un bœuf aux cornes dorées ; le second à la Mi-Carême, 6 mars, auquel on n'était admis que sur invitation.

Concerts. — Quatre concerts, dirigés par M. Frédéric Le Rey et M. René Doire, furent donnés les 14 décembre 1901, 25 janvier, 1er et 22 mars 1902, par l'Association artistique des concerts de Rouen, récemment fondée.

Le premier permit d'applaudir Mme Roger-Miclos, l'éminente pianiste, et Mlle Fjord, cantatrice des concerts Colonne et Lamoureux ; on donna la *Symphonie pastorale* et le 3e concerto de Beethoven, *Le Roi des Aulnes*, de Schubert, la marche du *Crépuscule des dieux*, des airs pour piano de Haydn, Chopin et Benjamin Godard, etc...

Dans le second, Mme Jullian, soprano, et le violoniste Debroux se firent apprécier dans des œuvres de Beethoven, Gluck, Schubert, Massenet.

Mme Gerville-Réache, de l'Opéra-Comique, et M. Delmas, de l'Opéra, prêtèrent leur concours au troisième concert, auquel assistait M. Camille Erlanger, qui accompagna Mme Gerville-Réache dans les *Larmes humaines*. On donna *Les deux Grenadiers*, de Schumann, l'ouverture de *Ruy-Blas*, de Mendelssohn, la symphonie en *mi bémol* de Mozart, des fragments de *Kermaria* et *La Légende de saint Julien*, d'Erlanger.

M. Vincent d'Indy vint au quatrième diriger l'exécution de quelques-unes de ses œuvres, auxquelles s'ajoutèrent l'ouverture de *Léonore* n° 3, de Beethoven, *Le Déluge*, de César Franck, le *scherzo* de Chabrier, des œuvres de Mozart, Gluck, Léo Delibes.

Cette association eut une existence bien courte, car sa dissolution en fut décidée le 20 novembre 1902.

Enfin, le 22 février 1902, le Cercle Orphéonique Boieldieu offrit à ses membres honoraires un concert dans lequel se firent entendre Mlle Magdeleine Godard, qui fit applaudir son talent de violoniste, Mme Paulette Darty, la divette de la Scala, dans ses valses lentes chantées, etc.

Représentations dramatiques en cours de saison. — Elles furent nombreuses et interprétées pour la plupart par de grands artistes.

Les 10 et 12 octobre 1901, *L'Aiglon*, de Rostand, avec Mme Sarah Bernhardt (l'Aiglon), Coquelin ainé (Flambeau), Desjardins (Metternich), Durec (l'Empereur), etc. Succès considérable. La première représentation, à laquelle assistait M. Roujon, directeur des Beaux-Arts, fit une recette de 10,575 francs.

M. Coquelin cadet, bien entouré, interpréta, le 31 octobre, *Le Gendre de M. Poirier* et *Le Médecin malgré lui*.

Le 18 novembre, Galipaux, dans *Ma Fée*, de Pierre Veber et Soulié, et dans ses monologues, n'eut pas le don d'attirer la foule. On eut d'ailleurs mieux compris sa présence sur la scène du Théâtre-Français.

L'Aiglon fut de nouveau donné le 25 novembre, mais cette fois avec Mlle Grumbach et M. Richard. Le succès fut naturellement moins grand qu'aux deux représentations sensationnelles qui avaient précédé, quoique les deux principaux interprètes eussent été fort convenables.

Quo Vadis, drame tiré du roman de Sienkiewicz, par M. Henri Moreau, fut joué les 2 et 3 décembre 1901 avec la musique de scène de Francis Thomé. L'interprétation, la figuration et la mise en scène parfaites contribuèrent au succès de l'œuvre.

M. Le Bargy, de la Comédie-Française, tint le rôle du marquis de Neste de *L'Enigme*, de Paul Hervieu, le 7 janvier 1902. Le spectacle comprenait encore *Les Romanesques*, de Rostand.

Le public trouva sans doute que Polin n'était pas à sa place au Théâtre-des-Arts, car il s'abstint d'assister à la représentation du 22 février dans laquelle « le premier pioupiou de France » détailla ses chansons.

Enfin, *Yvette*, comédie tirée par M. Pierre Berton du roman de Maupassant, termina la saison. Mlle Blanche Toutain, une jeune elbeuvienne, tenait le rôle qu'elle avait créé au Vaudeville.

Centenaire de Victor Hugo. — Le centenaire de Victor Hugo fut célébré le 26 février 1902, mais devant une salle aux trois quarts vide (recette 317 fr. 35). M. Paul Seguy, dans une causerie qui tint la plus grande partie du programme, commenta l'œuvre du poète et la soirée se termina par le couronnement du buste.

Représentations ayant précédé ou suivi la saison lyrique. — Pendant le mois de septembre 1901 on donna douze représentations de *Michel Strogoff*, le drame de Jules Verne, joué et monté avec soin.

Après la saison lyrique, MM. Heurion et Melchissédec présentèrent au public :

Madame Flirt, de Gavault et Georges Berr, avec la troupe de M. René Bussy ;

L'Hôtel Godet, d'Antony Mars, et *Le Billet de Logement*, d'Antony Mars et Henri Kéroul, avec la troupe de M. Berny ;

Nelly Rozier, de P. Bilhaud et M. Hennequin, par la tournée Achard ;

Œdipe Roi, tragédie de Sophocle, traduction Paul Lacroix, avec Mme Favart, MM. Mounet-Sully, Paul Mounet, Jacques Fenoux, de la Comédie-Française (23 mai) ;

Le Chapeau, de Wilhem Schurmann, et *Ghetto*, par Hermann Heyermans. Recette : 193 fr. 85 !

Cyrano de Bergerac, avec Coquelin aîné ;

Le Détour, de Henry Bernstein, avec la tournée Baret, et notamment Mme Simonne Le Bargy, M. Noblet, du Vaudeville ;

Othello, de Jean Aicard, avec Mmes Delvair et Lara, MM. Mounet-Sully et Paul Mounet, de la Comédie-Française ;

Les Deux Orphelines, le vieux drame ;

Enfin, la représentation gratuite du 14 Juillet comporta *L'Aventurière*, et *La Marseillaise*, déclamée par Mlle Delvair qui avait tenu le rôle de Clorinde dans la comédie d'Emile Augier.

Résiliation de la concession et recettes. — Dès le mois de janvier, la Municipalité avait décidé de prononcer la résiliation de la concession accordée à MM. Heurion et Melchissédec. Leur cautionnement dut être retiré en fin de saison pour solder les artistes, choristes, musiciens, danseuses et employés, et cependant les recettes étaient bonnes puisque les cent quarante-six représentations lyriques (dont quarante-huit populaires) avaient produit. . . . . 189.030 f. 30
et les représentations extra-lyriques. 109.776 75

Total. . . . 298.807 f. 05

Faits divers. — Deux paniques eurent lieu pendant la saison : le 6 octobre, le lustre s'étant éteint par suite de la fusion de deux plombs, le régisseur dut venir rassurer le public déjà inquiet ; puis, dans l'après-midi du 12 mars, au cours d'une répétition, un feu de bengale ayant allumé un rideau de gaze, les danseuses se sauvèrent en maillot et en tutu et descendirent dans la rue en criant : « Au feu ! » Ces demoiselles, paraît-il, craignent beaucoup les feux qu'elles n'allument pas elles-mêmes.

A l'ouverture de la saison on installa dans la salle un appareil électrique à projections lumineuses, destiné à éclairer la scène ; mais il fut démonté trois semaines après et repris par le constructeur.

DIRECTION PERROUAS

Année théâtrale 1902-1903.

Dans sa séance du 24 janvier 1902, le Conseil municipal arrêta les modifications à apporter au cahier des charges qui devait régir la prochaine campagne, la concession de MM. Heurion et Melchissédec ayant été résiliée peu de temps avant, comme nous l'avons vu.

La jouissance du Théâtre-des-Arts était accordée seulement pour la campagne 1902-1903, avec exploitation obligatoire du 1er octobre au 30 avril.

Les débuts devaient être terminés dans le délai d'un mois et il était interdit au Directeur de délivrer des billets de faveur ou des places gratuites les jours de début ou de rentrée, à peine de nullité de l'épreuve.

Pour éviter les abus qui s'étaient déjà produits et empêcher un Directeur ayant une troupe médiocre de se créer des ressources en dehors de son exploitation lyrique, les représentations dramatiques en cours de saison étaient absolument prohibées.

Les représentations populaires, à moitié prix, devaient être au nombre de deux par mois et se composer d'opéras ou d'opéras-comiques, à l'exclusion de l'opérette.

Aucun artiste en représentation ne pourrait être admis sur la scène avant la fin des débuts, afin que la troupe débutât avec ses propres moyens et pût faire juger de son homogénéité. (Ceci afin de prévenir le retour des faits que nous avons signalés pour les trois débuts de Mme Mondaud-Panseron, l'année précédente.)

Tous les artistes, même les premiers sujets, devaient être en costume dans les répétitions générales des œuvres non encore représentées à Rouen.

Enfin, on ajoutait à l'article imposant l'obligation de monter chaque année deux œuvres lyriques prises parmi les œuvres capitales non encore représentées à Rouen, une clause permettant au Directeur de donner, dans les trois premiers mois, un ouvrage inédit que la Commission consultative pourrait admettre comme l'une des deux œuvres imposées, si elle en reconnaissait le mérite. On voulait ainsi favoriser les compositeurs peu fortunés et écartés pour ce seul motif des grandes scènes.

Ajoutons que c'est à partir de cette époque que le droit d'entrée a été conféré aux Conseillers municipaux et aux Membres de la Commission.

Plusieurs candidatures se produisirent, mais une seule fut retenue : celle de M. Perrouas, ancien commerçant à Dieppe, qui fut nommé Directeur dans la séance du Conseil municipal tenue le 17 février 1902, et qui s'était assuré le concours artistique de M. Labis, ancien baryton et ancien régisseur général du Théâtre-des-Arts. Le Conseil avait même exigé qu'un contrat en bonne forme intervînt entre MM. Perrouas et Labis pour toute la durée de la saison.

Saison lyrique. — L'ouverture de la saison eut lieu le 3 octobre avec *Hérodiade*. La période des débuts commença ce même jour et se termina le 11 décembre seulement, plusieurs artistes ayant dû être remplacés. Nous verrons plus loin que quelques incidents violents signalèrent ces deux mois.

La troupe était composée ainsi :

MM. DE LA FUENTE, chef d'orchestre ;
    MAX GUILLAUME, deuxième chef d'orchestre ;
    REFFET, régisseur parlant au public ;
    CORNUBERT, fort ténor ;
    CORMETTY, ténor léger ;
    SERVAIS, deuxième ténor ;
    ROSELLY, baryton de grand opéra ;
    FULD, baryton d'opéra-comique ;
    SYLVAIN, basse noble ;
    BRUINEN, basse chantante ;
    DELTOMBE, deuxième basse ;
    OMETZ, trial ;
    DUBRESSY, trial ;
    MEYCELLE, laruette ;

Mmes Fierens, forte chanteuse falcon ;
    Valduriez, chanteuse légère de grand opéra ;
    Charpantier, chanteuse légère d'opéra-comique ;
    Torond, contralto ;
    Arméliny, première dugazou ;
    Lebergy, deuxième dugazon ;
    Lejeune, duègne ;
    Rozier, maîtresse de ballet ;
    Sberna, première danseuse noble ;
    Ronzio, première danseuse demi-caractère ;
    Eva Méry, première danseuse travesti.

On se souvient que M. Cornubert avait fait partie de la troupe en 1897-1898 et même en 1892-1893, mais alors comme ténor léger ; que M. Fuld avait été le baryton de la saison 1899-1900, et que Mme Arméliny revenait de loin, car elle avait appartenu à la direction d'Albert en 1893-1894.

Répertoire lyrique. — Vingt-cinq œuvres lyriques furent reprises pendant la saison :

L'Africaine (5).
Le Barbier de Séville (1).
Bonsoir Voisin (4).
Carmen (7).
Le Chalet (7).
La Dame Blanche (1).
Les Dragons de Villars (6).
Faust (8).
La Favorite (5).
La Fille du Régiment (7).
Hamlet (5).
Hérodiade (6).
Les Huguenots (5).

La Juive (2).
Lakmé (8).
Lohengrin (5).
Le Maître de Chapelle (6).
Manon (11).
Mignon (3).
Mireille (7).
La Navarraise (10).
Les Noces de Jeannette (5).
Samson et Dalila (7).
Sigurd (5).
Le Tannhauser (5).

Artistes en représentation. — Plusieurs artistes connus interprétèrent des œuvres du répertoire.

Mlle Jenny Passama retrouva dans *Samson et Dalila* le succès qu'elle avait déjà obtenu sous la direction Castex. Il en fut de même pour Mme Soyer, de l'Opéra, qui avait tenu également ce rôle sous la deuxième direction François.

Mme Marié de l'Isle, de l'Opéra-Comique, remporta un véritable triomphe dans *Carmen*, alors que quelque temps avant, son camarade, le ténor Gautier, s'était montré quelconque dans le rôle de don José.

Mme Eva Romain, notre ancienne pensionnaire, fit de nouveau applaudir son excellente méthode dans *Hérodiade* et dans *Hamlet*.

M. Clément fut fêté comme toujours dans son interprétation parfaite de *Lakmé*, *Manon* et *La Dame Blanche*.

M. Cossira, de l'Opéra, prêta son concours à une représentation du *Tannhauser*.

M. Devineau, le créateur à Rouen du rôle de Tamino dans *La Flûte Enchantée*, vint chanter celui de Wilhelm Meister, de *Mignon*.

M. Dastrez, un ténor arrivé à la fin d'une belle carrière, se fit entendre dans *Manon*.

Le rôle de Raoul, des *Huguenots*, fut interprété par deux artistes de passage, l'un M. Garret, quoique ayant demandé l'indulgence, se fit siffler à plusieurs reprises ; l'autre, M. Hugues, montra les mêmes défauts, et pas tout à fait les mêmes qualités que pendant la saison 1892-1893 où il avait fait partie de la troupe sous le nom d'Anastay, qu'il avait troqué contre celui de Hugues à la suite du crime retentissant commis par un homonyme.

Nouveautés. — Des œuvres nouvelles montées pendant cette saison, aucune n'est restée au répertoire, et quelques-unes, cependant étaient intéressantes.

La Bohème, drame lyrique en 4 actes, de Léoncavallo. Première représentation le 17 décembre 1902, avec MM. Fuld (Schaunard), Cornubert (Marcel), Vallorès (Rodolphe), Bruinen (Colline), Mlles Charpantier (Mimi), Arméliny (Musette), Lebergy (Phémie), etc. Cette œuvre, grâce à son excellente interprétation, fut donnée onze fois.

La Fiancée de la Mer, drame lyrique en 3 actes, de Nestor de Tière, musique de Jan Blockx, qui conduisit lui-même l'orchestre à la première, le 14 janvier 1903. C'était une véritable création, car cette partition originale et intéressante n'avait été jouée jusqu'alors qu'en Belgique. Mlle Charpantier, dans le principal rôle, s'y montra remarquable comme chanteuse et comme comédienne. Les autres interprètes étaient MM. Cornubert, Roselly, Sylvain, Bruinen, Mmes Fierens et Lejeune. M. Servais joua aussi le rôle confié en premier lieu à M. Cornubert. Huit autres représentations furent données de ce drame lyrique.

Le Juif Polonais, conte populaire, en 3 actes et 6 tableaux, d'après Erckmann-Chatrian, de Henri Cain et Gheusi, musique de Camille Erlanger. Première représentation le 28 janvier 1903 avec une excellente distribution. M. Victor Maurel reprenait le rôle de Mathis qu'il avait créé à l'Opéra-Comique trois ans auparavant; Mlle Charpantier fut, comme à son habitude, très bonne dans le rôle de Suzel. Mme Torond, MM. Bruinen et Servais tenaient convenablement les autres rôles. La mise en scène très soignée et les jolis décors peints par M. Rambert contribuèrent au succès, et l'auteur fut acclamé à plusieurs reprises. Néanmoins, cette œuvre ne fut donnée que cinq fois, dix de moins que *Véronique*; c'est le contraire qui eut dû se produire !

Pierre d'Aragon, opéra en 4 actes et 6 tableaux, paroles et musique d'Abel Darvey (Mlle Sophie Lacout). Mal accueillie à la première (17 février 1903), cette partition, sans intérêt, disparut de l'affiche après la seconde représentation. Les principaux rôles avaient été confiés à Mmes Fierens, Torond, Valduriez, MM. Cornubert, Roselly, Sylvain, Bruinen, Vallorès, Deltombe.

Le Chant du Cygne, opéra inédit en 1 acte, de Paul Aubin, musique de A. Dupouy, chef de musique au 74e de ligne. La première eut lieu le 5 mars 1903, servant de lever de rideau à *Carmen*, avec Mlle Marié de l'Isle. Les deux seuls rôles avaient été confiés à M. Servais et Mlle Arméliny. Le livret fut jugé fort médiocre, mais la musique ne manquait ni de science ni d'idées mélodiques.

Pain bis, opéra-comique en 1 acte, de Brunswich et Beauplan, musique de Théodore Dubois. Cette œuvre de jeunesse du Directeur du Conservatoire, fut donnée pour la première fois le 13 mars 1903, ouvrant une soirée donnée au bénéfice de M. Labis, et eut trois autres représentations. L'interprétation fut plutôt défavorable.

Comme tous les ans on monta quelques ballets, dont un était de tout premier ordre.

Coppélia, en 2 actes et 3 tableaux, scénario de Ch. Mittes, musique de Léo Delibes. Représenté pour la première fois le 27 novembre 1902, il fut fort bien dansé par Mlles Sberna, Eva Méry, Ronzio, Ferraro.

Fiamma, scénario de Mlle Ellen Bargy-Trivier, musique de Bouriello-Gigliano. Première le 26 décembre 1902, en présence du compositeur affligé de cécité.

Les Amours de Colombine, scénario de Géronte, musique de Max Guillaume, le second chef d'orchestre. Première représentation le 11 février 1903.

Répertoire d'opérette. — L'opérette triompha sous la Direction Perrouas, et l'on reprit :

Boccace (1).
Les Cloches de Corneville (7).
La Fille de Madame Angot (2).
La Fille du Tambour-Major (7).
Le Jour et la Nuit (4).
Mam'zelle Nitouche (2).
La Mascotte (3).
Les Mousquetaires au Couvent (6).
Les P'tites Michu (5).

La nouveauté de la saison en ce genre fut *Véronique*, opérette en 3 actes, de Vanloo et G. Duval, musique d'André Messager, qui fut donnée le 19 novembre 1902. Très bien interprétée par Mmes Arméliny, Lebergy, Lejeune, MM. Fuld, Meycelle, Ometz, Dubressy, agrémentée d'une mise en scène soignée, cette œuvre, qui n'est pas sans mérite, fut le succès de la saison et eut quinze représentations avec des recettes superbes. Un conseiller municipal proposa même à ce sujet, lors de la discussion du budget, de supprimer la subvention.

Représentations au profit des Hospices. — Les deux représentations prévues au cahier des charges eurent lieu, la première le 15 décembre, avec *Carmen* et un intermède musical (produit 1.185 fr. 60) la seconde le 17 février avec *Pierre d'Aragon* (produit 1.366 fr. 45).

Dernier mois d'exploitation. — Pour le mois d'avril, M. Perrouas traita avec M. Ch. Baret qui donna, dans de très bonnes conditions :

Un Fiacre à l'heure et *La Carotte*, de G. Berr, Dehère et Guillemaud ;

L'Enfant du Miracle, de Paul Gavault et Robert Charvay ;

Daisy et *La Famille du Brosseur,* de Tristan Bernard ;

La Châtelaine, d'Alfred Capus, avec Mme Jane Hading ;

La Rabouilleuse, d'Emile Favre, avec Mme Andrée Mégard, MM. Gemier et Dorival de l'Odéon, et *Le Cœur a des raisons*.

Le mois d'avril se termina par 10 représentations de la féerie de Jules Verne, *Les Enfants du Capitaine Grant*, donnée par la tournée Romain.

Incidents de la saison. — Trois des artistes, lors de leurs débuts, occasionnèrent des scènes violentes et ce furent trois ténors.

M. Cormetty, engagé comme fort ténor, avait été refusé après une représentation fort orageuse de *Sigurd* et remplacé par M. Henderson qui arrivait précédé d'une bonne réputation. Celui-ci effectua son troisième début dans *L'Africaine*, faisant preuve de beaucoup de goût et chantant d'une fort jolie voix dans la demi-teinte, mais escamotant les notes élevées. Toute la soirée, la lutte fut déclarée entre partisans et adversaires du ténor et quand le régisseur vint consulter le public, la commission prononça l'admission, malgré une opposition si vive qu'il était évident que la solution n'était pas définitive. En effet, huit jours après, M. Henderson reparaissant dans *L'Africaine*, souleva des manifestations hostiles et se décida à résilier son engagement. Il fut remplacé définitivement par M. Cornubert.

M. Massart, ténor léger d'opéra-comique, avait été admis dans des conditions analogues et dut imiter l'exemple de son camarade. Mais, chose curieuse, M. Cormetty se présenta alors pour tenir son emploi, subit les trois épreuves réglementaires et fut accepté après une bonne interprétation du rôle de don José dans *Carmen*.

Bal masqué. — Ainsi que le cahier des charges lui en faisait une obligation, M. Perrouas organisa, le Mardi-Gras, un bal masqué qui n'eut qu'un succès relatif quant au nombre des danseurs.

Représentations ayant précédé et suivi la saison lyrique.
— M. Perrouas étant entré en possession de son privilège le 1er août 1902, traita de la location de la salle avec trois impresarii qui donnèrent :

Le Marquis de Priola, de Lavedan, avec Mlle Jeanne Brindeau et M. Le Bargy, sociétaires de la Comédie-Française (26 août 1902);

Henri III et sa Cour, d'A. Dumas, avec Mme Lina Munte (16 septembre);

Boule de Suif, *Le Million* et *Son Poteau*, avec une interprétation satisfaisante (22 septembre);

Les sept représentations qui furent données en mai et juin 1903 comportèrent :

L'autre Danger, de Maurice Donnay, avec M. Le Bargy, Mme Cora Laparcerie, etc.

Les Romanesques et *Il ne faut jurer de rien*, avec Mlle Muller et M. Dehelly, de la Comédie-Française;

Heureuse, de Hennequin et Bilhaud, avec M. Noblet et Mlle Andrée Méry;

Le Cid, donné le 5 juin avec MM. Silvain, Albert Lambert fils, Mlle Delvair, tous trois de la Comédie-Française;

Le Demi-Monde, avec Mmes du Minil et Persoons, MM. Raphaël Duflos et Jacques Fenoux, de la Comédie-Française;

Le 11 mai, une soirée organisée par le Théâtre d'Art international, dirigé par M. Bour, comprenait trois pièces dont la principale était *Jeunesse*, un drame de Max Halbe, traduit par Mme Myriam Harry.

Le 15 mai, le Grand-Guignol fit connaître son répertoire spécial avec *Un Frère*, *Une affaire de mœurs*, *Le système du docteur Goudron et du professeur Plum*, etc.

Enfin, la représentation gratuite du 14 Juillet comporta *Marie-Jeanne ou la Femme du Peuple*, de d'Ennery, avec Mme Marie Tessandier dans le rôle de Marie-Jeanne qui lui avait valu un grand succès à la Porte-Saint-Martin.

Recettes. — Les 164 représentations lyriques de la saison produisirent . . . . 241.828 f. 85
Le mois d'avril, le bal et les représentations antérieures à la saison 64.217 30

Total 306.046 15

De très belles recettes furent réalisées lors des représentations données avec le concours de Mme Marié de l'Isle et de M. Clément. *Véronique* eut également une carrière très fructueuse et on relève pour cette œuvre un produit de 3.228 fr. 55 en matinée.

DIRECTION PERROUAS
Année théâtrale 1903-1904

Le Conseil municipal avait repoussé, dans sa séance du 25 novembre 1902, une proposition de M. Lefort tendant à la suppression pure et simple de la subvention, ainsi qu'une motion subsidiaire de M. Lenormand ayant pour objet d'en ramener le chiffre à 75.000 francs. Dans sa séance du 7 janvier 1903, il décida de proroger pour un an la concession de l'exploitation précédemment accordée à M. Perrouas, qui ne demandait aucune modification au cahier des charges en vigueur.

Par suite de dissentiments survenus entre le Directeur et son régisseur artistique, M. Labis, ce dernier dut cesser ses fonctions et ne prêta pas son concours à la présente campagne.

Saison lyrique. — La saison lyrique s'ouvrit le 1er octobre 1903 par *La Juive*, qui servait de début à la troupe de grand opéra. Cette période de débuts fut particulièrement mouvementée et il y eut une véritable hécatombe de ténors légers et de barytons de grand opéra. Nous aurons à revenir sur les incidents les plus marquants.

La troupe fut péniblement constituée dans le courant de janvier. Elle était ainsi composée :

MM. Bergalonne, chef d'orchestre ;
    Max Guillaume, deuxième chef d'orchestre ;
    Berton, régisseur général ;
    Moisson, fort ténor ;
    Galand, ténor léger ;
    Servais, deuxième ténor ;
    Redon, baryton de grand opéra ;
    Fuld, baryton d'opéra-comique ;
    Laskin, basse noble ;
    Dons, basse chantante ;
    Gaillard, deuxième basse ;
    Dubressy, trial ;
    Ometz, laruette ;

Mmes BARON, forte chanteuse falcon ;
Rossi, chanteuse légère de grand opéra, puis CAUX ;
CHOLAIN, chanteuse légère d'opéra-comique ;
POUDE, contralto ;
ARMÉLINY, première dugazon ;
LEBERGY, deuxième dugazon ;
LEJEUNE, duègne ;
ROZIER, maîtresse de ballet ;
Blanche MIGNON, première danseuse noble ;
Jeanne LAPOUTJE, première danseuse demi-caractère ;
CERRI, première danseuse travesti.

On se rappellera que Mme Cholain avait fait partie de la troupe dix ans auparavant en 1894-1895. De la saison précédente subsistaient Mmes Arméliny, Lebergy, Lejeune, Rozier, MM. Max Guillaume, Fuld, Servais, Ometz et Dubressy. Il y avait donc beaucoup de nouvelles figures parmi les titulaires des principaux emplois.

Répertoire lyrique. — Il se composa des vingt-six œuvres suivantes qui furent reprises :

L'Africaine (6).
Les Amours de Colombine (3).
Le Barbier de Séville (3).
Carmen (5).
Le Chalet (6)
Les Dragons de Villars (3).
Le Farfadet (6).
Faust (12).
La Favorite (5).
La Fille du Régiment (3).
Hamlet (2).
Les Huguenots (5).
La Juive (3).

Lakmé (5).
Louise (8).
Le Maître de Chapelle (3).
Manon (6).
Mireille (6).
Les Noces de Jeannette (4).
Paillasse (4).
Le Prophète (4).
Rigoletto (1).
Robert le Diable (3).
Samson et Dalila (7).
Sigurd (2).
Werther (6).

Artistes en représentation. — Plusieurs artistes vinrent remplacer des chefs d'emploi, empêchés par la maladie de paraître en scène. Il vaut mieux les passer sous silence, car ils furent bien médiocres ou bien ternes pour la plupart.

Au contraire, nous signalerons avec plaisir Mme Marié de l'Isle, de l'Opéra-Comique, qui donna une excellente interprétation des rôles de Charlotte, de *Werther*, et de Carmen.

M. Clément remporta un grand succès dans *Lakmé* et dans le *Barbier de Séville*. Avec une de ses camarades de l'Opéra-Comique comme partenaire, Mme Torrès, il chanta le rôle de Des Grieux, de *Manon*, mais il fut seul apprécié et applaudi.

Nouveautés. — Il y eut du bon et du mauvais parmi les œuvres montées au cours de la saison.

Sapho, opéra en cinq actes, de Henri Cain et Arthur Bernède, musique de Jules Massenet. Première représentation le 7 janvier 1904, avec MM. Galand (Jean Gaussin), Fuld (Caoudal), Mmes Cholain (Sapho), Poude (Divonne), Lebergy (Irène). Cette œuvre, diversement appréciée par la critique, fut donnée six fois.

Henri VIII, opéra en 4 actes et 5 tableaux, de Léonce Détroyat et Armand Sylvestre, musique de Camille Saint-Saëns, fit son apparition sur notre première scène le 29 janvier 1904. Les principaux rôles étaient tenus par MM. Redon (Henri VIII), Moisson (don Gomez de Feria), Laskin (le Légat), Dons (Norfolk), Servais (Surrey), Mmes Baron (Catherine d'Aragon), Poude (Anne de Boleyn). Le corps de ballet remporta un succès très grand. M. Riddez, de l'Opéra, chanta d'une façon remarquable le rôle d'Henri VIII aux trois dernières représentations de cette belle œuvre, qui en eut dix au cours de la saison.

Un Soir d'Eté, poème lyrique en 1 acte, de René Fauchois, musique de Maurice Lévy. Mal servie par ses interprètes, cette piécette fut jouée une seule fois le 2 mars 1904.

Zaza, comédie lyrique en 4 actes, paroles et musique de R. Léoncavallo. Première représentation le 21 mars 1904, avec Mlle Cholain et M. Galand dans les deux rôles principaux, qu'ils tinrent fort bien. Mais la faiblesse du livret et le manque absolu d'intérêt de la musique concoururent à un échec mérité, et cette pièce fut jouée seulement deux fois, produisant une recette totale de 1.500 francs.

La Légende de l'Ondine, drame lyrique inédit en 3 actes et 6 tableaux, de Jean des Villeurs, musique de Georges Rosenlecker, représenté pour la première fois au Théâtre-des-Arts le 24 mars. Insuffisamment répétée, mal montée, cette œuvre fut encore donnée deux fois.

Cinq ballets nouveaux furent mis à la scène :

Le Réveil des Nymphes, de Michiels ;

Mandolinetta, de Sudessy ;

Les Amours de Pierrot, livret de M. Berton, le régisseur général, musique de Dartillact ;

Le Triomphe des Fleurs, musique de de Schepper ;

Sylvia, de Léo Delibes.

Ce dernier, seul, eut mérité de retenir l'attention par la valeur de la partition, mais il fut mutilé, coupé et déformé, ce qui souleva les protestations indignées de la critique, et pour comble de malheur, mal dansé.

Répertoire d'opérette. — Nous avons le regret de constater que ce fut une opérette qui, cette année-là encore, obtint le plus grand nombre de représentations.

Dans ce genre eurent lieu les reprises suivantes :

Barbe-Bleue (3).   *La Grande Duchesse* (2).
Boccace (4).   *Miss Helyett* (4).
Les Cloches de Corneville (4).   *Les Mousquetaires au Couvent* (3).
La Fille de Madame Angot (6).   *Rip-Rip* (4).
Le Grand Mogol (2).   *Véronique* (5).

Deux œuvres nouvelles furent montées :

Les Saltimbanques, de Maurice Ordonneau, musique de Louis Ganne. Première représentation le 30 octobre 1903, avec MM. Fuld, Servais, Dubressy, Ometz, Mmes Arméliny, Lebergy, Lejeune. Dans cette pièce, pour laquelle la Direction s'était mise en frais, on voyait au 2e acte une parade de foire, des acrobates, des fantoches, une danseuse faisant de l'équilibre sur un fil de fer ! Ce véritable spectacle de foire Saint-Romain fut donné dix-sept fois, produisant une recette de 22.000 francs. Le Directeur pouvait trouver que tout allait pour le mieux, mais tout le monde ne partageait pas son avis, et la subvention fut remise en question par M. Plantrou au Conseil municipal, en pure perte d'ailleurs.

Yetta, de Fernand Bessier, musique de Charles Lecocq. N'insistons pas sur ce four qui fut donné devant une salle à peu près vide, une seule et unique fois, le 25 janvier 1904.

Représentations au profit des Hospices. — Elles eurent lieu le 22 décembre 1903 et le 10 février 1904, avec *Werther* (1.204 fr. 25) et *Faust* (842 fr. 85).

Bal masqué. — Il fut organisé le Mardi-Gras, 16 février, et eut un succès relatif. Les danseurs amateurs furent excessivement rares ; les choristes et les ballerines furent à peu près les seuls à se divertir.

Dernier mois d'exploitation. — Pendant le mois d'avril on donna :

L'Ecole des Belles-Mères et *Maternité*, deux comédies de Brieux ;

Ruy-Blas, avec Mme Lara et M. Jacques Fenoux, de la Comédie-Française ;

La Fille de Roland, avec Mme Segond-Weber, MM. Albert Lambert fils et Paul Mounet, de la Comédie-Française ;

Le Dédale, de Paul Hervieu, avec Mlle Bartet, de la Comédie-Française ;

Les Effrontés, d'Emile Augier, avec Mlle Sorel, MM. Truffier et Baillet, de la Comédie-Française ;

Le Maître de Forges et *La Cagnotte*.

Incidents de la saison. — Mentionnons tout d'abord le décès survenu à l'Hôtel-Dieu, le 3 novembre 1903, de Mlle Ferraro, seconde danseuse demi-caractère, qui avait tenu l'emploi de danseuse noble en 1890-1891 et 1896-1897, et celui de danseuse demi-caractère en 1892-1893 et 1893-1894.

Les débuts, comme nous l'avons dit, furent assez agités, et quelques faits sont à retenir.

Le 16 octobre, *Les Huguenots* servaient de troisième début, notamment à M. Viaud, baryton, dans le rôle de Nevers, et à M. Béguin, basse chantante, dans le rôle de Saint-Bris. Après le quatrième acte, le public ayant été consulté sur le sort de chacun d'eux, M. Viaud, en dépit d'une opposition très forte, fut d'abord proclamé admis par la Commission ; puis, le tumulte redoublant, le régisseur déclara que l'artiste ferait un quatrième début, mais quelques instants après, revint dire qu'il y avait eu erreur et que l'admission était définitive.

Il y avait donc de l'orage dans l'air, et, quand il s'agit de prendre une décision à l'égard de M. Béguin, les sifflets reprirent de plus belle ; mais, cette fois encore, la Commission prononça l'admission.

La représentation ne put alors continuer, malgré des apparitions répétées du régisseur, qui se montrait d'ailleurs un peu nerveux, sortait sa montre avec affectation et irritait la salle davantage. Il profita, cependant, d'un moment d'accalmie pour faire admettre Mme Baron et M. Laskin ; mais on dut, devant l'opiniâtreté des manifestants, baisser le rideau de fer, sans que le cinquième acte eût même été commencé. Il était une heure et demie !

Sans être prophète, et au seul souvenir du passé, on pouvait prédire ce qui arriverait dans la suite. M. Viaud le comprit et résilia son engagement ; mais M. Béguin s'entêta, et voulut bénéficier de la décision de la Commission. Mal lui en prit, car, quelques jours après, il fut accueilli par des sifflets dans *Le Chalet*, malgré le zèle des agents à expulser les manifestants. Ceux-ci ne désarmèrent pas et eurent gain de cause : l'artiste ayant occasionné un scandale dans *Manon*, le Maire prit, séance tenante, un arrêté lui interdisant la scène du Théâtre-des-Arts. M. Dons le remplaça rapidement ; mais pour tenir l'emploi du baryton, quatre artistes défilèrent, dont trois durent résilier sans oser affronter le troisième début. Le quatrième, M. Redon, fut enfin admis, grâce à une claque admirablement organisée, après une interprétation très faible du rôle du roi dans *La Favorite*, et fit plutôt regretter ensuite la rigueur dont M. Viaud avait été l'objet.

L'emploi de ténor léger fut également pénible à pourvoir ; M. Galand, qui trouva grâce devant le public, était le sixième débutant ! On devine que les cinq autres ne furent pas refusés ou amenés à résilier sans bruit.

Il en fut de même d'un baryton de passage qui ne savait pas l'arioso du cinquième acte d'*Hamlet*, « Comme une pâle fleur ». L'orchestre ayant sauté ce passage et le public ayant réclamé, l'artiste vint chanter l'air avec la partition à la main. Mais le bruit ne cessa pas : on se demandait comment un baryton ignorait cet arioso si connu et si classique.

Grève des musiciens. — Un incident digne d'être mis à part faillit amener la fermeture du Théâtre-des-Arts en pleine saison.

Malgré la clause de leur engagement permettant à la Direction de les faire jouer *deux fois par jour au besoin*, les musiciens de l'orchestre demandèrent pour chaque matinée une rétribution spéciale, et, sur le refus de M. Perrouas, se mirent en grève. Le vendredi 1er janvier 1904, le spectacle de la matinée comportant le ballet de *Faust* et *Les Saltimbanques*, aucun musicien n'était à son pupitre ; quelques spectateurs ayant réclamé la pièce avec accompagnement de piano, la direction s'empressa de leur donner satisfaction, et devant une salle bien garnie, M. Max Guillaume accompagna le ballet, et M. Hella, *Les Saltimbanques*. Rarement on vit un pareil succès, et la chose n'était assurément pas banale. Mais pour la soirée, il n'en pouvait être de même avec *Sigurd*, c'eut été bien cruel pour Reyer. La Direction annonça donc que la représentation n'aurait pas lieu et que le théâtre était fermé jusqu'à nouvel ordre. Elle se demandait, en effet, si elle n'allait pas invoquer l'article 13 des engagements de chacun des artistes prévoyant le cas de grève et lui donnant alors le droit de faire cesser les appointements de tout le personnel à compter du jour de cette fermeture.

Les délégués des musiciens, devant cette éventualité, fort préjudiciable à des camarades bien innocents de l'aventure, firent revenir leurs collègues sur leur décision et tout rentra dans l'ordre.

Nous devons dire que M. Perrouas renonça à son droit de faire payer à ses musiciens l'amende stipulée pour refus de service, mais que, par contre, ceux-ci, à la matinée suivante, massacrèrent la partition de *Faust,* se vengeant ainsi sur le public qui n'y était pour rien !

Centième de l'Africaine. — Le 21 janvier 1904, la représentation de *L'Africaine* étant la centième donnée depuis la reconstruction de la salle, la Direction voulut donner quelque solennité à cette soirée, mais eut la bizarre idée de supprimer le cinquième acte et de le remplacer par *La Marche aux Flambeaux*, exécutée par l'orchestre ; puis, M. Paul Delesques dit des vers en l'honneur de Meyerbeer, dont on couronna le buste.

Représentations ayant précédé et suivi la saison. — En août et septembre 1903, des troupes de passage organisèrent les représentations dont nous allons donner l'énumération :

Le Bossu, drame de Paul Féval et A. Bourgeois ;

Madame Sans-Gêne, avec une excellente interprétation, en tête de laquelle Mme Gabrielle Berny ;

Claudine à Paris et *Médecine aux Champs*, avec Mme Biana Duhamel, notre concitoyenne, la créatrice de *Miss Helyett*, et Dieudonné, du Vaudeville ;

Blanchette, de Brieux, avec un troisième acte retouché, *L'Anglais tel qu'on le parle* et *Le Gendarme est sans pitié*, avec M. Baret dans les principaux rôles ;

Monsieur Mansuet, de Galipaux, et *Bas Bleu*, de Valabrègue, avec Galipaux lui-même ;

Enfin, *Les Dernières Cartouches*, le drame de Jules Mary et Rochard.

Et pour terminer son privilège, M. Perrouas offrit, en mai et juin 1904, quelques spectacles joués par des troupes de passage :

Le Cid et *Les Précieuses Ridicules* par la tournée Chataignié ;

Les Sentiers de la Vertu, de MM. de Flers et de Caillavet, et *Les Jeux de l'Amour et du Houzard*, de Moineaux et Bocage, avec la tournée Baret ;

Cyrano de Bergerac, avec M. Jean Darragon ;

Rodogune fut donnée le 10 juin à l'occasion de l'anniversaire (à quelques jours près) de la naissance de Pierre Corneille, qui tombait précisément pendant les Fêtes Normandes, avec une interprétation superbe : Mmes Dudlay, Segond-Weber, Louise Silvain ; MM. Albert Lambert, Leitner, Delaunay et Ravel, tous de la Comédie-Française ;

Le Jumeau, vaudeville de notre concitoyen M. Jacques Monnier et de E. Larcher, avec Galipaux comme principal interprète.

Le Retour de Jérusalem, de Maurice Donnay, avec Duményi, Bour, Mme Gladys-Maxance, etc.

Enfin, la représentation du 14 Juillet fut organisée par Mme veuve Perrouas, M. Perrouas étant décédé le 3 juin précédent. Elle comporta *Patrie*, le drame de V. Sardou.

Recettes. — M. Perrouas réalisa les recettes suivantes :

Représentations lyriques (cent soixante-cinq).	215.113 f. 80
Mois d'avril, bal, représentations extra-lyriques.	54.969 45
Total. . . .	270.083 f. 25

Cette saison vit vingt-sept représentations populaires, dont neuf pour le seul mois de février.

Chose curieuse, *Les Saltimbanques* qui firent de fortes recettes, dont une de 3,122 fr. 60, donnèrent également la plus faible : 206 fr. 50.

Le maximum, 3,290 fr. 10, fut atteint par *La Juive* le jour de l'ouverture de la saison.

DIRECTION MÉTOT ET QUEVAL.
DIRECTION QUEVAL.
DIRECTION Raoul FRANÇOIS ET Cie.

Année théâtrale 1904-1905.

Le Conseil municipal arrêta, dans sa séance du 22 janvier 1904, le cahier des charges qui devait régir la prochaine campagne.

Des modifications qui furent apportées à ce document, nous retiendrons seulement les plus importantes.

Le Conseil, estimant avec raison qu'un commissaire de police peut être un excellent magistrat, tout en restant étranger aux choses du théâtre, réduisit son rôle lors du troisième début des artistes : les trois membres de la Commission étaient seuls chargés d'apprécier le verdict du public et l'indiquaient au Commissaire de service, dont l'opinion ne comptait plus.

Pour laisser toute initiative aux Directeurs actifs et ne pas retarder la mise à la scène d'ouvrages nouveaux, les débuts des artistes, sauf le troisième, pouvaient s'effectuer dans des œuvres n'ayant pas encore été jouées à Rouen.

Enfin, pour éviter le surmenage des artistes et du personnel, il était stipulé que les jours où aurait été donnée une matinée, chacun des spectacles ne pourrait durer plus de quatre heures et demie.

Cette question du cahier des charges donna lieu à des observations de la part de MM. Lerefait et Gervais, qui trouvaient que la subvention ne remplissait pas son but dans un théâtre où l'opérette tenait une si grande place. Le Docteur Lerefait proposait logiquement, pour en justifier le maintien, d'exclure rigoureusement l'opérette du répertoire et d'inviter la Direction à donner quelques concerts classiques pour relever le niveau artistique de Rouen. On verra par la suite que ces justes desiderata n'eurent aucun commencement de satisfaction.

Plusieurs candidatures se manifestèrent, mais celle de MM. Métot et Queval, appartenant tous deux à l'orchestre du

Théâtre, subsista seule et fut agréée par le Conseil municipal dans sa séance du 12 février 1904.

La saison lyrique s'était ouverte le 5 octobre et marchait tant bien que mal quand, le 9 décembre, MM. Métot et Queval décidèrent d'un commun accord de dissoudre la Société en nom collectif formée entre eux pour l'exploitation du Théâtre-des-Arts. M. Queval était désigné pour liquider la Société et assurer l'achèvement de la saison commencée.

Mais des bruits circulaient, représentant le nouveau Directeur comme fort embarrassé dans ses affaires ; les recettes ne suffisaient pas à couvrir les dépenses, bref, comme on s'y attendait, M. Queval demanda sa liquidation judiciaire le 8 février 1905.

L'actif de la liquidation était de 38,000 francs et le passif s'élevait à 87,000 francs, d'où un déficit de 49,000 francs. Grâce aux cautionnements, le petit personnel, dont les émoluments ne dépassaient pas 300 francs, fut payé, le surplus fut encaissé par le liquidateur, M° Delpire, agréé, qui en fit la répartition entre les ayants-droits.

Après des pourparlers engagés entre la Ville et MM. François et Cie, l'exploitation du Théâtre fut concédée à ceux-ci à compter du 12 février 1905 jusqu'au 31 juillet suivant, aux conditions du précédent cahier des charges jusqu'au 9 avril seulement. Le genre et le nombre de représentations pour le septième mois restaient facultatifs ; dans le cas où, pendant la période comprise entre le 12 février et le 9 avril, les recettes ne couvriraient pas les dépenses, la Ville s'engageait à solder le déficit jusqu'à concurrence de 15,000 francs au maximum, et à forfait.

Le Théâtre-des-Arts n'était resté fermé que pendant cinq jours.

En prenant la Direction, M. François avait proposé aux artistes une réduction de 20 0/0 sur leurs appointements ; tous y consentirent, sauf Mme Genin, duègne, qui fut remplacée par Mme Jeanne Andrée, et M. Andrieux, deuxième ténor, qui fut remplacé par M. Noël.

Nous allons reprendre maintenant le résumé de la saison, suivant le plan adopté, sans distinguer sous quelle direction tel ou tel fait est survenu.

Saison lyrique. — Elle commença le 5 octobre par *Faust* et les débuts donnèrent lieu à quelques incidents qui seront rappelés sous leur rubrique spéciale.

Enfin, non sans quelques difficultés, notamment pour l'emploi de fort ténor, la troupe fut définitivement constituée comme suit :

MM. BERGALONNE, chef d'orchestre ;
HELLA, deuxième chef d'orchestre ;
CARBONNEIL, régisseur général ;
FÉODOROW, fort ténor ;
CORMETTY. ténor léger ;
ANDRIEUX, deuxième ténor, puis NOEL ;
GRIMAUD, baryton de grand opéra ;
SAIMPREY, baryton d'opéra-comique ;
PATY, basse noble ;
DONS, basse chantante ;
COMPANS, deuxième basse ;
OMETZ, trial ;
DUPREY, laruette ;

Mmes DUVALL-MELCHISSÉDEC, forte chanteuse falcon ;
LEMEIGNAN, chanteuse légère de grand opéra ;
Simonne d'ARNAUD, chanteuse légère d'opéra-comique ;
BONHEUR-CHAIS, contralto ;
FRÉDAX, première dugazon ;
Blanche ROGER, deuxième dugazon ;
GÉNIN, duègne, puis Jeanne ANDRÉE ;
HENNECART, maîtresse de ballet ;
Blanche MIGNON, première danseuse noble ;
MOZZI, première danseuse demi-caractère ;
DEREMAKER, première danseuse travesti.

En dehors de MM. Bergalonne, Dons et Ometz et de Mlle Blanche Mignon qui faisaient partie de la précédente troupe, on retrouvait des noms connus, tels ceux de M. Carbonneil, régisseur général, la seconde basse de 1899-1900, de M. Cormetty, l'ancien fort ténor transformé en ténor léger

(1902-1903), M. Grimaud, le baryton des deux saisons 1899-1900 et 1900-1901, Mme Duvall-Melchissédec, l'ancienne directrice et forte chanteuse de 1901-1902, Mme Lemeignan qui avait déjà fait trois saisons à Rouen (1897-1898, 1899-1900, 1900-1901).

M. Hella avait été pianiste-accompagnateur et organiste l'année précédente ; de même Mme Mozzi avait été seconde danseuse demi-caractère ; tous deux montaient donc en grade.

Mme Jeanne Andrée avait chanté en 1883 La Princesse des Canaries.

Enfin, Mme Hennecart nous revenait de loin : elle avait été en effet première danseuse sous les deux directions Lemoigne, en 1874-1875 et 1875-1876, c'est-à-dire pendant les deux dernières années du précédent Théâtre-des-Arts.

Répertoire lyrique. — Vingt-quatre opéras et opéras-comiques furent repris pendant la saison :

L'Africaine (2).	La Juive (5).
Aïda (2).	Lakmé (5).
Carmen (6).	Lohengrin (3).
Cavalleria Rusticana (2).	Manon (8).
Le Chalet (4).	Mignon (5).
Les Dragons de Villars (3).	Mireille (5).
Faust (10).	La Navarraise (5).
La Favorite (3).	Les Noces de Jeannette (2).
Hamlet (6).	Roméo et Juliette (2).
Henri VIII (3).	Samson et Dalila (7).
Hérodiade (5).	Sigurd (7).
Les Huguenots (7).	La Vie de Bohème (7).

Artistes en représentation. — Parmi les artistes venus en représentation, plusieurs firent montre de remarquables qualités.

Mme Soyer, de l'Opéra, se fit entendre à nouveau dans Samson et Dalila et y retrouva le même succès.

Mlle Thévenet, de l'Opéra-Comique, interpréta brillamment le rôle de Carmen ; Mlle Kerlord, également de l'Opéra-Comique, s'y était montrée plus ordinaire, ainsi d'ailleurs que Mme Bonheur-Chais, la contralto de la troupe.

Dans le rôle de la princesse Eudoxie, de La Juive, Mlle Ruppert fit preuve de beaucoup d'intelligence de la scène.

M. Baër, de l'Opéra, qui tenait alors le rôle du Diable dans *Grisélidis*, chanta le rôle de Méphistophélès; de *Faust*, en véritable artiste. M. Fournets, de l'Opéra, y fit admirer à son tour une science, une méthode et une voix admirables.

M. Clément remporta, à son habitude, un vif succès dans le rôle de Rodolphe, de *La Vie de Bohème*.

M. Girod, de la Monnaie de Bruxelles, ancien premier violon du Théâtre des-Arts, chanta avec beaucoup de charme et de goût le rôle de Vincent, de *Mireille*.

M. Daubigné, un jeune ténor, chanta gentiment le rôle du prophète Jean, d'*Hérodiade*.

Deux anciennes connaissances des Rouennais se firent entendre : M. Louyrette, dans le rôle du Cardinal, de *La Juive*, et M. Hugues (ex-Anastay) dans le rôle de Radamès, d'*Aïda*.

Nous avons gardé pour la fin M. Zocchi, de l'Opéra-Comique, qui eut une mésaventure digne d'être contée.

Cet artiste, dans le rôle de Gérald, de *Lakmé*, avait remporté un tel succès le vendredi 24 février que M. François lui demanda d'y paraître encore le dimanche suivant en matinée. On lui avait promis de réduire les entr'actes au strict minimum, de façon à lui permettre de prendre le train de marée de 4 h. 58, car il devait le soir même chanter *Cavalleria Rusticana* en lever de rideau à l'Opéra-Comique. Tout se passa selon les prévisions, le spectacle était terminé à 4 h. 15; mais on apprit que, par suite du mauvais temps, le train de marée aurait plus d'une heure de retard. Le malheureux ténor se vouait à tous les saints pour ne pas encourir les rigueurs du règlement, quand un de nos concitoyens, le spirituel critique du *Rouen-Théâtre*, Jean Wisky, s'offrit à le conduire en automobile jusqu'à Mantes si en cette ville on pouvait trouver un train en partance pour la capitale, sinon jusqu'à Paris.

M. Zocchi, couvert de manteaux et de fourrures, accepta, et l'on partit à toute allure, si bien qu'à Pont-de-l'Arche les gendarmes voulurent faire une contravention pour excès de vitesse. Le temps ainsi perdu fit manquer un train à Mantes et c'est seulement à Saint-Germain que notre ténor put monter en chemin de fer.

D'ailleurs, le Directeur de l'Opéra-Comique, prévenu téléphoniquement, avait consenti à intervertir l'ordre du spectacle. Tout est bien qui finit bien.

Nouveautés. — On monta au cours de la saison quatre œuvres, non encore jouées à Rouen, et qui n'eurent pas toutes le même sort. Elles étaient, il faut bien le dire, de mérite inégal.

La Reine Fiammette, conte dramatique en 4 actes et 6 tableaux, de Catulle Mendès, musique de Xavier Leroux. Ce petit chef-d'œuvre, fort bien monté sous la direction de l'auteur, qui en avait réglé lui-même tous les détails, fut donné pour la première fois le 28 décembre 1904, sous la conduite du compositeur. Par suite de l'indisposition de Mlle Simonne d'Arnaud, le rôle de la petite Reine fut confié à Mlle Marthe Chassang, qui fit apprécier des qualités de chanteuse et de comédienne. Les autres rôles étaient tenus par MM. Cormetty (Danielo), Grimaud (Giorgio d'Ast), Dons (César Sforza), Saimprey (Lucagnolo), Mlles Fredax, Roger, Dornay, etc... De superbes décors avaient été brossés par M. Rambert, et tout concourut au succès. *La Reine Fiammette* eut ainsi douze représentations ; ajoutons qu'à la quatrième, M. Bergalonne reprenait le fauteuil de chef d'orchestre et Mlle Simonne d'Arnaud le rôle d'Orlanda.

Maître Wolfram, opéra-comique, de Méry et Théophile Gautier, musique d'Ernest Reyer. Cette œuvre de jeunesse de l'auteur de *Sigurd* (elle datait de 1854) fut jouée une seule fois sur notre première scène le 1er février 1905, avec Mlle Simonne d'Arnaud, MM. Saimprey et Dewargnès, ce dernier ténor d'opérette.

Suzel, drame lyrique inédit en 3 actes, de Julien Goujon et Arthur Bernède, musique d'André Pollonais, n'eut également qu'une représentation le 10 mars 1905, malgré le bon accueil que fit le public à la pièce et à ses interprètes, Mlle Dereims, de l'Opéra, et Lemeignan, MM. Grimaud, Saimprey, Cormetty, Compans, Dewargnès.

Grisélidis, conte lyrique en 3 actes et un prologue, d'Armand Sylvestre et Eugène Morand, musique de Massenet. La première représentation en eut lieu le 29 mars 1905 et fut suivie de quatre autres. M. Baër, de l'Opéra, personnifiait le Diable. Les autres rôles étaient tenus par Mme Melchissédec (Grisélidis),

M. Grimaud (le marquis de Salmes), M. Cormetty (Alain), Mlles Frédax, Roger, etc... Ajoutons que cette partition avait été déjà donnée à Rouen le 22 mai 1902, à la salle Bellefonds, par Mlle Bignou et ses élèves.

Passons aux ballets nouveaux.

Nizéa, ballet en 1 acte, de Jules Fortin et Camille Lafont, musique de Domergue de la Chaussée, représenté le 15 décembre 1904. Cette œuvre intéressante, bien montée et bien réglée, fut encore dansée cinq autres fois.

Les Fleurs animées, musique de Henri Schubert. Ce divertissement, sans prétention, fut donné le 1er et le 6 février 1905.

Il y a lieu de signaler sous la rubrique des Nouveautés une audition d'orchestre de *Catherine de Sienne*, donnée le samedi 8 avril devant un certain nombre d'invités. La partition de cet opéra était due à M. Bouriello, le compositeur aveugle dont on avait déjà joué un ballet, *Fiamma*, le 26 décembre 1902. M. François lui donnait ainsi une petite satisfaction, car il n'avait pu tenir la promesse que lui avait faite M. Queval de mettre à la scène son opéra au cours de la saison.

Répertoire d'opérette. — Les opérettes suivantes furent reprises :

Les Brigands (3).
La Cigale et la Fourmi (6).
L'enlèvement de la Toledad (3).
La Fille de Mme Angot (7).
La Fille du Tambour-Major (5).
Madame Favart (1).
La Mascotte (5).
Les Mousquetaires au Couvent (3).
Les P'tites Michu (4).
Les 28 jours de Clairette (5).

M. François eut l'idée, tout au moins originale, de confier à la troupe de grand opéra l'interprétation de la *Fille de Madame Angot*. Mme Melchissédec remplit le rôle de Mlle Lange, Mlle Lemeignan celui de Clairette, M. Grimaud celui d'Ange Pitou, M. Paty celui de Louchard, M. Saimprey celui de l'Incroyable, M. Noël celui de Pomponnet.

Cette tentative avait été fort discutée avant la représentation, mais elle obtint un grand succès. La première fut donnée au bénéfice de M. Bergalonne et fut suivie de six autres. La célèbre opérette produisit ainsi plus de 14.000 francs de recettes.

Représentation au profit des Hospices. — Une seule représentation eut lieu le 16 décembre et se composa de *La Vie de Bohème* et du ballet de *La Cigale et la Fourmi* (recette 991 fr. 65). En remplacement de la seconde, M. François versa la somme convenue à l'Administration.

Concert. — Le 18 février 1905, le Comité des Fêtes Normandes organisa un concert vocal et instrumental sous le titre de Fête de la Chanson. On y entendit Mmes Simonne d'Arnaud et Melchissédec, MM. Féodorow, Grimaud, Andrieux, Mme Amel, de la Comédie-Française, Xavier Privas, Jacques Ferny, la musique du 74º de ligne, etc.

Conférence. — Quoique tout à fait étrangère à l'art théâtral, nous devons mentionner la conférence faite au Théâtre-des-Arts, le 3 décembre 1904, par le docteur Otto Nordenskjold, le célèbre explorateur du pôle antarctique, sur l'invitation de la Société Normande de Géographie.

Incidents de la saison lyrique. — Les incidents furent, en somme, assez rares en ce qui concerne les débuts.

Disons tout de suite à ce sujet que dans sa séance du 24 août 1904, la Commission consultative avait décidé que les spectateurs s'abstenant de manifester leur avis, seraient considérés comme opposés à l'admission de l'artiste en cause. C'était la condamnation, sans appel, du vieux proverbe « qui ne dit mot consent », comme le faisait remarquer *Le Nouvelliste*.

L'emploi de fort ténor donna du fil à retordre à la Direction. Sur le tableau de la troupe on voyait figurer deux noms, celui M. Bailhé et celui de M. Mirc, mais quand les répétitions commencèrent, il fallut en rabattre, et on n'osa produire ni l'un ni l'autre devant le public. M. Le Riguer fut donc engagé dès le 9 octobre, et après deux débuts houleux dans *L'Africaine* et *La Juive*, résilia son engagement avant de paraître dans *Sigurd*, sa dernière épreuve.

M. Bucognani, qui vint ensuite, résilia également son engagement, en prévision d'un échec à peu près inévitable.

Enfin, M. Féodorow fut admis le 8 décembre.

Mais qu'étaient devenus les deux ténors primitifs ? L'un, M. Mirc, accepta la résiliation de son engagement, en faisant savoir, toutefois, que si un enrouement ne l'avait pas empêché de chanter, son organe et son talent lui auraient valu des applaudissements !

Quant à M. Bailhé, il voulut à toute force faire ses débuts et parut pour la première fois dans *Les Huguenots*. Son sort ne fut pas long à être réglé, car après le second acte, il dut accepter la résiliation réclamée par le public.

A cette même représentation, M. Dons ayant été légèrement chuté au quatrième acte au milieu de la Bénédiction des poignards, quitta brusquement la scène, laissant en plan les moines, les conjurés et le public.

Sur les instances du régisseur, les spectateurs, bien disposés ce soir-là, permirent à l'artiste de continuer son rôle, et l'affaire était absolument oubliée quand M. Dons la réveilla maladroitement en menaçant du Procureur de la République Jean Wisky qui avait spirituellement critiqué l'incident dans son journal *Rouen-Théâtre*. M. Dons était surtout blessé de deux mots latins qu'il ne comprenait pas et qui n'avaient d'ailleurs aucun sens désobligeant pour lui : « *Caveat Consul.* »

L'affaire n'eut pas d'autre suite, mais pendant quelque temps Jean Wisky, chaque fois qu'il parlait de M. Dons, avait soin de faire suivre son nom de quelques mots latins. On crut à un moment que toutes les *Bucoliques* y passeraient, mais les rieurs n'étaient pas du côté de Saint-Bris.

Grève des choristes. — Suivant l'exemple qui leur avait été donné l'année précédente par les musiciens de l'orchestre, les choristes se mirent en grève le dimanche 23 octobre 1904 dans le but d'obtenir une rétribution supplémentaire de 5 francs par matinée. L'article 1er de leur engagement était cependant formel et autorisait la Direction à les faire chanter une ou plusieurs fois par jour ; mais le mot d'ordre venait de l'Union Syndicale de Paris.

La représentation des *Huguenots* n'eut donc pas lieu et le théâtre resta fermé le dimanche soir et le lundi.

Sur l'intervention du Maire de Rouen, un arrangement fut

conclu, dont la Direction faisait tous les frais : elle consentait, en effet, à payer aux choristes un cachet de 2 fr. 50 par matinée et à ne leur réclamer aucune amende pour inexécution des clauses de leurs engagements.

Représentations ayant précédé ou suivi la saison. — Une seule représentation dramatique fut donnée entre la date de la prise de possession de la Direction par MM. Métot et Queval et l'ouverture de la saison lyrique : elle eut lieu le 15 septembre 1904 et se composa d'*Hernani*, avec Mlle Delvair et M. Dessonnes, tous deux de la Comédie-Française.

Après le 9 avril 1905, le genre d'exploitation et le nombre des représentations restaient facultatifs, aux termes du traité passé entre la Ville et M. François, qui avait la jouissance du théâtre jusqu'au 31 juillet suivant.

Pendant cette période divers spectacles furent organisés.

Le 12 avril, la tournée Baret interpréta *La Gueule du Loup* et *Asile de Nuit*.

Puis le Théâtre Normand, fondé en 1884 par M. Fernand Halley, ouvrit, au Théâtre-des-Arts, une campagne qui commença le 29 avril 1905 et pour laquelle le Conseil municipal avait voté une subvention de 1,000 francs.

Le premier spectacle se composa de *Le Septième jour*, de Mme Amélie Villetard, et de *Eline de Rouen*, drame en 5 actes, de Jules de Marthold.

Le second se composa de *Un Orage*, comédie en 1 acte, de M. Robert Pinchon, le critique dramatique et musical du *Journal de Rouen*; *Le Jouet*, pièce en 3 actes, de MM. Guy de Téramond et Level ; *Trois Tourtereaux*, comédie en 2 actes, de MM. Jacques Monnier et Jean Guéret.

Toutes ces œuvres furent données encore pendant six représentations, et l'entreprise atteignit ainsi le 8 mai ; mais les recettes étaient excessivement modestes.

La Direction du Théâtre-Normand, pour pouvoir préparer une nouvelle série d'œuvres inédites, donna, les 11, 12 et 14 mai, *L'Abbé Constantin*, avec une interprétation bien faible, puis annonça, enfin, que devant l'indifférence du public elle se trouvait obligée d'avancer la clôture de la saison.

Les artistes engagés pour cette série organisèrent alors à leur bénéfice une représentation qui eut lieu au Théâtre-Français, mais dont le résultat matériel fut peu brillant.

M. de Féraudy vint ensuite le 30 mai avec Mlle Robinne interpréter *Brichanteau,* pièce tirée par lui du roman de Jules Claretie.

Précédée de *L'Ecole des Belles-Mères,* la nouvelle pièce de Brieux, *Les Avariés,* fut donnée le 2 juin par la tournée Baret.

A l'occasion de l'anniversaire de la naissance de Pierre Corneille, la Compagnie Chataignié représenta, le 6 juin, *Polyeucte,* suivi du *Malade Imaginaire.*

Le Comité constitué sous la présidence de Jean Revel pour le rachat du pavillon de Gustave Flaubert à Croisset, organisa, le 7 juin, une soirée artistique, musicale et littéraire qui obtint un vif succès (recette 2895 fr. 50). Une conférence de M. Albert Sorel, de l'Académie Française, sur l'œuvre de notre illustre concitoyen, fut suivie de lectures de fragments de *Madame Bovary,* de *Salammbô,* etc., par Mounet-Sully, Albert Lambert fils, Mlles Delvair et Pierat, tous de la Comédie-Française. Le spectacle, un peu touffu d'ailleurs, avait débuté par une partie musicale dans laquelle le public rouennais put apprécier pour la première fois la jolie voix et le talent de notre autre concitoyen, M. Raymond Chanoine-Davranches.

Une série de cinq représentations données par la tournée Baret, et pour laquelle des abonnements spéciaux avaient été créés, eut lieu du 10 au 14 juin. Elle comprit :

L'Adversaire, de Alfred Capus et Emmanuel Arène ;

La Gueule du Loup et *L'Anglais tel qu'on le parle ;*

Les Sentiers de la Vertu, de de Flers et de Caillavet, et *Asile de Nuit ;*

Petite Bonne sérieuse, de G. Timmorey et J. Manousse, *L'Ecole des Veufs,* de G. Ancey, et *La Mineure,* de Jean Jullien ;

Enfin, *Le Duel,* d'Henri Lavedan.

La représentation gratuite du 14 Juillet comporta *La Fille de Roland,* à l'issue de laquelle Mlle Renée Cogé déclama superbement *La Marseillaise.*

Recettes. — Les cent cinquante-trois représentations lyriques produisirent une somme de . . . . . . 226.091 f. 60
Les représentations ayant précédé ou suivi la saison, celle de 21.065 65

Ensemble . . . 247.157 f. 25

Sous la direction François, il y eut une véritable débauche de populaires : on en compte vingt-trois du 6 février au 9 avril, soit environ onze par mois.

Faits divers. — Au début de la saison, MM. Métot et Queval décidèrent de supprimer l'obligation, pour le spectateur sortant à l'entr'acte, de prendre la carte qu'il fallait remettre jusque-là à l'huissier placé près du contrôle. Le spectateur pouvait ainsi aller et venir sans autre formalité que la présentation du ticket pris au bureau ou à la location et qu'il devait par conséquent conserver soigneusement.

C'était évidemment plus simple et on évitait ainsi l'encombrement aux portes de sortie les jours d'affluence, mais la vieille coutume de la contre-marque ne tarda pas à reprendre ses droits.

Dès son arrivée, M. François avait rétabli les prix réduits du dimanche soir, soit 3 francs pour les loges et baignoires, les fauteuils d'orchestre et de balcon et les stalles de parquet.

DIRECTION F. CAMOIN

Année théâtrale 1905-1906.

Dès le 30 décembre 1904, le Conseil municipal avait adopté le cahier des charges à imposer à la Direction pour la campagne 1905-1906.

Les modifications au précédent n'étaient ni importantes, ni nombreuses.

Tout d'abord on revenait à l'usage de concéder pour trois ans la durée de l'exploitation, avec faculté pour chacun des contractants de résilier leur traité au 31 juillet de chaque année, à charge de se prévenir mutuellement avant le 1er janvier de l'année en cours.

L'orchestre devait comprendre au moins 30 musiciens pour les représentations d'opérette.

En cas de prolongation des débuts au delà du maximum de deux mois, le Maire avait jusqu'alors le droit ou de résilier la concession ou de retenir, à titre de clause pénale, une somme de 100 francs par artiste et par jour de retard. Cette dernière sanction parut suffisante et fut seule maintenue.

Enfin, le genre d'exploitation du septième mois, au lieu d'être laissé au choix de la Commission consultative, était confié à l'appréciation du Directeur, la Commission se bornant à donner son avis.

Plusieurs candidatures, paraît-il, se produisirent, mais la Commission n'en retint que deux : celle de M. Mondaud, ancien directeur artistique du Théâtre de Lyon, qui avait tenu l'emploi de baryton de grand opéra pendant les saisons 1889-1890 et 1890-1891, et celle de M. Camoin, directeur du Théâtre d'Angers.

M. Mondaud ayant demandé des modifications au cahier des charges qui remettaient tout en question, M. Camoin se trouvait seul en ligne et fut nommé directeur pour trois ans le 1er février 1905.

Saison lyrique. — Elle s'ouvrit le 6 octobre avec *Les Huguenots*. La période des débuts présenta quelques incidents et ne se termina que le 4 janvier, époque où la troupe se trouva enfin complète. Elle était composée comme suit :

MM. Claudius, chef d'orchestre ;
Delcellier, deuxième chef d'orchestre ;
Riza-Danel, régisseur général ;
Moisson, fort ténor ;
Bourrillon, ténor léger ;
Descombes, deuxième ténor ;
Grimaud, baryton de grand opéra ;
Brialmont, baryton d'opéra-comique ;
Vinche, basse noble ;
Richemont, basse chantante ;
Rivet, deuxième basse ;
Ometz, trial ;
Bargel, laruette ;

Mmes Jervait-Kossa, forte chanteuse falcon ;
Milcamps, chanteuse légère de grand opéra ;
Dupré, chanteuse légère d'opéra-comique ;
d'Hasty, contralto ;
Lagard, première dugazon ;
Théry, deuxième dugazon ;
Méa, duègne ;
Hennecart, maîtresse de ballet ;
Savio, première danseuse noble ;
Bisterriegt, première danseuse demi-caractère.
Albers, première danseuse travesti.

Plusieurs de ces artistes étaient déjà connus : M. Riza-Danel avait été régisseur en 1894-1895 ; M. Moisson, fort ténor deux ans auparavant ; M. Descombes, deuxième ténor en 1901-1902 ; M. Grimaud, baryton dans la dernière campagne ; M. Vinche avait tenu l'emploi de basse noble pendant trois saisons (1897-1898, 1899-1900, 1900-1901) ; Mme Hennecart gardait le sceptre de maîtresse de ballet.

Répertoire lyrique. — Vingt-sept opéras et opéras-comiques et le ballet *Javotte* furent repris en cours de saison :

Le Barbier de Séville (2)
Carmen (6).
Cavalleria Rusticana (6).
Le Chalet (4).
Les Dragons de Villars (4).
Faust (9).
La Favorite (5).
La Fille du Régiment (7).
Hamlet (5).
Hérodiade (4).
Les Huguenots (6).
Javotte (3).
La Juive (7).
Lakmé (7).

Lohengrin (1).
Lucie de Lammermoor (2).
Le Maître de Chapelle (5).
Manon (5).
Mignon 7.
Mireille (8).
La Navarraise (7).
Les Noces de Jeannette (5).
Orphée (9).
La Reine Fiammette (2).
Samson et Dalila (4).
Sigurd (4).
La Traviata (4).
Werther (1).

Reprise d'Orphée. — La Direction, par les communiqués dans les journaux, dont elle était si prodigue, annonça dans le courant de février qu'elle allait monter « pour la première fois à Rouen » l'*Orphée*, de Gluck.

Volontairement ou non, elle commettait une erreur, ainsi que le constata le *Journal de Rouen* : ce chef-d'œuvre avait été joué, en effet, pour la véritable première fois plus de cent ans auparavant, le 6 décembre 1788, et fut repris bien souvent, mais ne reparut plus sur l'affiche depuis le 16 avril 1819, jour où le rôle d'Orphée avait été chanté par le fameux Nourrit. Il était donc absolument inconnu des plus fidèles habitués du Théâtre-des-Arts.

Le 1er mars 1906, devant une demi-salle à peine, eut lieu cette reprise, qui peut faire date dans nos annales. Ce fut une véritable révélation : Mme d'Hasty interpréta le rôle d'Orphée dans la perfection, avec le style qui convient à cette admirable musique classique ; Mme Milcamps et Mme Lagard furent très convenables dans les rôles d'Eurydice et de l'Amour. Les danses étaient fort bien réglées, les chœurs et l'orchestre furent à la hauteur de leur tâche difficile.

Le succès vint peu à peu et on éprouva alors une sensation d'art, trop rare sur notre première scène, et, malgré une saison médiocre, il sera beaucoup pardonné à M. Camoin pour avoir monté un ouvrage d'une si haute valeur.

Artistes en représentation. — En présence de l'insuffisance du ténor léger de la troupe, M. Camoin dut faire souvent appel à des artistes du dehors, sans avoir toujours la main heureuse.

Par exemple, M. Mikaelly, du Théâtre d'Amiens, chanta sans grand succès *Carmen*, *Manon* et le *Jongleur de Notre-Dame*, où il créa le rôle de Jean.

M. Sirey eut le même sort dans *Manon*, *Mireille* et *Werther*.

M. Dubois fut peu heureux dans le rôle de Faust, où, au contraire, réussit M. Cossira, de l'Opéra.

M. Fernet, de l'Opéra-Comique, interpréta avec talent le rôle de Turrido, de *Cavalleria Rusticana*, aux quatre représentations qui en furent données.

M. Zocchi, également de l'Opéra-Comique, retrouva le succès de l'année précédente dans *Carmen* et *Hérodiade*.

M. Leclerc, de l'Opéra-Comique, vocalisa à merveille le rôle d'Almaviva, du *Barbier de Séville*, pendant que M. Decléry, du Théâtre de la Monnaie, notre ancien pensionnaire, remportait un véritable triomphe comme chanteur et comme comédien dans le rôle de Figaro.

M. Vianenc, malgré son habileté, ne sut pas dissimuler l'insuffisance de sa voix dans le rôle d'Escamillo, de *Carmen*.

M. Delmas, de l'Opéra, fut, par contre, un excellent Méphistophélès.

M. Chambon, de l'Opéra également, causa une véritable désillusion dans le rôle d'Hagen, de *Sigurd*, et le public fut d'une froideur significative.

Mlle Marthe Chassang reprit le rôle d'Orlanda, de *La Reine Fiammette*, qu'elle avait créé l'année précédente.

Enfin Mme Bourgeon, la femme de l'adjoint au maire, reparut sur la scène où elle avait occupé l'emploi de contralto en 1897-1898 sous le nom de Mlle Soïni. Elle y remporta un grand succès dans le rôle de Dalila, qu'elle chanta au profit des Hospices.

Nouveautés. — M. Camoin monta cinq œuvres nouvelles, dont une est restée au répertoire.

L'Étranger, action musicale en 2 actes, paroles et musique de Vincent d'Indy. La première représentation eut lieu le 17 novembre 1905, avec MM. Grimaud (l'Étranger), Bourrillon (un

Douanier), Descombes, Rivet, Mmes Jervait (Vita) et Lagard (la Mère). Cette partition, d'une orchestration très savante et très pénétrante, demandait, pour être goûtée, toute l'attention des auditeurs. Elle eut néanmoins une assez belle carrière, en dépit d'une interprétation assez faible (M. Grimaud excepté). *L'Étranger* fut joué, en effet, neuf fois.

Amica, opéra en 2 actes, de Paul Bérel, musique de Mascagni, représenté le 6 décembre 1905. M. Nuibo, de l'Opéra, avait été engagé spécialement pour créer le rôle de Giorgio. A ses côtés, Mmes Milcamps et Lagard, MM. Grimaud et Richemont remportèrent un bon succès. Aux quatrième et cinquième représentations, qui furent les deux dernières, M. Riddez, de l'Opéra, tint avec talent le rôle de Rinaldo.

Les Girondins, drame lyrique en 4 actes et 6 tableaux, de Delormeil et Paul Bérel, musique de Fernand Le Borne, le compositeur de *L'Idole aux Yeux verts*, qui dirigea son œuvre à la première représentation, le 15 janvier 1905, et aux trois suivantes. L'interprétation était confiée à Mmes Jervait, d'Hasty, MM. Moisson, Grimaud, Bourrillon, Richemont, Brialmont, Descombes, etc... Cette œuvre, qui nécessitait une grande mise en scène, une nombreuse figuration, des danses, fut donnée onze fois.

La Carmélite, comédie musicale en 4 actes et 5 tableaux, de Catulle Mendès, musique de Raynaldo Hahn, fut représentée le 21 février 1906, sous la direction de l'auteur. Les principaux rôles étaient tenus par Mmes Milcamps (Louise), Mmes Lagard, Lefebvre, Théry, MM. Bourrillon (le Roi), Grimaud (l'Evêque), Brialmont, Descombes. Cette pièce, qui mettait en scène Louis XIV, La Vallière et Bossuet, fut jouée quatre fois.

Le Jongleur de Notre-Dame, miracle en 3 actes, de Maurice Léna, musique de J. Massenet. Première représentation le 7 mars 1906, suivie de sept autres pendant la saison ; mais cette œuvre charmante a été reprise les années suivantes et fait partie du répertoire courant, comme *Manon* et *Werther*. L'interprétation du rôle de Jean fut confiée à M. Mikaelly, puis à M. Bourrillon, celui de Boniface à M. Richemont et à M. Grimaud, celui du Prieur à M. Vinche, puis à M. Richemont.

Deux ballets complétèrent la série des Nouveautés.

Ondine, de Mme Hennecart, musique de Schubert. Quatre représentations, dont la première le 17 novembre 1905.

Pierrot poète, de Georges Boyer, musique de Henri Hirchmann (7 mars 1906).

Répertoire d'opérette. — L'opérette fut en faveur cette année-là comme les autres, et *La Poupée* eut plus de représentations que *L'Étranger* ou *Le Jongleur de Notre-Dame.*

Les reprises comportèrent :

Les Cloches de Corneville (5).   *Les Mousquetaires au Couvent* (3).
La Fille du Tambour-Major (3).   *La Périchole* (4).
Le Grand Mogol (3).   *Le Petit Duc* (2).
Mam'zelle Nitouche (3).   *La Poupée* (11).
La Mascotte (2).   *Les Saltimbanques* (2).

Trois nouveautés furent montées :

Les Petites Brebis, opérette en 2 actes, de Liorat, musique de Louis Varney. Huit représentations, dont la première le 5 novembre 1905.

La Petite Bohème, en 3 actes, de Paul Ferrier, musique de Henri Hirchmann. Quatre représentations, dont la première le 7 février 1906.

Madame Cupidon, de Albert Mireur, musique de Félix Hesse. Une seule représentation le 25 mars 1906.

L'interprétation de l'opérette fut, en général, médiocre, et il est préférable de ne donner aucun détail sur ce sujet d'ailleurs secondaire.

Représentations au profit des Hospices. — Leur résultat fut plus brillant que d'habitude : la première, composée du *Maître de Chapelle* et de *Samson et Dalila*, avec le concours de Mme Bourgeon, produisit 3.840 fr. 35 (27 décembre) ; la seconde, qui offrait l'attrait de la première représentation de *La Carmélite*, produisit 1.985 fr. 50.

Concert. — Le Comité des Fêtes Normandes organisa, le 17 février 1906, un concert vocal et instrumental dont le produit était destiné à faciliter la création d'une section rouennaise de la Chanson française. Au programme figurèrent la plupart des artistes de la troupe, Mmes Paulette Darty et Francine Lorée, les mimes Georges Wague et Christiane Mendelys, le chansonnier Xavier Privas et la musique du 74° de ligne.

Représentations dramatiques en cours de saison. — Deux matinées classiques eurent lieu les jeudis 29 mars et 5 avril.

La première se composa de *L'Avare* et *Le Malade imaginaire*, interprétés par M. Barral, de la Comédie-Française, G. Frère, de l'Odéon, Henri Duval, Mme Rose Thé, etc.

La seconde comprenait *Le Cid* et *Le Dépit Amoureux*.

Dernier mois d'exploitation. — Douze représentations furent données pendant le dernier mois, mais le même spectacle revint plusieurs fois :

Délicatesse, de M. Ambre, et *La Rafale*, de H. Bernstein ;

Les Précieuses ridicules et *Athalie*, interprétées par la troupe de M. Zeller ;

La Grande Famille, de Arquillière ;

La Piste, de Victorien Sardou, avec Mme Réjane et M. André Melchissédec, notre ancien directeur ;

Le Chemineau, de Richepin ;

Enfin, *Les Oberlé*.

Incidents de la saison. — La période des débuts, commencée dans *Les Huguenots*, faisait prévoir quelques soirées orageuses. Le premier jour, en effet, MM. Moisson, ténor, et Mas, basse noble, furent, à plusieurs reprises, l'objet de manifestations hostiles, et Mme Minnie Tracey, forte chanteuse falcon, se trouva, dès son entrée en scène, en butte aux risées d'une partie du public avant même qu'elle eut ouvert la bouche et dut accepter de résilier son engagement au commencement du troisième acte. Le vacarme partait des troisièmes galeries où une cabale avait dû être montée.

Cette exécution sommaire et injustifiée fut généralement blâmée, puisqu'un artiste avait le droit de se produire dans trois œuvres différentes.

Ajoutons que le dimanche suivant, en matinée, Mme Minnie Tracey remporta un triomphe dans le même rôle des *Hugue-*

nots, et fut acclamée après le quatrième acte ; mais il était trop tard !

Cette année-là le recrutement des basses fut particulièrement difficile et trois avaient échoué avant l'arrivée de M. Vinche.

L'un de ceux-ci, M. Louyrette, une ancienne connaissance, avait fait son troisième début dans le rôle de Marcel des *Huguenots*; quand le régisseur était venu demander l'avis du public, la majorité lui était évidemment favorable, mais les applaudissements paraissaient bien intéressés, alors que les siffleurs étaient incontestablement des habitués du théâtre qui ne se montraient pas seulement aux soirées des débuts pour disparaître ensuite jusqu'à la saison suivante. La Commission estimant que son rôle était d'apprécier la nature des applaudissements refusa l'artiste.

Ce fait, minime en apparence, fut gros de conséquences. Une polémique s'engagea à ce sujet entre *Le Journal de Rouen* et *La Dépêche*, le mode des débuts, alors en usage, fut discuté et il paraissait dès lors probable qu'une modification serait apportée au vieux système qui, comme bien d'autres choses, avait du bon et du mauvais.

Représentations ayant précédé ou suivi la saison lyrique. — Avant la saison, trois représentations seulement furent données dans le courant de septembre 1905.

Petite Amie, de Brieux, et *Poil de Carotte*, de J. Renard, avec Mlle Suzanne Després, de la Comédie-Française;

Ces Messieurs, de Georges Ancey, avec Mme Andrée Mégard;

Enfin, *Monte-Cristo*, avec une interprétation des plus médiocres.

Par contre, la saison d'été fut particulièrement brillante.

Fait bien rare dans les annales théâtrales : une tournée dirigée par M. Fermo, le futur directeur de notre première scène, vint donner la première représentation d'une œuvre lyrique non encore représentée à Rouen : *Chatterton*, opéra en 3 actes, tiré du drame d'Alfred de Vigny, par Léoncavallo. Deux circonstances se prêtaient à cette tentative : l'œuvre ne comportait pas de chœurs, et la plupart des musiciens de l'orchestre habituel étaient encore à Rouen,

Deux représentations furent données les 11 et 13 mai 1906. Mlle Mancini, qui avait obtenu deux ans auparavant un prix d'opéra au Conservatoire, chanta le rôle de Jenny, et M. Pascual, un jeune ténor espagnol, celui du poète anglais. L'orchestre fut dirigé avec brio par M. Mathieu.

Tous ces noms reviendront d'ailleurs souvent par la suite sous notre plume.

Le 16 mai, l'excellent comique Brasseur, des Variétés, interpréta *Le Bonheur ! Mesdames*, de Francis de Croisset.

Mlle Brandès, de la Comédie-Française, tint le 26 mai le principal rôle de *L'Espionne*, de Sardou, et la tournée Chataignié donna *Ruy-Blas* le 29 du même mois.

Cette année 1906, de grandes fêtes avaient été organisées à Rouen à l'occasion du troisième centenaire de Pierre Corneille, et le Théâtre-des-Arts devait naturellement y participer. On y donna donc :

Le 6 juin, *Polyeucte*, avec Mlle Lucie Brille et M. Albert Lambert père, de l'Odéon. Le spectacle commençait par *Dernière Tragédie*, à-propos en vers, de G. Zidler, et un hommage à Corneille, également en vers, de M. Edward Montier ;

Le lendemain, *Le Cid*, et *Le Jeu de l'Amour et du Hasard*, par la troupe de l'Odéon.

Enfin, le 17 juin, *Le Menteur* et *Horace*, avec MM. Silvain, Paul Mounet, Jacques Fenoux, Falconnier, Dehelly, Brunot, Charles Esquier, Dessonnes ; Mmes Louise Silvain, Géniat, Rachel Boyer, Lynnès, etc., tous et toutes de la Comédie-Française. Entre les deux pièces eut lieu le couronnement du buste, et Mme Louise Silvain dit un poème de Mme Eli de Wissocq.

Les Fourchambault constituèrent le spectacle du 14 Juillet.

Recettes. — Les recettes des cent cinquante-quatre représentations lyriques s'élevèrent à. . . . . . . 236.409 f. 90
Le septième mois et les représentations extra-lyriques produisirent. 25.957 80
Total. . . . 262.367 f. 70

En fin de saison, M. Camoin se déclarait cependant dans l'impossibilité d'aller jusqu'au bout et demandait à la Ville un supplément de subvention.

Le Conseil municipal, qui venait de reconnaître, en arrêtant le cahier des charges pour la prochaine campagne, que la Direction avait des frais trop considérables, et qu'il y avait lieu de les réduire, aurait eu mauvaise grâce à ne pas donner satisfaction à M. Camoin : il lui accorda donc un supplément de subvention de 10,000 francs correspondant à la part de frais généraux jugés excessifs, et dont seraient exonérés les directions à venir.

Faits divers. — A l'occasion des *Girondins*, et sur la demande du compositeur, M. Le Borne, le pupitre du chef d'orchestre fut adossé à la balustrade, devant le premier rang des fauteuils. Cette disposition, qui subsista jusqu'à la fin de la saison, devait permettre au chef de mieux voir tous les musiciens. Les premiers violons se transportèrent auprès de lui, tandis que les violoncelles se plaçaient contre la rampe.

Cette même année, on installa dans les combles une cheminée d'appel dont le but serait, en cas d'incendie, d'attirer le courant de flammes qui, sans cela, se serait précipité naturellement vers la seule issue existante : la salle des spectateurs. L'incendie resterait ainsi concentré sur le lieu du foyer. Fort heureusement, on n'a pas eu à apprécier l'avantage de ce travail !

DIRECTION F. CAMOIN ET Cie
Année théâtrale 1906-1907.

M. Camoin, usant de la faculté prévue au cahier des charges, avait envoyé au maire, dès le mois de décembre 1905, sa démission de directeur, déclarant ne pouvoir continuer une exploitation trop onéreuse, à moins que la Ville ne consentit à modifier les conventions antérieures.

Pour permettre d'ailleurs à l'Administration municipale de se rendre compte du bien fondé de ses dires, M. Camoin avait mis à sa disposition sa comptabilité entière, accompagnée des pièces justificatives à l'appui.

Après un examen approfondi de la situation, fait en commun par la Commission consultative et le Conseil municipal réuni en Commission générale, il fut admis, en effet, que le Directeur devait faire face à des frais généraux écrasants et ne pouvait arriver à équilibrer son budget. En conséquence, le Conseil apporta de nombreuses et importantes modifications au cahier des charges sur un rapport très complet présenté par M. Lucien Valin (séance du 1er février 1906).

Tout d'abord, on supprima l'obligation de donner au profit des Hospices les deux représentations qui, si elles privaient le Directeur d'une double recette, ne laissaient pas un bénéfice bien appréciable à nos établissements hospitaliers.

On supprima encore les emplois du tapissier, de l'un des chauffeurs, des deux costumiers et le traitement du concierge qui devait, à l'avenir, être simplement logé par la Ville ; par contre, celle-ci prenait à sa charge une partie des appointements du conservateur du matériel et de l'un des électriciens.

Par suite, la collection de costumes, d'ailleurs fort incomplète et ne répondant plus aux besoins, devait être vendue, ce qui ne causait aucun préjudice aux directeurs, obligés, depuis longtemps, de s'adresser aux entrepreneurs du dehors.

Une innovation capitale fut introduite dans la composition de la troupe : le Directeur n'était plus tenu d'engager, pour la durée de la saison, ni une contralto, ni une basse noble, ni une seconde danseuse, les deux premiers emplois, au dire du rapporteur, n'étant plus guère utilisés dans les pièces du répertoire moderne ! Il était toutefois spécifié que pour l'interprétation des ouvrages dans lesquels une contralto ou une basse noble sont indispensables, le Directeur devrait prendre au cachet des artistes d'une valeur égale à ceux de la troupe sédentaire, sous peine d'une amende de 100 francs pour chaque infraction.

Enfin, on supprimait encore deux emplois de choristes hommes et deux de choristes femmes.

Le cautionnement des directeurs qui, jusqu'alors, était de 31.000 francs, était réduit à 6.000 francs, et pour assurer le paiement intégral des traitements inférieurs à 300 francs par mois, la subvention devait être versée aux ayants-droit par les soins de la Recette municipale, à concurrence de :

Pour l'orchestre	54.000 f. »
Pour les chœurs	36.000 »
Pour le ballet	12.000 »
Pour les employés	18.000 »
Egalité	120.000 f. »

Le solde devait être, le cas échéant, remis au directeur en fin de saison.

La Commission consultative et le Conseil municipal s'étaient souvenus de l'incident Louyrette, comme nous le faisions pressentir, et furent d'avis de supprimer le système de débuts alors en usage, qui, sauf quelques corrections, remontait au 27 avril 1853, et d'adopter un procédé « permettant aux véritables amateurs de donner leur opinion et mettant le scrutin à l'abri des surprises et des cabales ».

M. Camoin qui, à ces conditions, consentait à continuer l'exploitation pour les deux dernières années de sa concession, s'associa, par la suite, M. Hesse, chef d'orchestre, et le Conseil municipal autorisa la substitution de la Société F. Camoin et Cie à M. F. Camoin pour la direction.

Modification au mode de débuts. — Comme conséquence du vote du Conseil municipal, le Maire de Rouen, par un arrêté du 17 février 1906, prescrivit, pour l'admission des artistes, de nouvelles dispositions que nous allons brièvement résumer.

La troupe entière se faisait entendre pendant douze représentations ayant lieu les lundi, mercredi, jeudi et vendredi de chaque semaine ; la période de débuts devait être terminée vingt-cinq jours après l'ouverture de la saison, chacun des artistes ayant interprété au moins trois rôles de son emploi.

L'admission des artistes était prononcée par une Commission composée :

1° Du maire et des adjoints ;

2° Des membres de la Commission consultative ;

3° Des abonnés payant intégralement le prix de leur place ;

4° Des spectateurs et spectatrices ayant consenti à remplir les conditions suivantes :

S'être fait inscrire à la mairie dans les huit jours précédant la première représentation et s'être fait délivrer une carte spéciale ;

Avoir justifié d'une présence effective à huit représentations au moins sur les douze de débuts.

Pour cela, le spectateur, vraiment de bonne volonté, devait, pendant les deux derniers entr'actes de chaque représentation, signer une feuille de présence dans le grand foyer, après avoir représenté son coupon de place et fait apposer un cachet spécial sur sa carte.

Le scrutin avait lieu, sur appel nominal, par bulletin secret et sans aucune discussion.

Saison lyrique. — Les débuts. — La saison s'ouvrit avec *Manon*, et les ouvrages dans lesquels la troupe fut soumise aux débuts furent, en outre, *Les Huguenots*, *Faust*, *Le Chalet* et *Mireille*, *La Juive*, *L'Africaine*, *Carmen*, *Rigoletto*, *Lakmé*.

Cette période de débuts se passa dans un calme extraordinaire, mais il faut bien dire que la troupe, dans son ensemble, était supérieure à la moyenne.

Le 29 octobre, le scrutin eut lieu : sur 211 personnes qui s'étaient fait inscrire à la Mairie, un certain nombre n'était pas arrivé à remplir les conditions imposées pour prendre part au vote, et avec le Maire, les Adjoints, les Membres de la Commission et les abonnés, on compta 167 votants.

Disons tout de suite que tous les artistes furent admis à une grosse majorité, sauf la première danseuse noble qui eut bien de la peine à obtenir 8 voix de plus que le nombre exigé.

Un rédacteur de *La Dépêche de Rouen* s'amusa à recueillir l'opinion des artistes, des critiques, des personnages officiels, de plusieurs habitués, sur le nouveau système qui eut ses partisans et ses adversaires. Il faut bien avouer que s'il avait supprimé les scènes violentes et le vacarme de jadis, il prêtait tout aussi facilement à la fraude : la claque se faisait payer pour voter comme pour applaudir, et le tour était joué. On put aussi constater que bien des spectateurs connus comme habitués du théâtre depuis longtemps restèrent indifférents et ne se firent pas inscrire. On s'acheminait donc tout doucement, mais sûrement, vers la suppression pure et simple des débuts.

La Revue des Folies-Bergère de 1906-1907 résumait ainsi la réforme par la voix d'un personnage représentant M. Camoin :

> Comme je suis un homm' d'attaque,
> Je peux vous l' dir', car j'ai pas peur,
> Je n' supprimerai jamais la claque,
> Mais j'ai supprimé les siffleurs.

La troupe se trouva ainsi constituée :

MM. Hesse, chef d'orchestre ;
Carolus Duran, deuxième chef d'orchestre ;
Hella, deuxième chef d'orchestre ;
Jourdan-Blondel, régisseur général ;
Marié-Leduc, fort ténor ;
Delmas, ténor léger ;
Sarpe, deuxième ténor ;
Mallet, deuxième ténor ;
Berronne, baryton de grand opéra ;
Gorius, baryton d'opéra-comique ;
Richemont, basse chantante ;
Millat-Vergnes, deuxième basse ;
Ometz, trial ;
Aubert, laruette ;

Mmes JULLIAN, forte chanteuse falcon ;
　　　　BLOT, chanteuse légère de grand opéra ;
　　　　ROLLAND, chanteuse légère d'opéra-comique ;
　　　　FOBIS, première dugazon ;
　　　　LHÉNA, deuxième dugazon ;
　　　　BORGO, deuxième dugazon ;
　　　　DELARAS, duègne ;
　　　　NERCY, maîtresse de ballet, première danseuse noble ;
　　　　SACCHI, première danseuse demi-caractère ;
　　　　Rita GHIONE, première danseuse travesti.

Toute la troupe était inconnue du public rouennais, à l'exception de M. Richemont, la basse chantante de l'année précédente, et, bien entendu, de M. Ometz. On retrouvait également M. Hella, second chef d'orchestre, qu'on avait pu apprécier deux ans auparavant.

Par suite de la suppression de l'emploi de basse noble, M. Richemont, basse chantante, en tint lieu dans certains opéras ; dans d'autres, la direction dut engager un certain nombre d'artistes au cachet. On vit aussi M. Richemont, dans *Guillaume Tell* par exemple, tenir deux rôles dans une seule soirée : ceux de Walter et de Gessler. M. Camoin, le directeur, fit de même quelques jours après.

Quant à l'emploi de contralto, soi-disant inutile, il fut confié pendant toute la saison à Mme Sergys, qui fit partie de la troupe comme ses camarades, avec cette seule différence qu'elle n'était pas soumise à la formalité des débuts.

Répertoire lyrique. — On reprit pendant la campagne 1906-1907 vingt-trois opéras ou opéras-comiques :

L'Africaine (3).　　　　　*Lakmé* (4).
Carmen (7).　　　　　　*Manon* (9).
Le Chalet (4).　　　　　*Mignon* (6).
Les Dragons de Villars (3).　*Mireille* (9).
Faust (9).　　　　　　　*Paillasse* (3).
La Favorite (4).　　　　 *Philémon et Baucis* (3).
La Fille du Régiment (7).　*Rigoletto* (4).
Guillaume Tell (9).　　　 *Sigurd* (3).
Hamlet (3).　　　　　　 *La Traviata* (1).
Hérodiade (4).　　　　　*Le Trouvère* (2).
Les Huguenots (4).　　　 *Werther* (5).
La Juive (3).

Artistes en représentation. — En dehors des artistes qui créèrent ou parurent dans les œuvres nouvelles et dont nous reparlerons, nous trouvons tout d'abord, les artistes engagés pour chanter les rôles de basses : MM. Aumonier, de l'Opéra, Vérin, une ancienne connaissance, Vallobra et Bouxmann.

M. Camoin, le directeur, interpréta avec succès le rôle de Méphistophélès, de *Faust*, et ceux de Walter et de Gessler dans *Guillaume Tell*.

M. Zocchi, dans *Carmen*, fit apprécier les mêmes qualités que les années précédentes.

M. Jaume, de l'Opéra, chanta le terrible rôle d'Arnold, de *Guillaume Tell*, avec une puissance de voix extraordinaire.

Quatre chanteuses défilèrent successivement dans le rôle de Charlotte, de *Werther* : trois avec succès, Mlle Muller, la créatrice de *Louise* à Rouen, Mlle Mary Boyer, Mlle Hélène Therry, de l'Opéra-Comique ; la quatrième, quoique douée d'une jolie voix, n'avait pas l'expérience suffisante.

Enfin, Mlle Marié de l'Isle, de l'Opéra-Comique, fut excellente dans *Carmen*, pendant que Mlle Fobis, la dugazon de la troupe, se faisait applaudir dans le rôle de Micaëla, beaucoup plus dans sa voix.

Nouveautés. — Parmi les œuvres montées pour la première fois à Rouen, et qui furent au nombre de huit, deux étaient de premier ordre.

Laura, roman musical en 3 actes, de Paul Bérel, musique de Charles Pons, qui conduisit lui-même l'orchestre aux deux premières représentations, les 16 et 18 novembre 1906. M. Nuibo, de l'Opéra, qui avait déjà créé *Amica* sur notre première scène en 1905, tenait le rôle d'André, et Mlle Rolland celui de Laura. MM. Sarpe, Gorius, Ravaux, Mlles Lhéna et Borgo complétaient l'interprétation. Cette œuvre fut donnée quatre autres fois.

L'Amour défendu, comédie musicale en 1 acte, de Raoul Gastambide, musique de Georges Villain. Cette œuvre, sans grande prétention, insuffisamment interprétée, eut une seule représentation, le 5 décembre 1906.

La Walkyrie, drame lyrique en 3 actes, de Richard Wagner. L'apparition d'une telle œuvre est un événement considérable dans l'histoire d'un théâtre, mais pour être véridique, il faut constater que le public rouennais ne fit pas preuve d'une éducation musicale bien grande, car en dehors des matinées, la salle n'était qu'à demi remplie. Et cependant, ce chef-d'œuvre était très convenablement interprété par MM. Marié-Leduc (Siegmund), Berrohne (Wotan), Richemont (Hounding), Mmes Jullian (Brunehilde), Blot (Sieglinde), Sergys (Fricka). Mlles Fobis, Méha d'Albe, Delaras, Lhéna, Borgo, Vincent, Carbotte et Verhenge, chantaient les huit Walkyries. M. Rambert avait brossé trois décors neufs, et M. Jourdan Blondel avait fort bien réussi la mise en scène, notamment l'embrasement final. La première représentation eut lieu le 19 décembre 1906 et fut suivie de neuf autres. L'orchestre était dirigé par M. Eduard Falck, chef d'orchestre du théâtre de Carlsruhe. Aux deux dernières représentations le rôle de Siegmund fut chanté avec grand style par M. de Meyer, premier ténor du Théâtre impérial de Berlin.

Les Pêcheurs de Saint-Jean, scènes de la vie maritime, en 4 actes, de Henri Cain, musique de Charles Widor, furent représentés au Théâtre-des-Arts le 23 janvier 1907, sous la direction du compositeur, avec Mmes Rolland (Marie-Anne), Sergys (Madeleine), Lhéna (Jeanne), MM. Delmas (Jacques), Richemont (Jean-Pierre), Mallet. Cette œuvre intéressante, mais d'une exécution fort difficile, n'eut au total que quatre représentations avec de médiocres recettes.

La Tosca, opéra en 3 actes, de Illica et Giacosa, musique de Puccini. La première représentation fut donnée le 27 février 1907 avec l'interprétation suivante : Mlle Blot (Floria Tosca), M. Delmas (Mario Cavaradossi), Gorius (Scarpia). Cette œuvre, excessivement dramatique et intéressante, mais d'où la musique est trop souvent absente, exige une très bonne interprétation et l'avait rencontrée cette année-là. Les nouveaux décors de M. Rambert, les toilettes de Mlle Blot, contribuèrent au succès, et *La Tosca* fut jouée huit fois.

Constatons que cette pièce est restée au répertoire, alors que *La Walkyrie* ne fit que passer sur notre scène.

L'Accordée de Village, opéra-comique inédit en 1 acte, de Steck et Chennevrière, musique de Steck, l'auteur de la Verrière de l'Alhambra.

Cette petite pastorale fut donnée pour la première fois le 8 mars 1907, avec Mlle Rolland, MM. Sarpe et Gorius, et eut trois autres représentations.

Les Fugitifs, drame lyrique en 2 actes, de Georges Loiseau, musique de André Fijan, firent leur apparition à Rouen le même soir, ayant pour interprètes Mmes Jullian et Fobis, MM. Marié-Leduc, Richemont, Sarpe. Les auteurs furent applaudis, mais leur œuvre ne fut jouée que deux fois par la suite, et si nos souvenirs sont exacts, l'annonce de ces deux nouveautés n'avait pas attiré le public et la salle était presque vide le jour de la première.

Marie-Magdeleine, drame lyrique en 3 actes et 4 parties, de Louis Gallet, musique de J. Massenet, dont une audition avait déjà été donnée à Rouen le 8 février 1890, par la Société Chorale, dans la grande salle de l'Hôtel-de-Ville. Dans un de ses communiqués, la Direction avait annoncé pour le Vendredi-Saint la première et unique représentation, mais une indisposition de M. Delmas la fit ajourner au 4 avril 1907, jour de la clôture de la saison lyrique.

Cette manière de respecter le cahier des charges, en donnant une seule fois l'une des deux œuvres nouvelles imposées, fut généralement critiquée, d'autant plus que cette belle partition fut fort bien chantée par Mlle Blot (Marie-Magdeleine), Mme Sergys (Marthe), M. Delmas (Jésus), M. Camoin (Judas).

Pour compléter la liste des nouveautés, il convient de citer un ballet en 1 acte, *Fresques Pompéiennes*, scénario de A. Beaumant et Alban de Polhès, musique de William Marie, qui fut dansé trois fois au cours de la saison (première le 6 mars).

Répertoire d'opérette. — Quatorze opérettes furent reprises pendant la campagne 1906-1907 :

L'Amour mouillé (3).
Les Cloches de Corneville (5).
La Fille de Madame Angot (1).
La Fille du Tambour Major (3).
Gillette de Narbonne (1).
Le Grand Mogol (2).
Mam'zelle Nitouche (4).
La Mascotte (4).
Miss Helyett (1).
Les Mousquetaires au Couvent (7).
La Périchole (2).
Les Petites Brebis (7).
La Poupée (5).
Les 28 jours de Clairette (2).

La Direction fit appel à des artistes de Paris pour chanter

l'opérette : Mlle Fournier, des Variétés, et Mlle Méha d'Albe y furent très favorablement appréciées.

Enfin, à la quatrième représentation de *La Poupée*, le dimanche 3 février, en matinée, Mayol, le chanteur de café-concert bien connu, fit entendre au troisième acte plusieurs morceaux de son répertoire : *Les Derniers Inventaires*, *Mains de Femmes*, *La Silhouette du Président Fallières*, *La Fifille à sa Mère*, *Par le Petit Doigt*. La recette fut de 3,800 francs, une des plus belles de la saison.

Une opérette nouvelle fut donnée pendant cette année-là : *La Femme de César*, en 1 acte, de Hugues Delorme et Gaillardet. musique de Rodolphe Berger. Cette petite pièce n'eut que deux représentations, les 27 et 31 décembre.

Représentations dramatiques en cours de saison lyrique. — Le jeudi 25 octobre 1906, *La Vieillesse de Don Juan*, pièce en 3 actes, de Mounet-Sully et Pierre Barbier, fut interprétée par une bonne troupe en tête de laquelle figurait l'éminent sociétaire de la Comédie-Française, l'un des auteurs.

Vous n'avez rien à déclarer ? la pièce de Hennequin et Veber, jouée le 15 novembre, parut un peu déplacée au Théâtre-des-Arts.

Par contre, le public fit un excellent accueil à *L'Arlésienne*, de Bizet, donnée les 21 et 25 novembre avec de très grosses recettes. Les principaux rôles furent tenus par Mme Tessandier (Rose Mamaï), MM. Cornaglia (Francet), de Beaulieu (Frederi), Bour (Balthazar), etc. L'orchestre et les chœurs furent conduits avec brio par M. Théodore Mathieu, qui se fit acclamer.

On donna ensuite :

Le Duel, avec M. Le Bargy, de la Comédie-Française (6 décembre) ;

Loute, de Pierre Veber, sans grand éclat ;

L'Age d'aimer, de Pierre Wolf, avec Mlle Cora Laparcerie (20 décembre) ;

Les Plumes de Geai, de Jean Jullien, et *Le Cultivateur de Chicago*, de Gabriel Timmary, par la tournée Baret (10 janvier 1907) ;

La Châtelaine, de Capus, avec Mlle Robinne, de la Comédie-Française (16 février) ;

Les Dragées d'Hercule (7 mars) ;

Mon Successeur et *Tire au flanc*, par la tournée Achard (1er avril) ;

Enfin, *L'Arlésienne*, qui avait été encore donnée les 12 et 16 décembre 1906, termina cette série de représentations le 3 avril 1907. Les rôles de Rose Mamaï et de Balthazar furent tenus par Mme Grumbach et M. Albert Lambert père. L'orchestre fut également conduit par M. Mathieu qui, seulement à la dernière, fut remplacé par M. Mathom.

Dernier mois d'exploitation. — Le premier des spectacles de ce dernier mois se composa de *Biribi*, la pièce militaire en 3 actes, de Darien et Lauras, qui causait un scandale dans toutes les villes où elle était jouée, par suite de la critique exagérée qu'elle contenait des compagnies de discipline. A Rouen, le public, fort clairsemé d'ailleurs, resta très froid (6 avril 1907). Toutefois, les deux représentations annoncées pour le lendemain dimanche, en matinée et en soirée, ne purent avoir lieu, M. le Maire les ayant interdites, « considérant que *Biribi* constituait un violent appel à l'indiscipline, un outrage à l'armée et une excitation à la haine des citoyens les uns contre les autres ».

Pendant ce même mois d'avril, on donna encore *Miquette et sa Mère* et *La Chance du Mari*, deux comédies de de Flers et de Caillavet ;

La Traite des Blanches, pièce sociale, de Bonis Charancle ;

Le Voleur, de Henry Bernstein ;

Amour et Cie, de Louis Forest, et *Mauvaises Passes*, de notre concitoyen J. Monnier.

Représentations ayant précédé ou suivi la saison. — Pendant les mois d'août et septembre 1906, de nombreuses représentations dramatiques furent offertes au public.

Le 2 août, par une chaleur torride qui nuisit à la recette, une troupe, en tête de laquelle Mme Jeanne Granier, vint interpréter *La Bonne Intention* de F. de Croisset, *La Paix chez soi*, de Courteline, et *Derrière le Rideau*, revuette de Henry Houry.

En septembre, les spectacles se succèdent rapidement :

Loute et *Coralie et Cⁱᵉ*, par la tournée Achard ;

Paraître, par la tournée Moncharmont ;

Cyrano de Bergerac, par la tournée Hertz ;

Madame l'Ordonnance et *Le Mari de la Nourrice*, avec Polin dans le principal rôle.

Enfin, la tournée Baret donna, pour terminer le mois, une semaine complète de comédie pour laquelle avaient été créés des abonnements spéciaux et composée de :

Cœur de Moineau, de Louis Artus ;

Lagourdette, de P. Veber, et *Florette et Patapon*, de Hennequin et Veber ;

La Loi de Pardon, de Maurice Landay, et *Un Client sérieux*, de Courteline ;

L'Ange du Foyer, de de Flers et de Caillavet, et *L'Anglais tel qu'on le parle* ;

Le Duel et *En Visite*, de Henri Lavedan ;

La Police tolère, de Lelasseur, *La Mineure*, de Jean Jullien, et *L'Article 330*, de Courteline ;

Enfin, *La Belle Marseillaise*, de Pierre Berton.

Par contre, six représentations seulement furent organisées pendant les mois d'été 1907, en mai et juin :

Le Voyage de M. Perrichon et *L'Anglais tel qu'on le parle*, avec Coquelin cadet ;

Les Fourberies de Scapin et *Cinna* ;

Le Marquis de Priola, avec Le Bargy, de la Comédie-Française ;

Mademoiselle Josette ma femme, de Paul Gavault et Charvay, avec Mᵐᵉ Marthe Régnier ;

Triplepatte, de Tristan Bernard, avec Brasseur ;

Enfin, *L'Enquête*, de G. Heuriot, et *La Française*, de Brieux, avec Antoine.

Quant à la représentation du 14 Juillet, « Chant du Cygne » de la direction F. Camoin et Cⁱᵉ, elle se composa du *Lion Amoureux*, de Ponsard.

Recettes. — Démission des Directeurs. — Les recettes effectuées avec les représentations lyriques s'élevèrent à . . . . 219.469 f. 55

Le dernier mois d'exploitation, les représentations ayant précédé ou suivi la saison produisirent. 62.295 05

Ensemble. . . . 281.764 f. 60

Ce chiffre, comme on le voit, était de très peu supérieur à celui de la saison précédente, quoique la troupe eut été bien meilleure dans son ensemble et que plusieurs des œuvres nouvelles présentassent de l'intérêt.

Dès le 25 mars 1907, M. Camoin avait demandé au Maire de Rouen de lui rendre sa liberté, dans une lettre où il déclarait impossible l'exploitation du Théâtre-des-Arts, tant que la subvention ne serait pas portée à 170,000 francs. Sa troupe avait été très bonne, disait-il, toutes les nouveautés promises avaient été montées dans les meilleures conditions, mais l'indifférence du public avait vaincu son activité ! Il perdait 34,000 francs.

M. Camoin ajoutait ce passage que nous tenons à reproduire intégralement :

« Hier, en matinée, *La Walkyrie*, avec un des plus brillants
» ténors d'Allemagne, sous la direction d'un de nos meilleurs
» chefs d'orchestre et avec une interprétation supérieure, a
» atteint une recette de mille francs seulement, alors que *La
» Poupée*, avec le concours de M. Mayol, avait fait 3,800 francs.
» Pour faire entendre Mayol, Monsieur le Maire, il n'est point
» besoin de subvention ; utilisez les 120,000 francs qui forment
» la vôtre à des œuvres plus utiles, ou alors si le Théâtre-des-
» Arts doit être exploité par la Ville, comme elle exploite le
» Musée, ne limitez pas votre perte à 120 mais à 170,000 francs :
» les recettes seront les mêmes, et les directeurs, au lieu de
» venir se ruiner, seront rétribués par une quinzaine de mille
» francs. Ce ne serait pas trop pour celui qui, comme moi,
» donne pendant six mois dix-huit heures de labeur par jour
» sur vingt-quatre. »

Cette démission des directeurs dut être acceptée ; d'ailleurs, par jugement du 24 avril 1907, le Tribunal de Commerce ordonna la liquidation judiciaire de la Société F. Camoin et Cie.

Faits divers. — Conformément au vote du Conseil municipal comportant la suppression du magasin de costumes, le matériel y contenu fut vendu à un costumier du Havre moyennant 5,500 francs, somme qui fut affectée, à due concurrence, au dépoussiérage du théâtre, qui en avait bien besoin, au remplacement des tapis dans les couloirs des premières, etc.

En 1906, la Ville avait pris d'importantes mesures de protection contre l'incendie. La scène et les locaux annexes furent munis d'extincteurs placés à trois mètres l'un de l'autre et fonctionnant automatiquement quand la température ambiante atteint le degré de fusion du métal qui maintient la soupape de l'extincteur.

Pour éviter la propagation, par les toitures, d'un sinistre qui se déclarerait sur la scène, et pour le circonscrire ainsi à cette partie du théâtre, le mur, dit coupe-feu, servant à séparer la scène de la salle, fut surélevé de 0 m. 35 au-dessus du toit.

Ces mesures furent jugées si efficaces que les Compagnies d'assurances accordèrent une réduction de 40 0/0 sur la prime payée jusqu'alors par la Ville.

DIRECTION TRAVERSO

Année théâtrale 1907-1908.

L'Administration municipale ayant dû accepter la résiliation sollicitée par MM. Camoin et Cie, avait, sans perdre un instant, proclamé la vacance de la Direction et convoqué la Commission chargée d'examiner le cahier des charges en vue d'une nouvelle concession de notre scène lyrique.

Dans sa séance du 4 avril 1907, le Conseil municipal apporta les quelques modifications suivantes au précédent cahier des charges.

La concession du Théâtre-des-Arts était faite pour une année seulement, du 1er août 1907 au 31 juillet 1908, avec faculté de renouvellement pour une nouvelle période d'un an, à la demande du Directeur et selon les convenances de l'Administration municipale, à condition que cette demande soit faite avant le 1er février.

Le cautionnement était porté de 6,000 francs à 15,000 francs.

Revenant sur sa détermination, le Conseil fut d'avis de comprendre dans le cadre de la troupe une basse de grand opéra, l'expérience de la saison précédente ayant démontré, comme c'était d'ailleurs facile à prévoir, la nécessité de rétablir cet emploi, pour éviter de faire appel à des artistes dont la valeur ne donnait pas toujours satisfaction au public. —

De même pour empêcher à l'avenir ce qui s'était passé pour *Marie-Magdeleine*, le Directeur devait donner dans le troisième et dans le cinquième mois de son exploitation la première représentation des deux ouvrages nouveaux qu'il était tenu de monter.

Quatre candidats se mirent sur les rangs.

M. Marius Dillard qui offrait de diriger le théâtre pour le compte de la Ville ;

M. Maurice Subtil, premier prix du Conservatoire ;

M. Jacques Fermo, directeur de tournées artistiques ;

M. Traverso, ancien directeur du théâtre de Rennes, directeur du théâtre de Clermont-Ferrand.

Ce dernier, sur lequel d'excellents renseignements avaient été fournis, demandait la réduction de la saison lyrique à cinq mois et demi, le grand opéra ne devant être exploité que pendant cinq mois. Les six semaines suivantes comporteraient quinze représentations pouvant être données par des troupes de passage.

Dans sa séance du 26 avril 1907, le Conseil, à l'unanimité, désigna M. Traverso comme directeur et accepta les conditions stipulées par celui-ci ; et dans une délibération ultérieure fixa au 16 octobre 1907 l'ouverture de la saison qui devait par conséquent se terminer le 15 mai 1908.

Modification au mode de débuts. — Par arrêté du 26 septembre 1907, le Maire de Rouen modifia le règlement des débuts en vigueur. Le mode de votation, les conditions requises pour être électeur restaient les mêmes, mais la troupe d'opéra-comique et la troupe d'opéra débutaient séparément, la première à partir du jour de l'ouverture jusqu'au 30 octobre, la seconde à partir du 2 novembre ; chacune d'elles devant s'être fait entendre pendant six représentations.

Saison lyrique. — La saison commença le 16 octobre par *Manon* pour les débuts de la troupe d'opéra-comique, et le 6 novembre par *Hérodiade* pour ceux de la troupe de grand opéra.

Les scrutins eurent lieu les 30 octobre et 6 décembre. Au premier prirent part 96 votants, au second 55 seulement.

Mais, par suite de la résiliation de certains artistes, on dut procéder à des scrutins individuels qui furent peu suivis : par exemple, Mlle Rose Witzig, chanteuse légère, fut admise le 25 janvier par 24 voix, c'est-à-dire par les électeurs de droit et quelques spectateurs qui n'étaient peut-être pas absolument désintéressés.

Finalement la troupe définitive fut constituée comme suit :
MM. Jules STEVENS, chef d'orchestre ;
    HELLA, deuxième chef d'orchestre ;
    BERTIN, régisseur général ;
    DANGELY, fort ténor de grand opéra ;
    AUDOUIN, ténor léger ;

MM. Barthe, deuxième ténor;
Danse, baryton de grand opéra;
Figarella, baryton d'opéra-comique;
Huberty, basse noble;
Combes, basse chantante;
Millat-Vergnes, deuxième basse;
Tallier trial;
Ometz, laruette;

Mmes Lise-Brias, forte chanteuse falcon;
Rose Witzig, chanteuse légère de grand opéra;
d'Heillsonn, chanteuse légère d'opéra-comique;
d'Alvarez, contralto;
Nordi-Chevallier, première dugazon;
Sonnelli, deuxième dugazon;
Delaras, duègne;
Heuriot, maîtresse de ballet;
Olga Ghione, première danseuse noble;
Louise Sacchi, première danseuse demi-caractère;
Rita Ghione, première danseuse travesti.

On retrouvait dans cette troupe quelques survivants de la saison précédente : MM. Hella, Millat-Vergnes, Ometz, Mmes Delaras, Sacchi et Rita Ghione, mais les principaux chefs d'emploi étaient inconnus.

Répertoire lyrique. — M. Traverso reprit pendant son exploitation les vingt-neuf ouvrages ci-après :

L'Africaine (2).
Le Barbier de Séville (1).
Carmen (7).
Cavalleria Rusticana (1).
Coppelia (7).
Faust (6).
La Favorite (1)
La Fille du Régiment (4).
Hamlet (4).
Hérodiade (4).
Les Huguenots (3).
Le Jongleur de Notre-Dame (8).
La Juive (3).
Lakmé (2).
Louise (13).

Manon (4).
Messaline (9).
Mignon (3).
Mireille (1).
La Navarraise (3.
Orphée (4).
Paillasse (4).
Samson et Dalila (6).
Sigurd (3).
Le Tannhauser (2)
Thaïs (4).
La Tosca (4).
La Vie de Bohème (2).
Werther (3).

Artistes en représentation. — Nombreuse est la liste des artistes venus en représentation, mais quelques-uns se montrèrent tellement insuffisants que nous préférons les passer sous silence, nous contentant de rappeler les noms de ceux qui eurent un succès plus ou moins grand.

Mlle Thévenet, de l'Opéra-Comique, dans *Carmen*;

Mlle Miral, de l'Opéra-Comique, fille de l'ancien directeur du Théâtre-des-Arts, dans *Werther*;

Mme Borgo, de l'Opéra, dans *Les Huguenots*, où elle eut comme partenaire M. Granier, ténor du Grand-Théâtre de Lyon;

Mlle Doria, la contralto de la saison 1901-1902, appartenant alors au Grand Théâtre de Lyon, dans *Hérodiade* et *La Favorite*;

Mlle Charney, du même théâtre, qui chanta le même jour, en matinée, *Hérodiade*, et le soir, *Carmen*, et quelques jours après le rôle d'Uta de *Sigurd*;

Mme D'Hasty, la contralto de la première direction Camoin, qui reprit *Orphée*, et se fit ensuite entendre dans *Messaline*, *Carmen* et *Louise*;

Mlle Lango, une débutante, qui créa *Manoël*, et parut également dans *Faust*, *Carmen*, *Messaline*;

M. Albers, du Théâtre-de-la-Monnaie de Bruxelles, dans *Thaïs*;

M. Chevallier, de l'Opéra-Comique, le créateur de *Fortunio*, qui chanta, en outre, *Paillasse*, *Werther* et *Mignon*;

M. Galand, de la Gaîté, notre ancien ténor, dans *Louise*;

Enfin, M. Bosquet, un jeune ténor, dans *Thaïs*.

Nouveautés. — Trois œuvres nouvelles furent données au cours de la saison.

La Damnation de Faust, légende dramatique en 5 actes et 10 tableaux, adaptée à la scène par Raoul Gunsbourg, musique de Berlioz. La première représentation eut lieu le 14 février 1908, et les rôles furent distribués comme suit : M. Audouin (Faust), Mme d'Heillsonn (Marguerite), M. Danse (Méphistophélès), M. Millat-Vergnes (Brander). M. Combes alterna avec M. Danse aux autres représentations, et Mme Brias remplaça quelquefois Mme d'Heillsonn.

On a beaucoup critiqué l'audace de M. Gunsbourg de mettre à la scène une œuvre que Berlioz avait écrite pour le concert. Il est incontestable que, dans ce but, certains mouvements ont été ralentis et d'autres précipités et même, ô profanation ! quelques mesures ont été ajoutées à la partition avec des motifs pris çà et là dans l'œuvre, bref, selon l'expression de M. Adolphe Jullien, le distingué critique du *Journal des Débats*, « M. Gunsbourg a assaisonné *La Damnation de Faust* à la sauce monégasque ».

Cette tentative a cependant, selon nous, le mérite de mettre cette œuvre splendide à la portée de tous ceux qui ne savent pas apprécier une audition de concert. Elle permet à la masse qui recherche le plaisir des yeux et des oreilles tout à la fois, de connaître une partition qui fait honneur à l'Ecole française, et on peut louer M. Traverso de sa tentative, d'autant plus que l'orchestre, les chœurs, le corps de ballet firent merveille. Le succès vint d'ailleurs couronner ses efforts, car *La Damnation de Faust* eut quatorze représentations avec de superbes recettes.

Il est vrai que de mauvaises langues attribuèrent cet empressement des spectateurs aux projections lumineuses et aux superbes décors de M. Rambert ; mais nous avons meilleure idée du goût de nos concitoyens et opinons pour l'attrait de la belle musique.

Fortunio, comédie lyrique en 4 actes et 5 tableaux, tirée du *Chandelier*, d'Alfred de Musset, par de Flers et de Caillavet, musique d'André Messager. Cette œuvre, qui avait eu surtout le tort de venir après *La Damnation*, eut seulement deux représentations les 11 et 15 mars 1908. M. Chevallier, un ténor de passage, tenait le rôle de Fortunio, M. Figarella celui de Clavaroche, M. Omelz celui de Maître André, et Mlle Witzig celui de Jacqueline.

Manoël, drame lyrique en 1 acte, de G. Montoya et J. de Lambert, musique de Nerini. Bien que les auteurs eussent été applaudis et appelés sur la scène lors de la première représentation le 19 mars 1908, leur œuvre, donnée d'ailleurs en fin de saison, fut jouée deux fois en tout. Les interprètes étaient Mlle Lango, Mme Nordi-Chevallier et M. Huberty.

Enfin un petit ballet inédit, sans prétention, de M. Barrès, *Le Péage*, fut donné deux fois, les 22 et 25 janvier 1908.

Répertoire d'opérette. — Pendant la saison, les opérettes suivantes furent remises à la scène :

Boccace (1).
Les Cloches de Corneville (3).
La Fille de Madame Angot (3).
La Fille du Tambour Major (2).
La Mascotte (1).
Les Mousquetaires au Couvent (4).
Le Petit Duc (3).
La Poupée (3).
Les Saltimbanques (4).
Véronique (3).
Les 28 jours de Clairette (2).

Représentations dramatiques en cours de saison. — Pendant la saison lyrique, quelques œuvres dramatiques furent données ; nous les énoncerons dans l'ordre chronologique :

La Française, de Brieux, et *La Rose bleue*, par la tournée Vast.

Les Bouffons, de Miguel Zamacoïs ;

La Marjolaine, de Jacques Richepin, qui présenta lui-même quelques aperçus sur son œuvre. Mme Cora Laparcerie y tint le principal rôle ;

Britannicus et *L'Ame des Héros ou Corneille et Napoléon* furent représentés avec Mme Tessandier et M. Granier pour grossir la souscription ouverte en vue du rachat de la maison natale de Pierre Corneille ;

Rabelais, de du Bois, et *Les Hannetons*, de Brieux, terminent cette série.

Citons enfin sous cette rubrique la Fête de la Chanson, organisée par le Comité des Fêtes Normandes, et à laquelle prirent part notamment Georges Fragerolles dans ses *chansons lumineuses*, Mme Paula Brebion, dans son répertoire, Mmes Piron et Sandrini, de l'Opéra, dans le deuxième acte de *Coppelia*, et divers artistes de la troupe.

Dernières semaines d'exploitation. — Nous avons vu que M. Traverso devait donner, pendant les six semaines qui suivraient la clôture de la saison lyrique, quinze représentations au moins du genre qui lui conviendrait.

On eut ainsi :

Le Cid et *Le Médecin malgré lui* ;

Les Ames ennemies, de Paul-Hyacinthe Loyson ;

Râfles, de Hornung et Presbey ;

Et *Le Tour du Monde en 80 jours*, qui fut joué trente et une fois.

Représentations ayant précédé et suivi la saison lyrique. — Dans le courant du mois de septembre et pendant les premiers jours d'octobre 1907, M. Traverso fit représenter :

La Môme aux beaux yeux, drame de Pierre Decourcelle ;

Le Bercail, de Bernstein, et *L'Ami de Cercle* ;

La Dame aux Camélias, avec Mlle Moréno, de la Comédie-Française ;

Le Voleur, de Bernstein, et *Miquette et sa Mère*, de de Flers et de Caillavet ;

Le Mariage au Téléphone et *Le Coup de Jarnac*, avec Guyon, du Palais-Royal ;

La Massière, de Jules Lemaître, et *La Nuit d'Octobre*, avec Mlle Delvair, de la Comédie-Française.

Pour faire suite à la saison lyrique et pour terminer sa concession, M. Traverso organisa les spectacles suivants, de mai à juillet 1908 :

Le Demi-Monde, avec Mlle Cécile Sorel et M. Le Bargy, de la Comédie-Française ;

Les Affaires sont les Affaires, avec M. de Féraudy, de la Comédie-Française ;

Le Misanthrope et *Hypathie*, de Barlatier, avec Mlle Jeanne Brindeau, de la Comédie-Française, et M. Léon Segond, de l'Odéon.

Un concert fut donné le 30 mai au profit de l'Œuvre du Vestiaire rouennais, avec le concours de Mme Daubigny, de l'Opéra, MM. Hardel et Dépinay, ténors, la musique du 74e, etc...

La troupe de l'Odéon vint jouer, le 2 juin, *Son Père*, de Guinon et Bouchinet, et *Les Goujons*, de Benière.

La Dame aux Camélias eut un grand succès, le 24 juin, avec Sarah Bernhardt.

Enfin, le 14 juillet, le drame *Les Deux Gosses* fut l'objet de la représentation gratuite traditionnelle.

Recettes. — Les recettes produites par les représentations lyriques pendant les cinq mois et demi imposés s'élevèrent à . . . . 236.396 f. 40

Si l'on y ajoute le produit des représentations données avant et après la saison lyrique . . 61.350 70

On trouve un total de . . . . 297.747 f. 10

Messaline et *La Damnation de Faust* (quel bizarre rapprochement !) firent de belles soirées. L'œuvre de Berlioz surtout éleva sensiblement le niveau des mois de février et mars, et fit même le maximum le 23 février (3.883 f. 35), alors que la plus faible recette fut effectuée par *La Vie de Bohème* (375 f. 85).

DIRECTION FERMO

Année théâtrale 1908-1909.

La vacance de la Direction ayant été déclarée et publiée dans les journaux, le Conseil municipal apporta, dans sa séance du 27 janvier 1908, quelques nouvelles modifications au cahier des charges.

La date de l'ouverture de la vacance fut reportée au 10 janvier 1909, date avant laquelle le Directeur en fonctions devait par conséquent déclarer s'il désirait continuer l'exploitation pour l'année suivante. Cette décision avait pour but de permettre de procéder plus tôt à la nomination du nouveau Directeur et à celui-ci de ne pas être remis à une date trop tardive pour composer sa troupe.

L'emploi de la contralto était de nouveau rétabli, l'expérience en ayant démontré la nécessité absolue.

La durée de l'exploitation était maintenue à cinq mois et quinze jours pour le drame lyrique et l'opéra-comique et à cinq mois pour le grand opéra ; mais ce dernier genre devait commencer dans la huitaine au plus tard de l'ouverture de la saison, de façon que les débuts des artistes puissent avoir lieu simultanément.

Les deux ouvrages nouveaux imposés devaient être donnés, le premier dans le troisième mois de l'exploitation lyrique, et le second dans le quatrième mois.

Quelques changements étaient enfin apportés au mode d'affectation et de versement de la subvention.

L'Administration municipale reçut huit propositions de candidatures pour la Direction, et la Commission, après avoir entendu les explications de quatre candidats : MM. Ullmann, Fermo, Speck et Subtil, et enfin Ursin et Lafont, proposa au Conseil municipal M. Fermo, directeur de tournées théâtrales, ou plutôt de troupes qui s'installaient à demeure dans des villes et y donnaient une série de représentations d'ouvrages différents.

Ce fut ce dernier qui fut nommé Directeur par 15 voix sur 24 votants dans la séance du 26 février 1908.

On se souvient que M. Fermo avait donné les 11 et 13 mai 1906 deux représentations de *Chatterton*, de Léoncavallo, avec Mlle Mancini et M. Pascual, sous la direction de M. Théodore Mathieu, noms que nous allons avoir à citer à plusieurs reprises.

Modifications au mode de débuts. — Comme le disait un des considérants du nouvel arrêté du maire, en date du 5 septembre 1908, les dispositions du précédent arrêté prises en vue de prévenir les fraudes possibles lors de l'admission des artistes à la suite de leurs débuts, n'avaient pas eu l'effet que l'on était en droit d'espérer.

On changeait donc encore une fois le système des débuts, et le bon et vrai public n'avait plus du tout voix au chapitre. Il est vrai qu'il avait montré auparavant une telle indifférence et même une si grande répugnance à s'astreindre à toutes les formalités imposées que la privation devait être pour lui de minime importance.

Donc il était institué une Commission dite des débuts, composée des membres de la Commission consultative et des abonnés.

La troupe débutait pendant huit représentations et chaque artiste devait avoir joué au moins trois rôles de son emploi pendant la période prévue.

En cas de refus d'un ou plusieurs artistes, le Directeur avait un délai maximum de dix jours pour compléter sa troupe, et une seconde période de débuts commençait alors.

Saison lyrique. — L'ouverture de la saison eut lieu avec *Faust* le 7 octobre et les débuts se terminèrent le 29 octobre. 68 électeurs prirent part au vote et, seul, le fort ténor ne fut pas admis. L'artiste appelé en remplacement, M. Lucas, fut accepté le 18 novembre par 39 voix sur 44 votants.

La troupe fut alors composée comme suit :

MM. Théodore Mathieu, chef d'orchestre ;
Tasset, deuxième chef d'orchestre ;
Jahn, régisseur général ;
Lucas, fort ténor ;
Pascual, ténor léger ;
Radoux, deuxième ténor ;
Roselly, baryton de grand opéra ;
Saimprey, baryton d'opéra-comique ;
Meurisse, basse noble ;
Fernand Baer, basse chantante ;
Rougon, deuxième basse ;
Burgat, trial ;
Ometz, laruette ;

Mmes Eve Grippon-Selzam, forte chanteuse falcon ;
Dratz-Barat, chanteuse légère ;
Léa de Perre, d°
Fiérens, contralto ;
Lambertha, première dugazon ;
Vois, deuxième dugazon ;
Patoret, duègne ;

M. d'Alessandri, maître de ballet ;

Mmes Blanche Mignon, première danseuse noble ;
Zetti, première danseuse demi-caractère ;
Barbero, première danseuse travesti.

Nous retrouvons quelques noms déjà connus : M. Jahn, régisseur général, avait été le deuxième ténor des saisons 1894-1895 et 1897-1898 ; M. Roselly avait tenu son même emploi en 1902-1903, et M. Saimprey en 1904-1905 ; Mme Fiérens avait été la falcon de la direction Perrouas en 1902-1903, M. d'Alessandri le maître de ballet et premier danseur de la saison 1885-1886, et Mme Blanche Mignon la danseuse noble des saisons 1903-1904 et 1904-1905. Sans parler de M. Ometz, qui est inamovible, rappelons enfin que M. Baer, basse chantante, avait créé le rôle du Diable, dans *Grisélidis*, en 1905, et avait chanté cette même année le rôle de Méphistophélès.

Répertoire lyrique. — Pendant la saison 1908-1909, M. Fermo ne reprit pas moins de quarante œuvres, grands opéras, opéras-comiques ou ballets déjà joués antérieurement :

L'Africaine (5).	Louise (2).
L'Attaque du moulin (2).	Le Maître de Chapelle (2).
Le Barbier de Séville (5).	Manon (8).
Carmen (10).	Marie-Magdeleine (4).
Cavalleria Rusticana (2).	Mignon (4).
La Dame Blanche (1).	Mireille (5).
La Damnation de Faust (6).	Myosotis (3).
Les Dragons de Villars (2).	La Navarraise (5).
Faust (5).	Les Noces de Jeannette (6).
La Fille du Régiment (3).	Orphée (2).
Grisélidis (3).	Paillasse (7).
Guillaume Tell (2).	Le Prophète (3).
Haensel et Gretel (5).	Rigoletto (3).
Hamlet (3).	Samson et Dalila (6).
Hérodiade (2).	Sigurd (3).
Les Huguenots (6).	Si j'étais Roi (1).
Le Jongleur de Notre-Dame 1.	Thaïs (3).
La Juive (3).	La Vie de Bohème (3).
La Kermesse de Dandreleu (1).	La Vivandière (11).
Lakmé (6).	Werther (3).

Artistes en représentation. — Nombreux furent les artistes en représentation.

Mlle Thévenet, de l'Opéra-Comique, retrouva le même succès que l'année précédente dans *Carmen*.

Mlle Geneviève Vix, de l'Opéra-Comique, chanta *Grisélidis* et s'y fit applaudir.

Mme Georgiadès, du Grand-Théâtre de Marseille et de la Gaîté, interpréta plusieurs fois *Carmen*, où elle fut plus heureuse que dans *Orphée* et *Samson et Dalila*.

Mme Georgette Leblanc-Mæterlinck, que nous retrouverons en parlant de *Méfistofele*, parut dans *Thaïs*, *La Navarraise* et dans un concert au profit des chœurs.

Mme Allary, notre ancienne dugazon de 1892-1893, chanta dans *La Dame Blanche* le rôle de Jenny.

M. Clément, de l'Opéra-Comique, fut, comme de coutume, très fêté dans *La Dame Blanche*.

M. Gautier, de l'Opéra, se fit entendre dans *Guillaume Tell*.

M. Cossira, de l'Opéra également, dans *La Damnation de Faust* et dans *L'Attaque du Moulin*.

M. Dufriche, de l'Opéra-Comique, dans *Le Jongleur de Notre-Dame*.

M. Galaud, de l'Opéra-Comique, notre ancien ténor, chanta *La Navarraise*, *Mignon*, *Carmen* et *Louise*.

M. Lavarenne, de l'Opéra-Comique, *Mignon* et *Le Barbier de Séville*.

Enfin M. Thirel interpréta *Les Dragons de Villars*.

Nouveautés. — Trois œuvres nouvelles, intéressantes à des titres divers, furent montées pendant la saison.

Le Chemineau, drame lyrique en 4 actes, de Jean Richepin, musique de Xavier Leroux. Première représentation le 27 novembre 1908 avec la distribution suivante : MM. Roselly (le Chemineau), Baër (François), Rougon (le fermier Pierre), Pascual (Toinet), Radoux (Martin), Maire (Thomas), Mmes Grippon (Toinette), Dratz-Barat (Aline), Lambertha (Catherine). Cette partition fut, à la première, dirigée par l'auteur, qui fut vivement acclamé. L'œuvre était d'ailleurs bien au point et admirablement montée. De beaux décors avaient été spécialement brossés par M. Rambert, et dix représentations furent données cette année-là.

Ariane, opéra en 4 actes, de Catulle Mendès, musique de Massenet. La première eut lieu le 10 février 1909, quelques jours seulement après la mort tragique du librettiste. Les principaux rôles étaient confiés à Mmes Grippon (Ariane), Fiérens (Phèdre), Focké, engagée spécialement (Perséphone), Lambertha (Eunoë), MM. Lucas (Thésée), Roselly (Pirithoüs). Le ballet compléta agréablement cet ensemble, mais l'œuvre n'eut que cinq représentations et n'a plus été reprise.

Méphistophélès, ou mieux *Méfistofele*, grand opéra en 5 actes et 9 tableaux, d'Arrigo Boïto. Première représentation le 3 mars 1909, avec MM. Pascual (Faust), Baër (Méphistophélès), Radoux (Wagner et Nérée), Mmes Grippon (Marguerite et Hélène), Fiérens (Marthe et Panthalis). Aux représentations suivantes, qui furent au nombre de cinq, Mme Georgette Leblanc et Mme de Perre chantèrent à leur tour le rôle de Marguerite et d'Hélène.

Mentionnons rapidement deux ballets qui ne furent dansés qu'une fois chacun.

Nouredda, livret de d'Alessandri, musique de Raynaud (10 janvier 1909).

Tircis et Cléo, livret de Lénéka, musique d'Olivier Métra (31 janvier 1909).

Représentations extraordinaires. — Reyer étant mort le 15 janvier 1909, M. Fermo donna, le 20 du même mois, une représentation de *Sigurd*, et entre le deuxième et le troisième acte, M. Jahn, régisseur général, lut un à-propos en vers spécialement composé par M. Grippon, mari de la chanteuse falcon :

> O maître, nous venons en pieux serviteurs
> De la beauté, pour qui vibra ton âme ardente,
> Sur ta tombe close où gémit la muse en pleurs,
> Apporter des lauriers à ta gloire vivante.

Puis le buste du grand compositeur fut couronné au milieu de tous les artistes de la troupe.

Quelques jours après, le 25 janvier, fut organisée en grand gala, une représentation au bénéfice des familles des victimes faites par les tremblements de terre de Sicile et de Calabre. Mme Georgette Leblanc-Mæterlinck se fit entendre dans les deuxième et troisième actes de *Thaïs* et dans *La Navarraise*. Le spectacle était complété par *Paillasse*.

Concerts. — Quatre concerts furent donnés pendant la saison.

Le 23 décembre 1908, l'orchestre exécuta l'ouverture du *Roi d'Ys*, la musique de scène des *Erynnies*, de Massenet. Mme Horta chanta un air du *Freischütz*, et tous les artistes hommes de la troupe se firent entendre dans *Le Crucifix*, de Faure.

Le 13 janvier 1909, l'orchestre joua les ouvertures du *Freischütz* et du *Roi d'Ys*, et la cinquième symphonie de Beethoven. La soirée se termina par *Orphée*.

Le 27 janvier, une œuvre de notre concitoyen, M. Raymond Chanoine-Davranches, *Fleurs perfides*, l'ouverture de *Coriolan*, de Beethoven, *La Danse Macabre*, et *La Marche Hongroise*, de

Berlioz, précédèrent *La Vie de Bohème*, qui sembla un peu dépaysée en semblable compagnie.

Enfin, le 13 mars, dans une représentation au bénéfice des chœurs, M*me* Georgette Leblanc chanta *Les Chansons de Miarka*, d'Alexandre Georges, et les artistes de la troupe se firent entendre dans divers morceaux de leur choix.

Représentations dramatiques en cours de saison. — La saison lyrique fut agrémentée de représentations dramatiques qui comportèrent :

Pendant le Bal et *Le Monde où l'on s'ennuie*, de Pailleron, avec M*me* Lara, de la Comédie-Française, mal entourée d'ailleurs ;

L'Arlésienne, avec MM. Albert Lambert père et fils, Cornaglia, M*mes* Grumbach et Antonia Laurent ;

Nos Magistrats, d'Arthur Bernède ;

Polyeucte et *Les Plaideurs*, joués au profit du rachat de la maison natale de Pierre Corneille ;

L'Heure de la Bergère, de Maurice Ordonneau, et *Monsieur l'Adjoint*, de Paul Gavault, par la tournée Achard ;

Enfin, *Les Gaietés de l'Amour*, de Micho, et *Nono*, de Sacha Guitry. Dranem, qui se montra assez médiocre acteur dans la première de ces pièces, eut plus de succès dans ses monologues et chansonnettes.

Dernières semaines d'exploitation. — Les six dernières semaines d'exploitation obligatoire comportèrent des spectacles de divers genres que nous rappellerons en suivant l'ordre chronologique.

Le Baiser, de Théodore de Banville, et *L'Aventurière*, d'Emile Augier, avec M*lle* Cécile Sorel, MM. Albert Lambert fils et Leloir, de la Comédie-Française ;

Le Tour du Monde à pied, pièce à grand spectacle, de Gaston Marot, qui fut jouée dix fois ;

Israël, d'Henry Bernstein ;

Les Scrupules, d'Octave Mirbeau, et *Le Foyer*, de Mirbeau et Thadée Nathanson, qui donnèrent lieu à des manifestations sur lesquelles nous reviendrons ;

La Parisienne, d'Henry Becque, *La Paix chez soi*, de Courteline, et *Les Brebis de Panurge*, de Meilhac et Halévy, avec

Mmes Devoyod et Danjou, MM. Mayer, Ravet et Dessonnes, de la Comédie-Française.

Incidents. — Jusqu'alors les incidents s'étaient produits au cours de la saison lyrique, et plus spécialement pendant la période des débuts. Cette année-ci, au contraire, nous ne trouvons à en signaler qu'à propos de la représentation du *Foyer*, ainsi d'ailleurs que cela s'était passé dans toutes les villes où cette pièce avait été jouée, par suite de ses tendances anticléricales.

Ce soir-là donc, 21 avril 1909, la salle était archi-comble, et des manifestations se produisirent aux premier et troisième actes contre certaines tirades. Le Commissaire central et le Commissaire de service, ceints de leur écharpe, durent intervenir, mais les perturbateurs étant éparpillés à toutes les places, il y eut des luttes et des combats en règle pour les expulser et les conduire au poste.

Neuf manifestants furent arrêtés et relâchés aussitôt, mais six furent poursuivis en simple police pour tapage : cinq furent condamnés à 5 francs d'amende et aux dépens, le sixième à 15 francs d'amende et à un jour de prison ; les trois autres furent traduits en correctionnelle pour outrages aux agents et rébellion, et le Tribunal, se montrant sévère, les condamna à un mois de prison sans sursis.

Représentations ayant précédé et suivi la saison lyrique. — Pendant le mois de septembre 1908, trois représentations d'œuvres dramatiques furent organisées :

Grasse Matinée et *Boute-en-Train*, de Alfred Athis, par la tournée Achard, avec Galipaux ;

Les Erreurs du Mariage, de A. Bisson, et *Ma Générale*, de Jules Claretie, cette dernière œuvre avec Polin, qui se fit entendre dans un intermède ;

Enfin, *La Femme nue*, de Henry Bataille, par la tournée Baret.

Après la saison, c'est-à-dire de mai à juillet 1909, on eut :

Le Voyage de M. Perrichon et *L'Anglais tel qu'on le parle*, avec M. de Féraudy, de la Comédie-Française ;

Le Roi, de de Flers, de Caillavet et Emmanuel Arène, avec Albert Brasseur et sa troupe ;

La Dame aux Camélias, avec Sarah Bernhardt ;

Enfin *Les Oberlé* constituèrent le spectacle offert à l'occasion du 14 Juillet.

Soirées concertantes. — Le 5 juin, un concert fut donné au bénéfice des familles des victimes de l'incendie de Petit-Quevilly, avec le concours de Mmes Moreau-Villette et Gobelin, Mlle Jeanne Sylvia, MM. Lanquetuit père et fils, MM. Courcy, Yvon Dorval et Bellamy, la musique du 74e et l'Harmonie de Rouen-Saint-Sever.

Et le Comité des Fêtes Normandes organisa le 19 juin une soirée à laquelle avaient été conviées les reines de Paris, de Calais et de Normandie, qui furent très fêtées et très admirées. On y entendit la fameuse Académie Culinaire de Bruxelles, la Musique municipale, le Cercle Orphéonique et les enfants des écoles, sous la direction de M. Duvauchelle.

Recettes. — Les recettes de la saison lyrique s'élevèrent à . . . . 268.955 f. 80

Celles des représentations extra-lyriques à . 29.982 35

Total . . . . . . 298.938 f. 15

Le mois de novembre fut le plus fructueux, et Mme Georgette Leblanc, en se faisant entendre au profit des victimes des tremblements de terre, fit réaliser la plus forte recette, soit 4.389 f. 10. Il est vrai que les abonnements et entrées de faveur étaient suspendus.

Faits divers. — Pour prévenir les abus auxquels donnait lieu ce trafic, un arrêté du maire de Rouen, en date du 23 septembre 1908, interdit la vente et l'offre de vente de billets de théâtre, ou contre-marques, ou le racolage ayant cet objet.

Cet arrêté, s'il n'est pas rigoureusement observé, et il est impossible qu'il le soit, a eu au moins pour résultat de rendre plus discrètes et plus silencieuses les opérations des camelots, et l'on n'entend plus, pendant les entr'actes, devant le théâtre, le cri bien connu : « Qui est-ce qui la vend ? Vendez-vous votre billet ? »

DIRECTION FERMO

Année théâtrale 1909-1910.

M. Fermo ayant demandé à continuer pour l'année 1909-1910 l'exploitation du Théâtre-des-Arts, le Conseil municipal, dans sa séance du 29 janvier 1909, autorisa la prorogation, pour une année, de la concession et, selon le désir manifesté par M. Fermo, fut d'avis de supprimer purement et simplement les débuts, laissant au Directeur toute liberté pour le choix de sa troupe. Toutefois, il réservait au maire le droit, la Commission consultative entendue, d'exiger dans le courant du premier mois le remplacement de tout artiste reconnu insuffisant.

Pour motiver cette suppression des débuts, le rapporteur, M. Lucien Valin, déclarait que le public spécial qui suivait autrefois les épreuves, avait cessé de venir au théâtre depuis qu'il ne pouvait plus influer sur leur résultat, et que le genre de pièces données pendant cette période n'attirait personne. Le premier mois d'exploitation était donc perdu pour tout le monde. Au contraire le Directeur, étant dorénavant débarrassé de cette préoccupation des débuts, serait en mesure de préparer son répertoire longtemps à l'avance et de commencer même la saison avec une pièce qui pourrait être une nouveauté.

Cette douce illusion ne s'est guère réalisée : l'ancien répertoire règne toujours en maître pendant un bon mois, car une œuvre nouvelle demande une assez longue préparation, et le public ne vient pas. Le premier mois donne donc des recettes dérisoires, alors qu'autrefois le troisième début des principaux artistes, surtout quand ils étaient tant soit peu contestés, faisait des salles combles ! et ces passions n'étaient-elles pas, en somme, préférables à l'indifférence ?

Quoi qu'il en soit, un arrêté du maire, en date du 4 mars 1909, supprima la formalité des débuts.

Saison lyrique. — La saison lyrique s'ouvrit le 9 octobre avec *Guillaume Tell*, et la troupe fut constituée comme suit, sans que le Maire eût usé de son droit :

MM. Théodore MATHIEU, chef d'orchestre ;
TASSET, deuxième chef d'orchestre ;
JAHN, régisseur général ;
BRUZZI, ténor demi-caractère ;
SORRÈZE, d°
PASCUAL d°
LAVARENNE, ténor léger, assumant l'emploi de 2ᵉ ténor ;
ROSELLY, baryton de grand opéra ;
SAIMPREY, baryton d'opéra-comique ;
MEURISSE, basse noble ;
COTREUIL, basse chantante ;
ROUGON, deuxième basse ;
BURGAT, trial ;
OMETZ, laruette ;
Mᵐᵉˢ COMTE, forte chanteuse falcon ;
DAFFETY, chanteuse légère ;
DONALDSON, d°
SOÏNI, contralto ;
CORTEZ, première dugazon ;
WUILHARTHE, deuxième dugazon ;
JOST, duègne ;
MIGNON, première danseuse noble ;
ZETTI, première danseuse demi-caractère ;
BARBERO, première danseuse travesti.

On voit que plusieurs artistes de la saison précédente avaient été de nouveau engagés. Parmi les nouveaux venus, nous ne voyons à citer que Mᵐᵉ Soïni, qui avait déjà tenu l'emploi de contralto en 1897-1898.

Répertoire lyrique. — Les trente-neuf œuvres suivantes furent reprises pendant la saison 1909-1910 :

L'Africaine (2).
Le Barbier de Séville (2).
Carmen (12).
Cavalleria rusticana (5 .
Le Chalet (3).
Le Chemineau (1).
Les Contes d'Hoffmann (2).
Coppélia (2).

La Dame Blanche (1).
Don Juan (4
Les Dragons de Villars (2).
Faust (7).
La Favorite (2).
La Fille du Régiment (4).
Guillaume Tell '2 .
Hamlet (2 .

Hérodiade (2)
Les Huguenots (4).
Le Jongleur de Notre-Dame (6).
La Juive (1).
Lakmé (7).
Lohengrin (6).
Louise (3).
Le Maître de Chapelle (2).
Manon. (10).
Mignon (5).
Mireille (5).
La Navarraise (3).
Les Noces de Jeannette (6).
Paillasse (6)
Le Roi d'Ys (2).
Samson et Dalila (5).
Sigurd (1).
Si j'étais Roi. (2).
Thaïs (3).
La Traviata (2).
Le Trouvère (7).
La Vie de Bohème (2).
Werther (2).

Le ténor Zamco. — Avant de passer à la rubrique consacrée aux artistes étrangers à la troupe, venus en représentation, nous croyons devoir consacrer une mention spéciale au ténor Zamco qui, quoique russe d'origine, faisait, comme un bon Normand, partie de la troupe, tout en n'en faisant plus partie.

En effet, engagé comme fort ténor et porté en cette qualité au tableau officiel de la troupe, cet artiste fit preuve d'une telle inexpérience, le jour de l'ouverture, dans *Guillaume Tell*, que, malgré la suppression des débuts, le public protesta, demanda et obtint sa résiliation.

Cependant, tenant à justifier son choix et voulant donner à M. Zamco une revanche artistique, M. Fermo lui fit chanter entre deux actes de *Carmen* l'air de *L'Africaine* : « O Paradis sorti de l'onde », celui d'*Aïda* : « Si j'étais ce soldat », et enfin, le grand air de *Paillasse*. Ce fut une révélation, car les notes élevées sortaient avec une facilité et une pureté extraordinaires. Quelques jours après, une seconde audition produisit la même impression sur le public, et les habitués manifestèrent le désir d'entendre à nouveau ce fort ténor dans une pièce du répertoire.

Pour leur donner satisfaction, on monta *Le Trouvère*, et M. Zamco chanta le rôle de Manrique, jouant avec les *ut* et les *contre-ut* dont il émaillait la partition qui n'en comporte pas. Une certaine inexpérience se manifestait encore, et l'italien étant plus familier à l'artiste, c'est en cette langue qu'il interprétait son rôle où sa voix fit merveille.

Après une longue indisposition, l'artiste reparut, toujours dans *Le Trouvère*, et son air bon enfant, son désir évident de bien faire, sa vaillance, conquirent le public, et le vieil opéra de Verdi fit des salles combles, surtout en populaire. Et, cependant, le bon public qui applaudissait à tout rompre, ne comprenait absolument rien, car le sujet du *Trouvère*, même en français, est déjà bien compliqué !

Enfin, M. Zamco aborda le difficile rôle de Raoul des *Huguenots*, et eut d'excellents moments, par exemple dans la terrible romance du premier acte; dans tous les cas on lui pardonna beaucoup, car il était devenu l'enfant gâté du public.

Mais qu'est devenu cet oiseau rare, ce ténor à la voix si puissante ?

Artistes en représentation. — Parmi les artistes venus en représentation, une mention spéciale est due à Mlle Louise Mancini, de l'Opéra, qui fit preuve d'une souplesse de talent et d'une étendue de voix remarquables en chantant, parfois au pied levé, les rôles les plus divers, car elle tint successivement ceux de Mathilde dans *Guillaume Tell*, de Salomé dans *Hérodiade*, de Thaïs, d'Elsa dans *Lohengrin*, de Marguerite dans *Faust*, de Brunehilde dans *Sigurd*, du page Urbain dans *Les Huguenots*, et de Charlotte dans *Werther*.

Après Mlle Mancini nous avons à citer :

Mme Marguerite Carré, de l'Opéra-Comique, dans *Manon* et *La Vie de Bohème* ;

Mme Bréval, de l'Opéra, dans *Carmen* ;

Mme Georgette Leblanc, dans *Carmen* et *Thaïs* ;

Mlle Dreux, dans *La Juive* et *Si j'étais Roi* ;

Mlle Odoyer, dans *Si j'étais Roi* ;

Mme Talexis, de l'Opéra de Nice, dans *Le Chemineau* ;

M. Muratore, de l'Opéra, dans *Faust* et *Carmen* ;

M. Affre, de l'Opéra, dans *Les Huguenots*.

M. Prêcheur, danseur de l'Opéra, dans *Coppélia* ;

Enfin, Mme Hatto et M. Franz, de l'Opéra, et Mme Bonheur-Chaix, notre ancienne contralto de 1904-1905, prêtèrent leur concours à une représentation de *Lohengrin*, donnée au profit des inondés de la Seine-Inférieure.

Nouveautés. — Pendant cette saison furent montées quatre œuvres dont il ne restera pas grand'chose.

Thérèse, drame lyrique en 2 actes, de Jules Claretie, musique de Massenet. Première représentation le 10 novembre 1909, avec Mme Soïni (Thérèse), MM. Saimprey (André Thorel), et Bruzzi (Marquis de Clairval). Cette œuvre ne fut donnée que deux autres fois.

Quo Vadis, opéra en 5 actes et 7 tableaux, de Henri Cain, musique de Jean Nouguès. La première représentation eut lieu le 23 décembre 1909, et l'interprétation fut confiée à MM. Pascual (Vinicius), Roselly (Petrone), Saimprey (Chilon), Sorrèze (Néron), Cotreuil (l'apôtre Pierre) ; Mmes Comte (Lygie), Daffety (Eunice), Soïni (Poppée). Les autres rôles, moins importants, étaient tenus par Mmes Donaldson, Cortez, Wuilharthe, MM. Rougon, Burgat, Maire, Dalbies, Lenglier (Ursus), Legrand (Croton), etc.

Les décors magnifiques avaient été brossés par M. Rambert ; la mise en scène, fastueuse, avait été réglée à merveille par M. Jahn ; le ballet était renforcé et complété par des danseurs ; enfin, la salle était, aux premières représentations, éclairée du haut en bas. Le tout formait un spectacle superbe pour les yeux, et cette précaution n'était pas inutile, car, réduite à elle-même, la musique eût semblé plutôt maigre.

Et, cependant, cette œuvre eut vingt-quatre représentations, produisant une recette totale de 60,967 francs.

L'Anniversaire, drame lyrique en 1 acte, de Jean Ferval, musique d'Adalbert Mercier. Première et unique représentation le 14 janvier 1910, avec Mmes Soïni, Donaldson, MM. Cotreuil et Lavarenne.

Charlotte Corday, drame lyrique en 3 actes et 5 tableaux, d'Armand Sylvestre, musique d'Alexandre Georges. Première représentation le 9 février 1910, suivie de deux autres. Mme Georgette Leblanc chanta le rôle de Charlotte Corday qu'elle avait créé en 1901 à l'Opéra-Populaire de Paris. Les autres interprètes étaient Mme Cortez, MM. Sorrèze, Saimprey et Rougon.

Répertoire d'opérette. — M. Fermo, qui avait négligé complètement l'opérette pendant sa première année d'exploitation, reprit ce genre au cours de la saison 1909-1910, sans en abuser toutefois, et donna ainsi :

La Fille du Tambour-Major (2). *Les Mousquetaires au Couvent* (3).
Mam'zelle Nitouche (1). *Les P'tites Michu* (2).
La Mascotte (2). *Rip-Rip* (2).
Miss Hélyett (3).

Soirée concertante. — M. Gaston Perducet organisa pendant la saison une soirée au profit de la Chanson Normande. Après une partie de concert on donna *La Terre Normande*, de Jacques Hébertot.

Représentations dramatiques en cours de saison. — Notons sous cette rubrique :

Modestie et *Connais-toi*, de Paul Hervieu, par la tournée Baret, avec Paul Mounet, de la Comédie-Française ;

L'Ane de Buridan, de de Flers et de Caillavet, également par la tournée Baret ;

Le Scandale, de Henry Bataille, avec Mlle Berthe Bady, de la Renaissance, la créatrice du rôle de Charlotte Ferroul ;

L'Arlésienne, avec M. Alexandre, de la Comédie-Française ;

Beethoven, pièce en 3 actes, de notre concitoyen René Fauchois, qui interpréta lui-même le rôle du grand compositeur. L'orchestre du Théâtre-des-Arts, sous la direction de M. Mathieu, exécuta les morceaux qui servent de prélude aux actes, comme les ouvertures de *Coriolan* et de *Léonore*, et des fragments de la deuxième et de la huitième symphonies qui se mêlent à l'action ;

Il était une Bergère, de Rivoire, et *Suzette*, comédie de Brieux, avec Mlle Suzanne Desprès, de la Comédie-Française ;

La Tête à l'envers, de François Lorson, et *Chantauclair... de lune*, avec Mme Anna Thibaud, la reine de la chanson, qui se fit entendre dans son répertoire ;

Un Ange, de Capus, par la troupe des Variétés, comprenant les excellents interprètes qui sont Mmes Lavallière, Marie Magnier, Marguerite Ugalde, et MM. Albert Brasseur, Guy et Prince.

Dernières semaines d'exploitation. — Pour remplir ses dernières semaines d'exploitation règlementaires, M. Fermo donna :

La Tour de Nesle ;

Heureux père, *La Gaffe de Bridour*, *Alfred ou le Juge de Paix malgré lui*, avec Dranem, qui interprétait son répertoire de l'Eldorado ;

La Rencontre, de Pierre Berton, avec Mmes Cécile Sorel et Robinne, MM. Grand et Brunot, de la Comédie-Française ;

Sire, de Henri Lavedan, avec Huguenet, de la Comédie-Française ;

Chantecler, de Rostand, par la tournée Hertz et Coquelin ;

La Bigote, de Jules Renard, *La Cruche* et *La Peur des Coups*, de Courteline, avec Colette Willy et Mévisto ;

Modestie et *Connais-toi*, avec M. Le Bargy, de la Comédie-Française.

Représentations ayant précédé et suivi la saison. — Pendant le mois de septembre et au commencement d'octobre 1909, diverses œuvres dramatiques furent représentées :

Le Roi, avec Albert Brasseur, des Variétés ;

La Tosca, avec Mlle Brille ;

Dormez Grand'Mère, et *Le Chemineau*, de Richepin, par la tournée Parny ;

L'Oiseau Bleu, de Capus, et *L'Éventail*, de de Flers et de Caillavet, par la tournée Baret ;

Les Burgraves, de Victor Hugo, avec Mme Segond-Weber, MM. Albert Lambert fils et Paul Mounet, de la Comédie-Française ;

Cyrano de Bergerac, par les artistes de la Porte-Saint-Martin.

Après la saison, c'est-à-dire en mai, juin et juillet 1910, nous avons à signaler :

Le Procès de Jeanne d'Arc, le drame d'Em. Moreau, avec Mme Sarah Bernhardt et les artistes de son théâtre ;

Mick et Lip, de Jean Jullien, *L'Amour veille*, de de Flers et de Caillavet, avec Mme Blanche Toutain ;

Ruy Blas, avec Mme Lara, MM. Albert Lambert fils et Brunot, de la Comédie-Française ;

L'Amour veille, avec Mme Jane Martiny et M. Georges Berr, de la Comédie-Française ;

Hamlet, avec Mme Lara et M. Albert Lambert fils ;

Enfin, *La Rabouilleuse*, le drame d'Em. Fabre, forma le spectacle gratuit du 14 Juillet.

Recettes. — La saison lyrique proprement dite
produisit. . . . . 287.088 f. 90
A quoi il convient d'ajouter les représentations
antérieures et postérieures à la saison. 53.259 05

       Ensemble. . . . . 340.347 f. 95

Les recettes, déjà très bonnes en novembre et en décembre, progressèrent beaucoup en janvier, grâce à *Quo Vadis*, qui poursuivit une si brillante carrière au point de vue financier.

Faits divers. — Nous avons vu que, depuis 1897, les dames n'étaient admises aux places du rez-de-chaussée qu'après avoir enlevé leur chapeau.

Un arrêté du Maire, en date du 30 septembre 1909, étendit ces dispositions aux loges de côté et aux fauteuils de balcon ; toutefois, par un communiqué inséré dans les journaux quelques jours après l'ouverture de la saison, la Direction faisait savoir que les chapeaux seraient de nouveau tolérés au deuxième rang des fauteuils de balcon et dans les loges.

DIRECTION FERMO

Année théâtrale 1910-1911

Le Conseil municipal, dans sa séance du 14 janvier 1910, accepta la demande de M. Fermo tendant à obtenir la concession du Théâtre-des-Arts pour la campagne 1910-1911. Il fit en même temps, sur la demande de celui-ci, quelques légères retouches au cahier des charges :

Report au 15 octobre de l'ouverture de la saison fixée auparavant au 8, afin de permettre aux artistes, choristes et musiciens retenus dans les casinos de villes d'eaux ou de bains de mer d'arriver en temps utile pour prendre part aux premières répétitions ;

Versement du solde de la subvention à la fin de la saison lyrique, et non plus à la fin du septième mois d'exploitation obligatoire.

Le rapporteur de la question au Conseil municipal, M. Lucien Valin, concluait en même temps au maintien de la subvention fortement battue en brèche depuis plusieurs années et, pour cette raison, crut devoir développer les arguments à l'appui et qui peuvent se résumer ainsi :

Il n'est pas vrai de dire que le public abandonne le théâtre ; il y vient, au contraire, quand on y donne de beaux et bons spectacles.

Le personnel du théâtre fait sur place des dépenses et les habitants de la banlieue ou des environs ne sont pas sans laisser quelque argent à Rouen quand ils viennent au spectacle ; la subvention n'est donc pas perdue, car elle accroît le mouvement commercial de notre ville.

Enfin, la suppression de la subvention équivaudrait à la suppression du genre lyrique et, partant, à la fermeture du théâtre.

Ces raisons parurent convaincantes, car le Conseil adopta le cahier des charges à l'unanimité moins 4 voix.

Et cependant ne peut-on pas se demander si la somme allouée

par la Ville est bien employée quand elle sert à monter des pièces qui ne contribuent certes pas à faire l'éducation musicale de la masse.

Et, par contre, les crédits votés pour acquisitions nouvelles dans les Musées et la Bibliothèque publique sont tout à fait insuffisants et presque dérisoires, si on les compare au chiffre de la subvention !

Le public, dira-t-on, a les spectacles qu'il mérite. C'est exact, et on ne peut blâmer un directeur de monter des pièces qui lui donneront du bénéfice. Mais si le théâtre joue ce qui rapporte et ne joue pas ce qui est beau, à quoi sert cette subvention ?

Saison lyrique. — L'ouverture de la saison eut lieu le 12 octobre avec *Les Huguenots*, et la troupe fut constituée comme suit, sans qu'aucune modification ultérieure y eût été apportée :

MM. Théodore MATHIEU, chef d'orchestre ;
 TASSET, deuxième chef d'orchestre ;
 JAHN, régisseur général ;
 GAILLARD, fort ténor ;
 SORRÈZE, ténor demi-caractère ;
 PASCUAL, ténor demi-caractère ;
 GRILLIÈRES, ténor léger, assumant l'emploi de 2ᵉ ténor ;
 NUCELLY, baryton de grand opéra ;
 SAIMPREY, baryton d'opéra-comique ;
 AUMONIER, basse noble ;
 BRUINEN, basse chantante ;
 ROUGON, deuxième basse ;
 DUBUARD, trial ;
 OMETZ, laruette ;

Mᵐᵉˢ MAGNE, forte chanteuse falcon ;
 BLOT, chanteuse légère de grand opéra ;
 DUCAU, chanteuse légère d'opéra-comique ;
 KIRDOFF, contralto ;
 STRELETSKI, première dugazon ;
 QUERCY, deuxième dugazon ;
 LAMBERTI, duègne ;
 SBERNA-GRILLIÈRES, maîtresse de ballet ;

Mmes Blanche MIGNON, première danseuse noble;
ZETTI, première danseuse demi-caractère;
BARBERO, première danseuse travesti.

Nous retrouvons donc bien des artistes de la saison précédente, mais à côté d'eux quelques revenants sont à signaler : M. Nucelly, qui avait échoué quelques années auparavant, dans l'emploi de baryton; Mlle Blot, la chanteuse légère de 1906-1907; M. Bruinen, qui avait déjà tenu l'emploi de basse chantante en 1902-1903; enfin, la maîtresse de ballet, Mme Sberna-Grillières, qui avait été danseuse noble pendant la même saison.

Répertoire lyrique. — Voici la liste des trente-six œuvres reprises pendant la saison :

L'Africaine (2).
Aïda (5).
Le Barbier de Séville (2).
Carmen (8).
Cavalleria Rusticana (3).
Le Chalet (2).
La Dame Blanche (3)[1].
Les Dragons de Villars (2).
Faust (8).
La Favorite (2).
La Fille du Régiment (2).
Guillaume Tell (5).
Hænsel et Gretel (3).
Hamlet (2).
Hérodiade (1).
Les Huguenots (4).
Le Jongleur de Notre-Dame (5).
La Juive (2).
Lakmé (5).
Lohengrin (3).
Le Maître de Chapelle (2).
Manon (10).
Mignon (4).
Mireille (6).
La Navarraise (3).
Les Noces de Jeannette (3).
Paillasse (2).
Rigoletto (1).
Roméo et Juliette (2).
Samson et Dalila (2).
Sigurd (2).
La Tosca (2).
Le Trouvère (1).
La Vie de Bohème (1).
Le Voyage en Chine (1).
Werther (4).

Artistes en représentation. — Comme tous les ans, le rôle de la Carmencita fut interprété par des vedettes de l'Opéra-Comique et on entendit Mlles Bailac et Marié de l'Isle, qui y remportèrent chacune leur succès. M. Clément, également de l'Opéra-Comique, chanta une autre fois le rôle de don José.

Le rôle de Faust fut rempli à souhait par deux ténors de l'Opéra : MM. Muratore et Campagnola, et ce dernier s'était produit auparavant dans *Roméo et Juliette*.

---

1. Y compris la représentation du 8 juin 1911 donnée à l'occasion des Fêtes du Millénaire normand.

Mme Marguerite Carré, de l'Opéra-Comique, donna une nouvelle audition de *La Vie de Bohème*.

Mlle Geneviève Vix, du même théâtre, eut un vif succès dans *Manon* et *La Tosca*.

Mme Caro-Lucas, de l'Opéra, chanta le rôle d'Elsa, de *Lohengrin*.

Mme Dratz-Barat, notre ancienne pensionnaire, reprit ses rôles de chanteuse légère dans *Hænsel et Gretel*, *Manon* et *La Dame Blanche*, et, dans cette même œuvre de Boieldieu, M. Francell, de l'Opéra-Comique, vocalisa à ravir le difficile rôle de Georges Brown.

Nouveautés. — Trois œuvres nouvelles, dont une seule, la première, présentait de sérieuses qualités.

Aphrodite, drame musical en 5 actes et 6 tableaux, par Louis de Gramont, d'après le célèbre roman de Pierre Louys, musique de Camille Erlanger. La première représentation fut donnée le 14 décembre 1910 avec Mmes Blot (Chrysis), Kirdorff (Chimairis et Bacchis), Ducau (Myrto), Streletski (Rhodis), M. Pascual (Demetrios) MM. Aumonier, Grillières, Rougon, Maire, Mmes Quercy, Debons, Lamberti, Castille, etc...

De nouveaux décors brossés spécialement par M. Rambert, une mise en scène très soignée et très réussie et le mérite intrinsèque de la partition eussent dû assurer le succès, mais peut-être à cause de la faiblesse et de la froideur des deux principaux interprètes, l'œuvre languissait, et le public se faisait rare, quand M. Fermo eut la bonne inspiration de faire appel à Mlle Chenal, de l'Opéra-Comique. Ce fut pour beaucoup une révélation, le rôle fort important de Chrysis prit alors toute sa valeur, et les quatre représentations qui furent ainsi données vengèrent le compositeur.

Aphrodite eut neuf représentations ayant produit 20.803 fr. 80 de recettes; c'est assez dire que les cinq premières avaient été bien peu suivies.

M. Erlanger, qui avait été acclamé lors de la première représentation, dirigea lui-même le 4e acte à la sixième.

La Glu, drame musical populaire en 4 actes et 5 tableaux, de Henri Cain, d'après le roman de Richepin, musique de Gabriel Dupont. Première représentation le 4 janvier 1911, avec

Mlle Vix, de l'Opéra-Comique (la Glu), Mme Magne (Marie-des-Anges), Mlle Ducau (Naïc), MM. Nucelly (Gillioury), Sorrèze (Marie Pierre), Bruinen (docteur Cézambre), Grillières (comte de Kernan).

De très beaux décors avaient été faits par M. Rambert, et la mise en scène ne laissait rien à désirer.

Par l'intérêt du livret et le mérite de l'interprétation, cette œuvre eut un certain succès et fut donnée dix fois (recette 22,246 fr. 20).

Mlle Mastio, de l'Opéra, remplaça Mlle Vix à trois représentations.

Soléa, drame lyrique en 4 actes et 5 tableaux, d'Isidor de Lara, l'auteur de *Moïna* et de *Messaline*. Pour faire un peu de bruit et de réclame autour de l'œuvre, une avant-première fut donnée le 25 février 1911, dans l'après-midi, en présence de quelques notabilités parisiennes et de beaucoup d'amis de l'auteur. La véritable première eut lieu le 27 février, et les principaux rôles étaient tenus par Mme Magne (Soléa), MM. Gaillard (Lioncel), Saimprey (Rimabombas).

M. Rambert s'était encore surpassé, et cette œuvre eut neuf représentations produisant 20,493 fr. 30 de recettes.

Ces deux chiffres sont les mêmes que pour *Aphrodite*, et, cependant, MM. Erlanger et de Lara n'eussent pas dû rencontrer le même accueil de la part du public.

A propos de ces œuvres nouvelles, il se fit quelque bruit dans la presse, car un membre de la Commission consultative s'y plaignit, non sans raison, que les nouveautés promises n'étaient jamais données.

La seconde année de son exploitation, M. Fermo avait, en effet, annoncé *Quo Vadis* et *Aphrodite*, et avait substitué à cette dernière œuvre *Charlotte Corday*.

Pour l'année qui nous occupe, les nouveautés acceptées par la Commission étaient *Aphrodite* et *Don Quichotte*, de Massenet, et de cette dernière œuvre il n'était plus question. Que devenait le cahier des charges ? Les choses n'allèrent pas bien loin, car la Commission, réunie spécialement, autorisa M. Fermo à renvoyer *Don Quichotte* à l'année suivante, et consentit à compter *Soléa* comme la seconde œuvre imposée.

Mais cette discussion présageait de nouvelles hostilités au sujet de l'observation des clauses du cahier des charges, et nous verrons, en nous occupant de la campagne 1911-1912, que divers incidents surgirent et que la justice fut appelée à dire le dernier mot.

Répertoire d'opérette. — Pendant la saison quatre opérettes seulement furent reprises :

La Fille du Tambour-Major (1).   *La Mascotte* (2).
Le Grand Mogol (1).   *Les Mousquetaires au Couvent* (2).

Mais une œuvre nouvelle surgit : *La Veuve Joyeuse*, opérette en 3 actes, adaptation française de G. de Caillavet et de Flers, musique de Franz Lehar.

La première fut donnée le 27 janvier 1911, avec Mlle Suzy Delsart, du théâtre Apollo, engagée spécialement (Missia Palmieri), MM. Grillières (Danilo), Saimprey (baron Popoff), Dubuard (Figg); Mmes Streletski, Lamberti, MM. Rougon, Maire, Dalbiès, Roger, etc.

L'orchestre était conduit par M. Szulc, du Théâtre Apollo.

Fort bien montée, très richement même, interprétée d'une façon remarquable par toute la troupe, cette opérette eut cette année-là **vingt-neuf** représentations, donnant un total de 83,538 fr. 35 de recettes.

On ne dira pas que les Rouennais n'aiment pas la musique ! Mais nous croyons devoir rappeler que les vingt-six représentations de *Lohengrin*, lors de la création, ne firent que 63,758 francs de recettes, et encore grâce à un exode de Parisiens.

Représentation dramatique en cours de saison. — Une seule représentation de ce genre eut lieu ; le programme comportait *La Vierge Folle*, de Henry Bataille.

Dernières semaines d'exploitation. — Cette dernière période d'exploitation obligatoire ne fit pas grand bruit. On y donna :

L'Audition, pièce en 1 acte, de Mme Marie Gex, et *Xantho chez les Courtisanes*, de Jacques Richepin, musique de scène de Xavier Leroux ;

Plusieurs représentations de *La Jeunesse des Mousquetaires* et de *Vingt Ans après*, d'Alexandre Dumas ;

Modestie, en 1 acte, de Paul Hervieu, et *Mon Ami Teddy*, de Rivoire et Besnard, par la tournée Baret ;

Montmartre, de Pierre Frondaie, avec une troupe du théâtre de la Renaissance ;

Enfin, *L'Aiglon*, avec Mlle Blanche Dufresne.

Représentations ayant précédé et suivi la saison. — Quelques représentations furent données en août et septembre 1910 :

Le Roi, par la tournée Achard ;

L'Aiglon, de Rostand, avec Sarah Bernhardt ;

Le Bois Sacré, avec Max Dearly et Mme Blanche Toutain ;

La Main dans le Sac, en un acte, de Bousquet, et *La Revue de 1910*, revue opérette, de Rip, avec Polin dans le principal rôle ;

Enfin, *Hernani*, avec Mme Segond-Weber et M. Albert Lambert fils, de la Comédie-Française, MM. Albert Lambert père et Marquet, de l'Odéon.

Les fêtes du Millénaire Normand qui eurent lieu à Rouen au mois de juin 1911, donnèrent lieu, du 4 au 11, à diverses représentations sur notre première scène.

Tout d'abord, pour honorer trois de nos plus célèbres compatriotes, on joua le quatrième acte du *Comte d'Essex*, de Thomas Corneille, *Le Menteur*, de Pierre Corneille, avec Debelly, de la Comédie-Française, et le quatrième acte de *Louis XI*, de Casimir Delavigne.

Puis un concert fut donné au profit du rachat de la maison natale de Pierre Corneille, avec le concours de la Société Chorale de la Fédération du Commerce de Christiania et de la Musique municipale. M. Texcier, professeur au lycée, lut des vers de Camille Cé, et une ballade de Jacques Hébertot termina le spectacle. Ce fut une vraie soirée de gala, et toutes les notabilités de la ville y assistèrent.

Le lendemain, Mlles Robinne et Lifraud, de la Comédie-Française, vinrent interpréter trois actes de *Psyché*, la tragédie-ballet de Corneille et de Molière, dont la musique fut exécutée sous la direction de M. Aufry. Une conférence de M. Julien Tiersot sur *Belléropfion,* dont furent joués des fragments, et des rondes et des chansons normandes, commentées par M. Tranchepain, complétaient le spectacle.

La Dame Blanche devait naturellement trouver place dans cette série consacrée à la Normandie. Le Comité fit appel à M. Clément, de l'Opéra-Comique, et à Mlle Tesorone. Les autres rôles étaient tenus par les artistes de la troupe dont la saison venait de finir. Les chœurs et l'orchestre étaient dirigés par M. Laffitte.

Enfin, le dernier jour, 11 juin, une représentation gratuite comporta *La Conjuration d'Amboise*, de Louis Bouilhet. Les reines de Paris, de Calais et de Normandie, escortées de leurs demoiselles d'honneur, avaient pris place aux fauteuils de balcon, et le public leur fit un accueil enthousiaste.

La représentation offerte à la population rouennaise à l'occasion de la Fête Nationale se composa de *Papillon dit Lyonnais le Juste* et de *La Marseillaise*, pièce en un acte.

Recettes. — Les recettes de cette campagne théâtrale ont encore augmenté et se sont élevées :

Pour la saison lyrique, à.	307.428 f. 30
Pour les représentations ayant précédé et suivi cette saison, à.	35.774 »
Ensemble.	343.202 f. 30

Le mois le plus fructueux fut le mois de février, qui donna 68,583 fr. 65 de recettes, grâce à *La Veuve Joyeuse*, dont le succès ne s'épuisa pas.

Nous avons cependant la satisfaction de constater que la plus belle recette fut faite lors de la représentation de *La Dame Blanche*, donnée en matinée, avec le concours de M. Francell (4,147 fr. 55).

Faits divers. — Le plancher de l'emplacement réservé à l'orchestre fut encore abaissé. Cette mesure parut présenter de grands avantages, au point de vue de la sonorité, pour les instruments en cuivre, mais donna de moins bons résultats pour les instruments à cordes.

DIRECTION FERMO

Année théâtrale 1911-1912.

M. Fermo ayant exprimé au Maire, dans les premiers jours de janvier 1911, le désir de continuer l'exploitation du Théâtre-des-Arts pour une nouvelle saison, comme le permettait le cahier des charges, sa demande fut accueillie favorablement.

Saison lyrique. — La troupe fut constituée comme suit :
MM. Théodore MATHIEU, chef d'orchestre,
    Théodore ALENUS, deuxième chef d'orchestre ;
    DEPÈRE, régisseur général ;
    CREMEL, premier ténor ;
    GEYRE, ténor léger ;
    GRILLIÈRES, ténor léger, assumant l'emploi de deuxième ténor ;
    BRUYAS, baryton d'opéra ;
    DELPRET, baryton d'opéra-comique ;
    AUMONIER, basse noble ;
    BAER, basse chantante ;
    ROUGON, deuxième basse ;
    DUBUARD trial ;
    OMETZ, laruette ;
Mmes MAGNE, forte chanteuse falcon ;
    Lina DILSON, chanteuse légère ;
    ROMANITZA, chanteuse légère, qui résilia en novembre ;
    Berthe SOYER, contralto ;
    MATIVA, première dugazon ;
    DUBREUIL, deuxième dugazon ;
    FEITLINGER, duègne ;
    SBERNA-GRILLIÈRES, maîtresse de ballet ;
    Blanche MIGNON, première danseuse noble ;
    LABBÉ, première danseuse demi-caractère ;
    BARBERO, première danseuse travesti.

M. Mathieu faisait ainsi sa quatrième année de chef d'orchestre. A côté de lui, nous retrouvons MM. Grillières, Aumonier, Rougon, Dubuard, Ometz, Mmes Magne, Sberna-Grillières, Mignon et Barbero qui avaient fait partie de la précédente troupe. M. Baër avait déjà tenu son emploi en 1908-1909, Mme Soyer était déjà connue comme étant venue en représentation chanter *Samson et Dalila* plusieurs années auparavant.

Répertoire lyrique. — Les vingt-neuf œuvres suivantes furent reprises pendant la saison :

L'Africaine (2).
Le Barbier de Séville (2).
Carmen (6).
Cavalleria Rusticana (2).
Le Chemineau (3).
La Dame Blanche (5).
Les Dragons de Villars (1).
Faust (7).
La Fille du Régiment (3).
Guillaume Tell (1).
Hamlet (1).
Hérodiade (1).
Les Huguenots (2).
Le Jongleur de Notre-Dame (2).
La Juive (1).
Lakmé (5).
Lohengrin (1).
Manon (7).
Mignon (3).
Mireille (3).
La Navarraise (2).
Les Noces de Jeannette (1).
Paillasse (2).
Rigoletto (2).
Samson et Dalila (2).
Sigurd (2).
La Tosca (2).
Le Trouvère (1).
Werther (3).

Artistes en représentation. — Plusieurs artistes se firent entendre pendant la saison, notamment des ténors et barytons de grand opéra, les titulaires de ces emplois étant notoirement insuffisants.

Nous citerons :

Mlle Chenal, de l'Opéra, qui, en dehors de *L'Aube Rouge*, chanta *Carmen* et *La Tosca* ;

Mlle Geneviève Vix, de l'Opéra-Comique, dans *Manon* ;

Mlle Danthesse, de l'Opéra-Comique, dans *Mignon* ;

Mme Jane Arald, ex pensionnaire de l'Opéra, dans *Hamlet* et *Rigoletto* ;

Mlle Suzy Delsart, du théâtre Apollo, dans l'opérette ;

M. Fontaine, de l'Opéra, dans *Sigurd*, *Les Huguenots*, et *Le Trouvère* ;

M. Escalaïs, de l'Opéra, dans *La Juive* ;

M. Boulogne, de l'Opéra, dans *Sigurd*, *Le Chemineau* et *Hérodiade* ;

M. Bourbon, de l'Opéra-Comique, dans *Le Chemineau*;

M. Albers, de l'Opéra-Comique, dans *La Tosca*;

M. Roselly, de l'Opéra, notre ancien baryton, dans *La Tosca, Hamlet, Rigoletto, Guillaume Tell*;

Enfin, M. Franz, de l'Opéra, qui se montra, comme toujours, incomparable dans *Lohengrin*; mais la représentation de gala donnée à cette occasion fut troublée par des protestations violentes et, d'ailleurs, très justifiées, contre l'insuffisance par trop évidente du baryton Bruyas, que la Commission consultative avait cependant admis quelques jours avant.

Nouveautés. — Sous cette rubrique, nous avons à signaler quelques belles œuvres :

La Légende du Point d'Argentan, opéra en 1 acte, de Cain et Bernède, musique de Félix Fourdrain. La première fut donnée le 3 novembre 1911, et fut suivie de deux autres représentations. La distribution en avait été confiée à Mmes Magne (l'Ouvrière), Romanitza, qui résilia peu de temps après (la Vierge), M. Rougon (le Mari).

Don Quichotte, comédie héroïque en 5 actes, d'Henri Cain, musique de Massenet. La première représentation eut également lieu le 3 novembre 1911, avec MM. Baër (don Quichotte), Delpret (Sancho-Pança), Mme Soyer (Dulcinée), et MM. Grillières, Servin, Mmes Dubreuil et Mérol. De fort beaux décors brossés par M. Rambert, une mise en scène soignée et une interprétation excellente firent le succès de cette pièce qui fut jouée dix fois, produisant une recette de 19.519 fr. 70.

Tiefland (Terre-Basse), drame lyrique en 2 actes, avec prologue, adaptation française de Jean Bénédict, d'après Rudolphe Lothar, musique d'Eugène d'Albert. Cette pièce tomba absolument à plat, peut-être à cause de son titre qui ne fut pas compris et du livret qui présentait des situations vraiment choquantes. En tous cas, la partition méritait mieux, et avait d'ailleurs eu un véritable succès sur plusieurs scènes étrangères. Quoi qu'il en soit, la première représentation eut lieu le 13 décembre 1911 (recette 992 fr. 65); quant à la seconde et dernière qui fut donnée deux jours après, elle produisit une recette de 217 fr. 90! Les principaux rôles étaient tenus par Mme Magne et MM. Geyre, Delpret, Aumonier, Grillières.

L'Aube Rouge, drame lyrique inédit en 4 actes et 5 tableaux, d'Arthur Bernède et Paul de Choudens, musique de Camille Erlanger, représenté pour la première fois à Rouen le 5 janvier 1912. Les rôles avaient été distribués de la manière suivante : Mlle Chenal, de l'Opéra (Olga), Mme Berthe Soyer (Natacha), MM. Cremel (Serge Markariew), Baër (Kouraguine), Bruyas (Pierre du Ruys), Grillières (Vassili), Aumonier (le Grand Duc Grégorief), Rougon (Lovarof), etc. Cette partition originale, d'une orchestration très soignée, eut un vif succès auquel contribuèrent un grand luxe de mise en scène et de costumes et les nouveaux décors dus à M. Rambert. Mlle Chenal, qui avait un rôle écrasant, y fit montre des grandes qualités de chanteuse et de comédienne, déjà appréciées du public, et l'œuvre eut huit représentations produisant 21,679 fr. 75 de recettes.

L'Aigle, épopée lyrique inédite en 4 actes et 10 tableaux, de Henri Cain et Louis Payen, musique de Jean Nouguès. Cette œuvre fut représentée pour la première fois à Rouen le 2 février 1912, avec une mise en scène absolument merveilleuse. Tous les tableaux se passaient dans des décors splendides dus à MM. Rambert, de Cassina et Roger, et les costumes étaient inspirés des peintres de l'époque. On admira surtout la scène du Sacre, reproduction exacte du tableau de David, la terrasse des Feuillants, le bal de Frascati, la retraite de Russie, avec une grande scène dans laquelle le célèbre tragédien de Max déclamait *L'Expiation*, de Victor Hugo, etc. La troupe presque entière figurait dans la pièce, et les principaux rôles étaient tenus par M. Albers, de l'Opéra-Comique (Napoléon), Mme Jane Henriquez, de l'Opéra (Joséphine), Mme Magne (Marion), MM. Cremel (Barras), Baër (Toussaint), Bruyas (Junot), Aumonier (Duroc), etc. M. de Max fut remplacé après les premières représentations par M. Baër. M. Delpret tint, à son tour, le rôle de Napoléon, et Mlle Lenepveu celui de Joséphine.

En somme, « cette grande épopée avait, comme le dit M. Adolphe Jullien dans le *Journal des Débats*, tout juste le prix d'un long spectacle cinématographique, accompagné de la musique rudimentaire habituelle. » Elle eut, cependant, un immense succès, et vingt-deux représentations produisant 67,250 francs de recettes.

Déjanire, tragédie lyrique en 4 actes, de Louis Gallet et Camille Saint-Saëns, musique de Camille Saint-Saëns. La première représentation eut lieu le 23 février 1912, avec MM. Fontaine, de l'Opéra (Hercule), Roselly, également de l'Opéra (Philoctète), Mmes Magne (Déjanire), Soyer (Phénice), Dilson (Iole).

Les costumes étaient fort riches, mais pour les décors, on s'était contenté de rafraîchir quelques toiles sortant du magasin de la Haute-Vieille-Tour.

Nous avons le regret de dire qu'une œuvre de cette valeur, due à un compositeur qui honore la musique contemporaine, n'eut que trois représentations (recette 8,949 fr. 70).

Djordis, drame lyrique en 3 actes, poème et musique de M. Raymond Chanoine-Davranches, notre concitoyen, qui faisait ses débuts, au théâtre tout au moins. Son œuvre, quoique écrite dans la forme wagnérienne, ne manquait pas d'originalité, et témoignait d'une connaissance approfondie de la technique musicale. Aussi, la première représentation qui fut donnée le 14 mars 1912 fut un succès, et l'auteur fut appelé sur la scène et acclamé. Les principaux rôles furent créés par Mmes Dilson (Sfana), Soyer (Wolda), MM. Roselly (Djordis), Baër (Wall), Cremel (Wilkin). Deux autres représentations eurent lieu avant la clôture de la saison.

Représentations extraordinaires. — *Mignon* fut donné le 20 octobre 1911 à la mémoire d'Ambroise Thomas, né à Metz, en août 1811, et après la représentation M. Grillières vint dire des vers de M. Marius Dillard, devant un portrait du compositeur, entouré de draperies et de palmes.

Une autre représentation plus intéressante fut donnée le 27 mars 1912, au bénéfice de M. Théodore Mathieu, chef d'orchestre.

L'orchestre exécuta l'ouverture du *Tannhauser*, *Icare*, la partition nouvelle de M. Deutsch de la Meurthe, l'ouverture et la farandole de *L'Arlésienne*, puis Mme Henriquez et M. Roselly chantèrent des fragments du *Tannhauser*, et Mlle Henriquez se fit entendre dans *La Procession*, de César Franck. *Djordis* termina le spectacle.

Répertoire d'opérette. — L'opérette triompha encore cette année-là, car *La Veuve Joyeuse* eut vingt-deux représentations, et deux nouveautés furent données au public.

La Divorcée, en 3 actes, de Victor Léon, adaptation française de Maurice Vaucaire, musique de Léon Fall, avec Mmes Suzy Delsart et Jane Arald, et MM. Grillières, Baër, Dubuard, etc. Première représentation le 29 décembre 1911, suivie de onze autres ;

Rêve de Valse, 3 actes, de Doerman et Jacobsen, adaptation française de Xanrof et Chancel, musique d'Oscar Strauss, toujours avec Mmes Suzy Delsart et Lenepveu et MM. Grillières, Dubuard, Rougon, Ometz. Sept représentations, dont la première le 20 mars 1912.

Dernières semaines d'exploitation. — Pour finir la durée de la saison obligatoire on donna encore quelques représentations de *Rêve de Valse*, puis :

Le Roi s'amuse, avec la tournée Achard ;

Léonie est en avance ou le Mal joli, et *Xantho chez les Courtisanes*, également avec la tournée Achard ;

La Flambée, de Kistemackers, avec la tournée Baret ;

Primerose, de de Flers et de Caillavet, également avec la tournée Baret ;

Le Goût du Vice, de Lavedan, avec Mmes Blanche Pierson et Robinne, et M. Dessonnes, de la Comédie-Française.

Incidents de la saison. — Nous avons dit que la représentation de *Lohengrin*, donnée avec le concours du ténor Franz, de l'Opéra, avait donné lieu à de violentes manifestations contre le baryton Bruyas. Quelques jours après, une représentation du *Trouvère*, dans laquelle M. Fontaine, de l'Opéra, tenait le rôle de Manrique, vit le renouvellement de scènes semblables dirigées contre le même artiste ; mais alors, pour permettre à la police d'appréhender les siffleurs, on allumait le lustre en grand chaque fois que le comte de Luna devait paraître en scène ; le spectacle ne manquait pas de pittoresque avec cet éclairage variant selon le timbre de la voix du personnage.

Le journal *La Dépêche* reprocha alors à la Commission consultative de ne pas avoir exigé le remplacement de M. Bruyas, et, à cette occasion, voulut prouver par des faits connus qu'il n'y avait plus de contrôle ni de garantie pour le public (ce qu'avait dit d'ailleurs déjà un membre de la Commission dans une lettre publiée par les journaux). Il concluait en faisant grief de cette situation à la Municipalité et à M. Fermo. Celui-ci, alors, assigna *La Dépêche* devant le Tribunal civil, lui réclamant 10,000 francs de dommages-intérêts.

L'affaire fut plaidée les 24 et 29 janvier 1912 par Me Jouvin pour M. Fermo et par Me Métayer pour le journal, et nous engageons vivement les amateurs à relire le résumé des plaidoiries; ils y trouveront des détails toujours intéressants et souvent amusants sur l'exploitation du Théâtre-des-Arts pendant ces dernières années. Par jugement du 19 février, M. Fermo fut débouté de sa demande et condamné aux dépens.

Des débats et des motifs du jugement, il résultait que *La Dépêche* n'avait fait qu'user d'un droit absolu en commentant les infractions au cahier des charges, dont la principale était l'abus de l'opérette.

Un autre incident violent est à noter : le dimanche 18 février, en matinée, Mlle Vix, de l'Opéra-Comique, chantait le rôle de Manon, quand elle fut prévenue par téléphone que son service la réclamait le soir à Paris pour chanter ce même rôle, par suite de l'indisposition d'une de ses camarades. Elle dut donc prendre le train de 4 h. 51, abandonnant son rôle après l'acte de Saint-Sulpice, et pour terminer la représentation, Mlle Dilson chanta les deux derniers tableaux.

Mais l'annonce de ces différents faits avait été confiée à M. Baër. Plusieurs spectateurs, dont un abonné des fauteuils, M. D..., ayant réclamé le régisseur parlant au public, dont c'était incontestablement le rôle, M. Fermo se mit à invectiver son abonné et voulut le faire expulser par le Commissaire de police, qui s'y refusa d'ailleurs.

Le même jour, en soirée, M. Fermo et M. D... s'étant rencontrés au contrôle, l'entrevue manqua plutôt de cordialité.

Terminons en rappelant que dans la séance du Conseil municipal du 20 mars 1912, M. Bénard examina en détail la gestion de M. Fermo, et en tira cette conclusion que les spectacles donnés ne justifiaient pas la subvention.

Il est juste de dire que pendant que *L'Aigle* et *La Veuve Joyeuse* se succédaient sur l'affiche du Théâtre-des-Arts, les amateurs de musique pouvaient entendre *Le Déluge*, de Saint-Saëns, la neuvième symphonie de Beethoven, *Le Paradis et la Péri*, de Schumann, *Joseph*, de Méhul, toutes œuvres de premier ordre données par des Sociétés locales composées d'amateurs, et non subventionnées.

Représentations ayant précédé ou suivi la saison. — Pendant le mois de septembre 1911 avaient été donnés :

Le Bois Sacré, avec Max Dearly et Mlle Lucile Nobert ;

Lucrèce Borgia, avec Mlle Lucie Brille ;

Les Marionnettes, de Pierre Wolf, et *Le Voyage au Caire*, par la tournée Baret ;

Le Respect de l'Amour et *Tartuffe*, avec M. Le Bargy de la Comédie-Française ;

Enfin, *Le Tribun*, de Paul Bourget.

En juin et juillet 1912, c'est-à-dire après la saison obligatoire, nous trouvons :

Le Mariage d'Hakouma, opérette de Laurent Halet, dans laquelle se trouvait une scène qui permit à Mayol d'interpréter une partie de son répertoire ;

Le Petit Café, de Tristan Bernard ;

Le Duel et *En Visite*, de Lavedan, formant le spectacle gratuit du 14 Juillet.

Représentation au profit d'Arthémise Lamy. — Le 5 juin 1912 fut donnée une représentation extraordinaire au bénéfice de Mme Arthémise Lamy, âgée de quatre-vingt-six ans, habilleuse du Théâtre-des-Arts depuis cinquante ans.

La bénéficiaire, retenue par la maladie, ne put malheureusement pas assister à cette fête donnée à son profit, ainsi que l'expliqua M. Fermo en commençant et en remerciant en son nom les artistes qui avaient bien voulu prêter gracieusement leur concours.

Pour prouver leur estime à la vieille habilleuse, plusieurs

comédiens renommés avaient tenu à figurer au programme fort bien composé.

Après *Le Baiser*, de Théodore de Banville, interprété à ravir par Mlle Duluc et M. Brunot, de la Comédie-Française, M. René Fauchois, l'auteur de *Beethoven*, joua une scène d'une de ses œuvres inédites qui se passe au début de la Révolution, et dans un à-propos en vers fit l'éloge de la bénéficiaire.

Puis, M. Albert Lambert, de l'Odéon, et M. Paul Mounet, de la Comédie-Française, se firent applaudir dans diverses poésies.

Mme Régina Badet, de l'Opéra-Comique, remporta un vif succès dans des danses grecques.

Le spectacle se termina par *Asile de Nuit*, une pièce en 1 acte, de Max Maurey, et *La Chance du Mari*, de de Caillavet et de Flers, avec Duményet Mme Blanche Toutain.

La recette s'éleva à 4,000 francs, mais Mme Arthémise Lamy n'en jouit pas longtemps, car elle mourut quelques jours après, le 12 juin.

Bilan de la saison. — Les représentations données au cours de la saison lyrique produisirent une recette totale de . . . . 332.795 f. 15

A quoi il convient d'ajouter pour le mois de septembre 1911 et les mois d'avril, mai et juin 1912. . . . . 28.279 30

Ensemble. . . . . 361.074 f. 45

Est-il besoin de dire que ce beau résultat financier est dû à *L'Aigle* et à *La Veuve Joyeuse*? L'œuvre de Noguès fit même le maximum lors de la première représentation qui en fut donnée (4,339 fr. 05). Au contraire, *Tiefland* fit le minimum (217 fr. 90).

Faits divers. — Pour remédier aux inconvénients plusieurs fois signalés dans la presse, on rehaussa de 40 centimètres la partie du plancher où se trouve le quatuor des instruments à cordes, dont la résonnance se trouva ainsi mieux mise en valeur.

DIRECTION FERMO

Année théâtrale 1912-1913.

M. Fermo ayant demandé et obtenu pour la cinquième fois la concession de l'exploitation constitua sa troupe de la manière suivante :

MM. Théodore Mathieu, chef d'orchestre ;
Lelong, deuxième chef d'orchestre ;
Depère, régisseur général ;
Fontaine, fort ténor ;
Jolbert, ténor léger ;
Grillières, ténor léger, assumant l'emploi de deuxième ténor ;
Valette, baryton de grand opéra ;
Delhaye, baryton d'opéra-comique ;
Aumonier, basse noble ;
Baer, basse chantante ;
Rougon, deuxième basse ;
Dubuard, trial ;
Ometz, laruette ;

Mmes Mazarin, forte chanteuse falcon ;
Donaldson, chanteuse légère ;
D'Oliveira, contralto ;
Clouzet, première dugazon ;
Marty, deuxième dugazon ;
Delaras, duègne ;
Sberna-Grillières, maîtresse de ballet ;
Blanche Mignon, première danseuse noble ;
Scardovi, puis Schifner, première danseuse demi-caractère ;
Barbero, première danseuse travesti.

M. Mathieu avait donc conservé son bâton de chef d'orchestre et s'en servait avec une maîtrise de plus en plus appréciée, et M. Depère continuait à présider à la mise en scène.

Du côté du chant nous retrouvons de l'année précédente les

trois basses : MM. Aumonier, Baër et Rougon ; M. Grillières, M. Dubuard, Mme Sberna-Grillières, maîtresse de ballet, et Mmes Blanche Mignon et Barbero.

Mme Donaldson avait appartenu à la troupe de la saison 1909-1910, M. Fontaine avait chanté diverses œuvres l'année précédente et créé *Déjanire*, et Mme Delaras, duègne, avait tenu son même emploi en 1906-1907 et 1907-1908.

En donnant la dernière liste qui figurera dans cet ouvrage, nous devons une mention spéciale au brave Ometz qui appartint à notre première scène en 1884-1885 (direction Olive Lafon), et y revint en 1896 pour ne plus la quitter depuis. Un tel exemple de fidélité est rare, et loin de s'en plaindre, les habitués constatent souvent que si le père Ometz a perdu quelques notes en même temps que quelques illusions, il a su conserver les traditions de bien de rôles où il sera difficilement remplacé.

Signalons enfin que les deux chanteuses légères, primitivement engagées, durent résilier presque aussitôt : l'une par suite d'insuffisance vocale, l'autre pour cause de maladie. Un de ces emplois resta vacant toute la saison, et M. Fermo dut faire appel à des artistes du dehors pour assurer la marche du répertoire.

Répertoire lyrique. — On reprit les trente-quatre œuvres suivantes pendant la saison 1912-1913 :

L'Africaine (4).
Carmen (9).
Cavelleria Rusticana (1).
Le Chalet (1).
Le Chemineau (2).
La Dame Blanche (4).
Les Dragons de Villars (1).
Faust (7).
La Favorite 3 .
La Fille du Régiment (3).
Guillaume Tell (3).
Hamlet 2 .
Hérodiade (1).
Les Huguenots (6).
Le Jongleur de Notre-Dame (4).
La Juive (2).
Lakmé (5).
Lohengrin (2).
Louise (12).
Le Maître de Chapelle (4).
Manon (9).
Marie-Magdeleine (1).
Mignon (4).
Mireille (3).
Les Noces de Jeannette (3).
Rigoletto (2).
Sigurd (3).
Si j'étais Roi (3).
La Tosca (2).
Le Trouvère 1).
La Vie de Bohème (1).
La Virandière (2).
Le Voyage en Chine 3).
Werther (2).

Disons tout de suite que le deuxième acte du *Voyage en Chine*, dont l'action se passe dans un casino, au bord de la mer, servit de prétexte à des intermèdes variés et diversement appréciés : on y vit notamment Dranem, dont les chansons parurent un peu osées pour un public de matinée, un jour de Mi-Carême. On avait même affiché, pour la clôture de la saison, un match de boxe auquel devait prendre part le champion Klauss, mais la Municipalité, avec juste raison, s'opposa à cette exhibition d'un goût douteux sur une scène lyrique.

Il est vrai que l'annonce de *Louise*, avec Mlle Vix, pour ce même jour, avait procuré 45 francs de location !

Artistes en représentation. — Les artistes étrangers à notre scène se firent entendre principalement dans le répertoire d'opéra-comique, les deux premiers sujets de la troupe d'opéra, Mme Mazarin, forte chanteuse, et M. Fontaine, fort ténor, étant hors de pair et ayant donné des interprétations de tout premier ordre des rôles qui leur furent confiés, dans différents genres, car ils chantèrent aussi bien *Les Huguenots*, *L'Africaine* ou *Sigurd* que *Louise* ou *La Tosca*.

Mlle Heilbronner, de l'Opéra-Comique, outre sa création dans *La Terre qui meurt*, obtint un vif succès dans *Manon*, *Faust* et *La Dame Blanche*.

Mme Marguerite Carré, également de l'Opéra-Comique, chanta à nouveau *La Vie de Bohème*, et tint une fois le rôle de *Madame Butterfly*.

Mlle Vix, de l'Opéra-Comique, une habituée de notre première scène, s'y fit applaudir dans *Carmen*.

Mme Delna, de l'Opéra-Comique, interpréta également le rôle de la Carmencita, et tint le rôle de Marion dans *La Vivandière*, en compagnie de Mme d'Heillsonn, notre ancienne chanteuse légère de 1907-1908, et d'un ténor de passage, M. Rolan.

On retrouva également dans ce même rôle de *La Vivandière* Mme Fierens, l'ancienne pensionnaire de notre théâtre en 1902-1903 et 1908-1909.

Mlle Danthesse, de l'Opéra-Comique, qui s'était fait entendre l'année précédente dans *Mignon*, interpréta les deuxième et troisième actes de *Werther* le jour de la clôture.

Mlle Marchal, de l'Opéra-Comique, la créatrice de *Graziella*, chanta le rôle de Mignon, et Mme Sterda, forte chanteuse, celui de Rachel, de *La Juive*.

M. et Mme Silvain, de la Comédie-Française, participèrent aux deux représentations qui furent données de *L'Arlésienne*.

Enfin, *La Belle Otéro* (c'est ainsi que la désignaient en grosses lettres les affiches), ne recula pas devant le rôle de Carmen, et n'y réussit guère. Il est vrai qu'on aurait eu mauvaise grâce à se plaindre, car on était venu plutôt pour la voir que pour l'entendre.

Du côté masculin nous trouvons :

M. Albers, de l'Opéra-Comique, dans *Le Chemineau*, qui fut dirigé ce jour-là par le compositeur, M. Xavier Leroux ;

M. Noté, de l'Opéra, dans *L'Africaine* ;

M. Francell, de l'Opéra-Comique, dans *La Dame Blanche*;

M. Nuibo, de l'Opéra, dans *Le Jongleur de Notre-Dame* ;

M. Claude-Jean, de la Monnaie, dans *Carmen* ;

M. Pascual, notre ténor des saisons 1908-1909, 1909-1910 et 1910-1911, dans *Manon*, *Le Jongleur de Notre-Dame* et *Marie Magdeleine* ;

Enfin, M. Rigal, un Rouennais d'origine, dans le rôle du Cardinal, de *La Juive*.

Nouveautés. — Cette saison a été signalée par une grande activité de la part de la Direction qui a monté six œuvres nouvelles, dont trois inédites ; le public, par contre, a mis moins d'empressement à venir les entendre.

Madame Butterfly, opéra-comique en 3 actes, de Illica et Giacosa, adaptation française de Paul Ferrier, musique de Puccini. La première représentation fut donnée le 6 novembre 1912 avec la distribution suivante : Mmes Lucie Vauthrin, de l'Opéra-Comique (Mme Butterfly), Clouzet (Sousouki), Marty (Mme Pinkerton), MM. Jolbert (Pinkerton), Baër (Sharpless), Dalbies (Goro), Grillières (Jamadori). Cette pièce eut cinq représentations à l'une desquelles Mme Marguerite Carré chanta le rôle de Mme Butterfly.

Monna Vanna, drame lyrique en 4 actes, de Maurice Maeterlinck, musique de Henry Février. Première représentation le

22 novembre 1912 avec Mme Mazarin (Monna Vanna), M. Fontaine (Prinzivalle), Baër (Guido), Aumonier (Marco Colonna), MM. Grillières, Maire, Rougon, Dalbies. Deux autres représentations seulement suivirent.

Les Trois Masques, drame lyrique en 4 actes, de Ch. Méré, musique d'Isidor de Lara. La première eut lieu le 17 décembre 1912 avec Mmes Mazarin (Viola), d'Oliveira (Mancecca), MM. Nuibo, de l'Opéra (Paolo), Baër (Arlequin), Aumonier (le Moine), Valette (Prati della Corba), Dalbies (Grosguillaume), Rougon (Vescotelli). Cette œuvre, peu intéressante d'ailleurs, n'eut en tout que trois représentations.

La Terre qui meurt, opéra inédit en 4 actes et 5 tableaux, de René Bazin, musique de Marcel Bertrand. La première représentation fut assez solennelle, à cause surtout de la présence de l'auteur du livret qui fut acclamé avec le compositeur. Elle eut lieu le 15 janvier 1913, et le Sous-Secrétaire d'Etat des Beaux-Arts s'y était fait représenter par M. Bernheim, Commissaire du Gouvernement près les théâtres subventionnés. Cette œuvre fut donnée quatre fois, avec Mme Heilbronner (Marie-Rose), d'Oliveira (tante Adélaïde), Clouzet (Félicité), MM. Fontaine (Jean Nesmy), Sizes, de l'Opéra (Mathurin), Valette (Pierre), Baër (Toussaint Lumineau), Grillières (François).

Madame Roland, drame lyrique inédit en 3 actes et 5 tableaux, d'Arthur Bernède et Paul de Choudens, musique de Félix Fourdrain. La première eut lieu le 12 février 1913 et ne fut suivie que de deux autres représentations qui firent de bien faibles recettes. Les rôles avaient été distribués comme suit : Mmes Mazarin (Mme Roland), Nilba, de l'Opéra-Comique (Eudora), Delaras (Fleurance), MM. Fontaine (Buzot), Valette (Roland), Baër (Bosc), etc.

Graziella, poème romantique inédit en 4 actes et 5 tableaux, de H. Cain et R. Gastambide, musique de Jules Mazellier. La première et unique représentation, à laquelle assistaient de nombreux parisiens, eut lieu le 6 mars 1913 avec Mmes Marchal, de l'Opéra-Comique (Graziella), d'Oliveira (la Grand-Mère), Clouzet (Beppo), MM. Pascual (le Poète), Tordo, un ami de l'auteur (Cecco), Aumonier (le grand-père).

Cette œuvre, plus symphonique peut-être que théâtrale, début d'un prix de Rome, avait été fort appréciée de ceux qui préfèrent la musique aux décors. Un accident survenu le soir même au ténor Pascual en interrompit les représentations, et la fin de la saison arrivant, une seconde audition n'en put être donnée. C'était certainement la plus intéressante des œuvres inédites montées cette année-là.

Répertoire d'opérette. — L'opérette viennoise avec son sempiternel mouvement de valse lente a encore triomphé sur notre première scène.

On a ainsi repris *La Veuve Joyeuse* qui fut donnée quatorze fois, dont onze avec Mme Suzy Delsart, deux avec Mme Mariette Sully, et une avec Mme Jenny Bernals.

Les quatre opérettes suivantes n'eurent qu'une existence éphémère :

La Mascotte (2).   *La Poupée* (2).
Les Mousquetaires au Couvent (2).   *Rêve de Valse* (1).

Une nouveauté, *Le Comte de Luxembourg*, opérette en 3 actes, de Franz Lehar, fut représentée pour la première fois le 1er février 1913 avec Mme Suzy Delsart, Mlle Richard, MM. Grillières, Calvin, Dubuard, Ometz, Rougon, Maire, et fut jouée douze fois.

Les trente-trois représentations d'opérettes eurent un certain succès et firent de belles recettes. Pourquoi d'ailleurs reprocherait-on à un directeur de chercher à attirer le public ?

Concert. — Un très beau concert, dirigé par M. Mathieu, précéda la reprise de *Marie-Magdeleine*, le 19 mars 1913, jour du Mercredi-Saint.

On y entendit notamment l'ouverture du *Freischütz*, l'allegro de *La Symphonie Pastorale*, la première suite d'orchestre de *Peer Gynt*, des fragments de *Tristan et Isolde*, *Les Fleurs perfides*, symphonie de notre concitoyen M. Raymond Chanoine-Davranches.

Dernières semaines d'exploitation. — Les six dernières semaines d'exploitation obligatoire furent remplies par des spectacles variés, et il y en eut pour tous les goûts. Nous les citerons dans l'ordre où ils furent donnés.

Les Précieuses ridicules et *Le Médecin malgré lui*, avec Dranem dans le rôle de Sganarelle. Naturellement, un intermède permit à Dranem de se faire entendre dans son répertoire habituel ;

Le Voyage au bout du Monde, pièce d'aventures, de M. Alphonse Cazes, musique de Jaquinot (quatre ballets, les Banquises, le Vaisseau fantôme, le Dirigeable, les Vautours vivants, telles étaient les attractions annoncées par l'affiche). Cette pièce fut jouée douze fois ;

Sapho, d'Alphonse Daudet, avec Jane Hading dans le rôle qu'elle a créé à la Comédie-Française, et une excellente troupe comprenant notamment M. Ancelin, qui fut directeur du Théâtre-Français de 1884 à 1886 ;

Madame Sans-Gêne, avec Réjane et la troupe de son théâtre ;

Le Français tel qu'on le parle, de Milo de Meyer, et *Mon Oncle Mac Sherry*, pièce bouffe de Maurice Ordonneau, avec, comme principaux interprètes, Mme Madeleine Guitty, du Gymnase, et Milo de Meyer ;

Marie-Magdeleine, drame en 3 actes, de Maurice Maeterlinck, avec Mme Georgette Leblanc-Maeterlinck, MM. Jacques Fenoux, de la Comédie-Française, Roger Karl et Roger Monteaux, de l'Odéon.

La Prise de Berg-op-Zoom, comédie en 4 actes, de Sacha Guitry, interprétée par l'auteur lui-même, Mme Charlotte Lysès, M. Baron fils dans les rôles par eux créés au théâtre du Vaudeville, etc.

Incidents. — Mentionnons sous cette rubrique l'extrait d'un jugement rendu par le Juge de Paix du 1er canton de Rouen, sur la poursuite d'un Elbeuvien. On y trouvera un exposé très clair des faits.

.....Attendu en fait, qu'il résulte des débats et de l'enquête que, le 24 novembre dernier, X... prit au guichet du Théâtre-des-Arts, pour la représentation en matinée des *Huguenots*, un fauteuil d'orchestre qu'il paya cinq francs ; que, muni de son billet, il se rendit à la salle de spectacle et l'ouvreuse lui attribua le numéro 23, qui ne portait aucune mention de location ;

Qu'ayant pris possession de ce fauteuil, et l'orchestre ayant commencé l'exécution de l'ouverture des *Huguenots*, trois personnes vinrent réclamer des fauteuils qu'elles avaient loués, parmi lesquels se trouvait celui occupé par le demandeur ;

Que sur l'invitation de l'ouvreuse à céder sa place, X... l'abandonna au profit de l'une de ces trois personnes, mais les pourparlers qui eurent lieu à ce sujet causèrent une perturbation dans la salle, l'orchestre cessa de jouer, des cris : « A la porte ! à la porte ! » furent proférés, et des applaudissements ironiques éclatèrent ;

Attendu que le demandeur fut très froissé dans son amour-propre par les marques d'hostilité et les cris antipathiques dont il venait d'être l'objet ; qu'il en éprouva une certaine surexcitation et préféra s'en aller définitivement plutôt que d'assister à la représentation dans l'état de trouble où il se trouvait, bien qu'on lui offrit une autre place en échange de celle qu'il abandonnait, laquelle, du reste, était à son avis moins bonne que celle qu'il occupait ;

Qu'il partit en faisant toutes réserves sur la réclamation qu'il pourrait ultérieurement former au sujet de la dépossession de sa place ;

Attendu qu'il est certain, après ce qui venait de se passer, que X... ne devait plus se trouver dans un état d'esprit suffisamment calme pour goûter avec plaisir et en toute tranquillité la belle musique qu'il se proposait d'entendre ;

Qu'on s'explique très bien qu'il eût préféré renoncer au spectacle et quitter la salle plutôt que de persister à vouloir écouter dans une mauvaise disposition d'esprit une œuvre d'art dont il n'était plus en état d'apprécier toutes les beautés...

Par ces motifs,

Le Tribunal statuant publiquement, contradictoirement, en dernier ressort,

Condamne Fermo à payer à X... la somme de vingt francs, tant pour remboursement du prix du fauteuil, qu'à titre de dommages-intérêts ;

Le condamne, en outre, à tous les dépens.

Représentations ayant précédé et suivi la saison. — Cette rubrique est assez peu chargée, car d'août à octobre 1912 on eut seulement :

Le Cœur dispose, de Francis de Croisset ;

La Flambée, de Kistemackers, avec Duményl ;

Hernani, avec Mlle Piérat, MM. Albert Lambert et Dessonnes, tous trois de la Comédie-Française.

Pendant les mois de mai, juin et juillet 1913 nous trouvons :

Une soirée où brilla surtout Mayol dans son répertoire, et complétée par trois pièces en 1 acte, dans la moyenne ordinaire du café-concert;

La Part du Feu, vaudeville en 3 actes, de Mouezy-Eon et Nancey, avec Brasseur et sa troupe ;

Pour embêter ma Tante et *Pétoche*, deux pièces du répertoire de l'Eldorado, jouées par les artistes de ce théâtre, avec intermède par Mme Lydia Berthy et M. Montel dans des chansons choisies : *J' suis vaseux, Mariette, J'ai engueulé l' Patron !*

Enfin, *Le Père Lebonnard*, de Jean Aicard, avec M. et Mme Silvain, de la Comédie-Française, constitua le spectacle gratuit du 14 Juillet.

Recettes. — Les représentations du répertoire lyrique produisirent une somme de. . . . . 314.141 f. 20

Les représentations données avant et après la saison, celle de. 39.573   10

Total. . . . 353.714 f. 30

Cette somme n'était inférieure que de 10,000 francs au produit de la saison précédente, mais il est incontestable que les dépenses furent plus élevées, Mme Mazarin et M. Fontaine étant des artistes à cachets fort élevés, et que dans son ensemble la saison ne dut pas être fructueuse.

Les pièces nouvelles ne réussirent que médiocrement, et la belle recette fut constatée le jour de la Mi-Carême où on donna *Le Voyage en Chine*, avec Dranem dans l'intermède. On réalisa ainsi, en matinée et en soirée, 7,869 fr. 65.

Faits divers. — M. Bernheim, Commissaire du Gouvernement près les théâtres subventionnés, délégué pour représenter le Sous-Secrétaire d'Etat des Beaux-Arts à la première de *La Terre qui meurt*, remit pendant un entr'acte la rosette de l'Instruction publique à M. Mathieu, l'excellent chef d'orchestre, et les palmes d'Officier d'Académie à Mme Sberna-Grillières, maîtresse de ballet, et à M. Aumonier, basse noble.

Ajoutons que quelque temps auparavant M. Fermo, le directeur, avait été nommé Officier de l'Instruction publique.

Communiqués. — Dans une histoire du Théâtre-des-Arts, une mention doit être consacrée aux communiqués adressés aux journaux par la Direction.

Pendant longtemps, les directeurs, par de simples et brèves notes, informaient le public des représentations en perspective, des jours où devait s'ouvrir la location pour telle ou telle pièce, et cela suffisait bien.

Mais M. Camoin, un Méridional, inaugura, lors de sa première année de Direction, la littérature spéciale et pompeuse à l'aide de laquelle il faisait pour ainsi dire le compte rendu anticipé des représentations qui, naturellement, devaient toujours être interprétées à merveille.

Ce genre lui a survécu et a même été amplifié, et à titre d'exemple nous reproduisons un des communiqués pris absolument au hasard dans ceux de la dernière saison :

SOIRÉE DE GALA

Première de *Lohengrin* (reprise) avec M. FONTAINE
et Mme Mariette MAZARIN, de l'Opéra.

« *Lohengrin*, dont le nom éternellement glorieux rappelle que Rouen fut la ville qui imposa en France la splendide légende lyrique du grand Wagner, *Lohengrin* sera repris demain soir mercredi, et nous devons croire que tout Rouen se fera un devoir de donner à la mémoire du maître de Bayreuth, l'hommage d'une salle nombreuse et enthousiaste.

» *Lohengrin*, qui est, d'ailleurs, un des ouvrages capitaux de Wagner les plus accessibles à tous, musiciens avertis ou spectateurs, sera donné avec une interprétation telle qu'on en rencontra rarement sur les plus grandes scènes lyriques.

» Au Chevalier du Cygne, M. Fontaine qui l'a chanté maintes fois à l'Opéra, avec le plus vif succès, donnera certainement l'allure toute de pureté mystique qui caractérise le héros du Graal, et aussi en chantera le rôle avec ces qualités de vaillance et de diction qu'on ne cesse d'admirer chez notre ténor. Mme Mazarin, digne partenaire d'un tel artiste, chantera Elsa, et cette fois encore son magnifique organe et sa grande science du chant feront merveille. MM. Valette et Aumonier, et

Mme d'Oliveira complèteront cet ensemble absolument hors de pair. »

Est-il besoin de dire que les habitués du théâtre, s'ils lisent ces communiqués pour en extraire quelques renseignements intéressants, ne se laissent pas prendre à ces boniments et s'en amusent souvent.

DIRECTION FERMO

Année théâtrale 1913-1914.

M. Fermo a de nouveau sollicité et obtenu pour l'année 1913-1914 la concession du Théâtre-des-Arts, et aura assumé ainsi pendant six années consécutives — fait sans précédent — la Direction de notre première scène.

Il annonce notamment :

Pénélope, de Gabriel Fauré ;

Tristan et Isolde, de Richard Wagner ;

Les Maîtres Chanteurs, également de Wagner ;

Julien, de Gustave Charpentier ;

La Sorcière, d'Erlanger.

Ce superbe programme, même s'il n'est pas complètement réalisé, relèverait singulièrement le niveau artistique du Théâtre-des-Arts, étant donné le soin que M. Fermo a toujours apporté dans la mise au point des nouveautés qu'il a montées jusqu'ici, et il est à souhaiter que le succès vienne couronner ses efforts.

Dans sa séance du 9 janvier 1913, le Conseil municipal a fait quelques modifications au cahier des charges devant régir la nouvelle campagne ; nous reproduisons donc ce document comme nous l'avons fait en commençant cette histoire. Chacun pourra ainsi comparer le passé et le présent et en tirer une conclusion à son gré.

Cahier des Charges.

ARTICLE PREMIER. — La concession de la jouissance du Théâtre-des-Arts est faite pour une année, du 1ᵉʳ août 1913 au 31 juillet 1914.

La date de l'ouverture de la vacance pour la campagne suivante est fixée au 10 janvier 1914, à moins que le Directeur en fonctions ne déclare, avant cette date, qu'il désire continuer l'exploitation pour une nouvelle année.

La faculté ainsi donnée au Directeur de proroger sa concession sera subordonnée à l'assentiment de l'Administration municipale.

L'exploitation obligatoire commencera du 1er au 15 octobre pour finir à l'époque correspondant à sept mois entiers, c'est-à-dire entre le 30 avril et le 15 mai. Elle aura lieu aux conditions indiquées ci-après :

Art. 2. — La Ville concède au Directeur :

1° La jouissance gratuite du Théâtre-des-Arts avec exonération de l'impôt foncier et de l'impôt des portes et fenêtres, ainsi que du paiement des primes d'assurance contre l'incendie ;

Toutefois, l'exonération des primes d'assurance n'aura lieu que jusqu'à concurrence de cent-quatre-vingt-cinq représentations par an, y compris la représentation gratuite du 14 juillet et toutes autres représentations organisées par la Municipalité ou sur sa demande. Le Directeur ne pourra en donner un plus grand nombre qu'avec l'autorisation écrite du Maire et à la condition expresse de supporter l'excédent de prime d'assurance devant en résulter ;

2° La jouissance gratuite de son matériel théâtral tel qu'il figurera à l'inventaire dressé contradictoirement entre les parties et signé par elles ;

3° La jouissance gratuite des magasins de décors et des ateliers où s'exécutent les décorations ;

4° L'éclairage du Théâtre par l'électricité et l'éclairage de sûreté, mais seulement jusqu'à concurrence de la somme de 15,500 francs à prélever sur le crédit figurant au budget de la Ville pour l'éclairage des bâtiments municipaux et ce, pour les représentations, les bals et concerts à donner pendant la durée de la campagne prévue à l'article premier, sans pouvoir excéder le chiffre de cent-quatre-vingt-cinq représentations, bals ou concerts, tout autre éclairage restant à la charge du Directeur.

Il sera fait état de la dépense d'éclairage à la fin du troisième et du septième mois d'exploitation obligatoire; l'excédent des trois-septièmes de la somme prévue au budget sera exigible du Directeur à la fin du troisième mois d'exploitation et l'excédent des quatre autres septièmes à la fin du septième mois. Néanmoins, si un excédent se produisait à la fin du troisième mois et un boni à la fin du septième mois d'exploitation obligatoire, la compensation s'établirait de droit ;

5° Le droit, pour les autres représentations, bals et concerts, de payer l'électricité fournie pour l'éclairage du Théâtre-des-Arts, sur le taux d'éclairage des autres établissements municipaux ;

6° L'exonération du droit des pauvres afférent aux représentations données dans le Théâtre-des-Arts pendant les sept mois d'exploitation obligatoire, prévus à l'article premier, le Directeur devant supporter le dit droit pour toute représentation en dehors de cette période ;

7° Une subvention en argent, de la somme de 120,000 francs au maximum, spécialement affectée, par les soins de la Ville, au paiement des masses ci-dessous désignées :

Orchestre (moins les chefs et les pianistes) ;
Les chœurs (jusqu'à concurrence de quarante sujets) ;

Le ballet composé de trois quadrilles (moins le maître ou la maîtresse de ballet et les trois premières danseuses) ;

Le personnel imposé par la Ville, savoir :

Employés à l'année :

1 peintre décorateur (part de traitement : 200 francs par mois) ; 1 chef machiniste ; 1 chauffeur mécanicien ; 2 menuisiers ; 1 électricien ;

Employés engagés suivant les besoins du service :

4 brigadiers machinistes ; 4 premiers machinistes ; 3 seconds machinistes ; 4 aides-machinistes ; 1 accessoiriste ; 1 bibliothécaire ; 2 aides-électriciens.

A concurrence de . . .	54.000 francs	pour l'orchestre ;
— . . .	36.000 —	pour les chœurs ;
— . . .	12.000 —	pour le ballet ;
— . . .	18.000 —	pour les employés.
Total	120.000 francs (1).	

Cette subvention sera payée par onzièmes, tous les quinze jours, à compter du jour de l'ouverture de la saison, pendant les cinq mois et demi d'exploitation lyrique.

Les paiements du personnel ci-dessus désigné seront décomptés à dater du jour de la première représentation et ordonnancés par la comptabilité municipale, sur états établis en double expédition et certifiés sincères par le Directeur. Ces états seront visés par le Maire et les paiements effectués par le receveur municipal.

Le Directeur déduira, sur les dits états, les amendes encourues par le personnel ainsi que les avances qu'il aura consenties, soit avant la saison (celles-ci à raison de 1/6 seulement par quinzaine, pendant les six premières quinzaines), soit au cours de quinzaines.

Ces amendes ou avances seront totalisées sur chaque état de quinzaine et le montant fera l'objet d'un mandat spécial au nom du Directeur.

Si à la fin de l'exploitation lyrique (5 mois 1/2), les 120,000 francs n'ont pas été employés, le Conseil municipal sera appelé à examiner si la somme restant disponible sera versée au Directeur, soit en totalité, soit en partie.

L'orchestre, les chœurs et le ballet seront engagés par le Directeur et devront se soumettre à toutes ses instructions, la Ville, en se chargeant d'assurer le paiement d'une partie du personnel, n'entendant pas se substituer à la Direction, quant aux ordres à donner en vue de la marche des répétitions, représentations ou pour quelque cause que ce soit.

Art. 3. — Pour assurer l'accomplissement de ses engagements envers la Ville et des diverses obligations du présent, le Directeur

---

(1) Ne sont pas compris dans la somme de 120.000 francs les appointements supplémentaires nécessités par les matinées, ceux-ci devant être payés directement par le Directeur.

Dans le cas où le Directeur tomberait en faillite, si sa mise en état de liquidation judiciaire était prononcée, s'il était notoirement insolvable ou dans un état de mauvaises affaires constaté par le non paiement des artistes, employés, agents ou fournisseurs du Théâtre ou par des poursuites, actions ou mesures judiciaires de nature à entraver la liberté de sa gestion, comme en cas de refus de service des artistes, par suite de différends surgissant entre eux et la Direction, après une mise en demeure signifiée par l'Administration d'avoir à remplir ses engagements et non suivie d'effet dans le délai de cinq jours, le traité serait résilié toujours de plein droit et par simple arrêté du Maire. La Municipalité reprendrait alors immédiatement possession de son Théâtre.

Dans tous les cas de résiliation, le cautionnement de quinze mille francs (15,000 francs) déposé par le Directeur sera acquis par la Ville à titre de créancière gagiste intégralement, de plein droit, sans formalités judiciaires, par privilège et à titre de dommages-intérêts, pour la non exécution du contrat, le tout, sauf indemnité plus forte, s'il y a lieu, et sous réserve de tout autre recours de la part de la Ville.

Art. 12. — Les prix des places ne devront pas être supérieurs aux chiffres ci-après indiqués :

Loges d'avant-scène de rez-de-chaussée	} 5 f. 50 c.
Loges de face à salon et d'entre-colonnement . . .	
Loges de côté des premières	4 50
Fauteuils des premières, face	5 »
Fauteuils d'orchestre	5 »
Baignoires	4 50
Fauteuils de côté des premières	4 »
Stalles de parquet et avant-scènes des secondes .	3 50
Secondes de face et d'entre-colonnement	2 50
Secondes de côté	2 »
Parterre assis et avant-scènes des troisièmes . . .	2 »
Troisièmes de face et d'entre-colonnement	1 25
Troisièmes de côté	1 »
Quatrièmes	» 60

Le Directeur aura le droit de percevoir un supplément de 0 fr. 50 pour la location des places de 3 fr. 50 et au-dessus, de 0 fr. 25 pour la location des places de 2 fr. 50 et de parterre numéroté et de 0 fr. 10 pour les autres places.

Art. 13. — Le Directeur sera tenu de faire des abonnements au mois et à l'année, à toutes les catégories de places, sous réserve de l'approbation, par le Maire, des conditions et du tarif de l'abonnement. Le Maire sera seul juge des refus du Directeur, s'il y a lieu. La réduction du prix des places par abonnement sera de 25 à 50 0/0, le quantum de la réduction proportionnelle étant le même pour toutes les places des diverses catégories, sauf en ce qui concerne les mililaires et étudiants auxquels il pourra être accordé des diminutions particulières.

Art. 14. — Le bureau de location, pour les places prises à l'avance, sera tenu sous le péristyle du Théâtre (entrée par la rue Grand-Pont), dans le local destiné à cet usage.

Les bureaux de distribution des billets et celui des suppléments seront également tenus sous ce péristyle. Ils seront ouverts jusqu'à l'avant-dernier acte de la représentation, afin d'éviter toute perception au contrôle, ce qui est formellement interdit.

Art. 15. — Il est interdit au Directeur d'accorder des places et des entrées de faveur permanentes, sans l'autorisation de l'autorité municipale.

Toutes entrées de faveur sont et demeurent interdites aux personnes qui ne sont pas munies de cartes délivrées par l'Administration ; ces cartes devront être présentées à toute réquisition.

Art. 16. — Pendant la durée de l'exploitation lyrique, l'Administration municipale fera délivrer chaque semaine à la Mairie :

Cent places gratuites pour les ouvriers et employés domiciliés à Rouen ; cinquante places gratuites pour les élèves des écoles communales de la Ville de Rouen. Chaque élève devra être accompagné d'une personne qui paiera une demi-place.

Art. 17. — La Ville se réserve la jouissance gratuite à toutes les représentations, bals, concerts, conférences et réunions quelconques :

1° Des deux loges d'avant-scène et des loges de face des premières, portant les numéros 18 et 23, pour MM. le Général commandant le corps d'armée, le Préfet, le Maire, les Adjoints au Maire et leur famille ;

2° De deux fauteuils de balcon, numéros 18 et 20, pour le Secrétaire général de la Mairie ;

3° De deux fauteuils de balcon, numéros 74 et 76, pour le Commissaire central ;

4° De deux fauteuils de balcon, numéros 2 et 23, pour l'Officier de service et le Commissaire de police ;

5° De deux fauteuils de balcon, numéros 50 et 52, pour le Médecin de service et une personne de sa famille ou l'un de ses collègues du Service médical du Théâtre ;

6° D'un fauteuil d'orchestre, numéro 5, pour le Commandant des pompiers ;

7° D'une seconde de côté, numéro 54, pour l'Adjudant de service dépendant de la garnison.

Lors des bals, les places du rez-de-chaussée seront remplacées par d'autres de première galerie.

Les membres du Conseil municipal et ceux de la Commission consultative auront le droit de circulation dans le Théâtre avec faculté d'occuper toute place qui resterait libre.

Auront leur entrée libre pour les besoins du service, le Secrétaire-

Général et le Secrétaire-Adjoint de la Mairie, l'Architecte directeur des Travaux de la Ville, le Doyen du Service médical du Théâtre.

L'Agent principal des Compagnies d'assurances garantissant le Théâtre, ainsi que les Inspecteurs passant par Rouen pourront s'assurer que toutes les précautions sont prises pour prévenir les dangers du feu. En conséquence, ils auront leurs entrées dans la salle et sur la scène avant, pendant et après les représentations *toutes les fois qu'ils le demanderont*.

Art. 18. — La Ville se réserve le droit de requérir la jouissance gratuite du Théâtre quatre fois au plus pendant la saison lyrique et six fois au plus pendant le reste de l'année. Elle pourra, dans le cas de solennité patriotique, exiger le concours gratuit de la troupe et de l'orchestre, sauf les artistes au cachet. Elle sera seule juge du caractère de la solennité.

Art. 19. — Le Directeur est tenu de payer la rémunération due aux services de police et de secours contre les incendies, aussi bien pour les représentations que pour les répétitions.

Art. 20. — Le Directeur devra, ainsi que son personnel, se conformer exactement aux règlements existants ou à intervenir relatifs à la police des théâtres, de même qu'aux dispositions du Règlement intérieur du Théâtre-des-Arts.

Il devra être déféré immédiatement, par qui de droit aux ordres que le Maire jugerait nécessaire de donner ou de transmettre dans l'intérêt du bon ordre et de la sécurité générale.

Tout ordre de service relatif à la police intérieure du Théâtre devra, avant son affichage et sa mise à exécution, être soumis, par le Directeur, à l'approbation du Maire.

Art. 21. — Le Directeur aura le droit exclusif, avec faculté de l'affermer, de faire vendre dans le Théâtre et ses dépendances et sous le contrôle du Maire, des journaux de théâtre et le programme du spectacle. Dans la salle, cette vente sera faite par les ouvreuses.

Art. 22. — Le Directeur devra justifier au Maire, avant l'ouverture de la campagne, du traité intervenu entre lui et la Société des Auteurs et Compositeurs de musique.

Art. 23. — Le Directeur sera obligé de supporter tous les travaux qui devraient être exécutés dans le Théâtre, sans réclamer aucune indemnité, ces travaux eussent-ils lieu même pendant le cours de la campagne, mais à la condition qu'ils n'entraveront point l'exploitation.

Art. 24. — Le Directeur est tenu de l'entretien des lieux, du matériel, du mobilier, des accessoires, des partitions et des brochures mis à sa disposition. Il devra les rendre en bon état à l'expiration de sa jouissance.

Il supportera la dépense résultant de l'usure des objets confiés à ses soins.

Il devra faire accorder l'orgue deux fois par an par les soins du facteur qui lui sera indiqué par le Maire.

Les frais d'entretien des appareils de chauffage et de ventilation seront prélevés, en fin d'exploitation, sur le cautionnement.

Toutes les réparations locatives sont, au surplus, à sa charge, conformément à l'usage de Rouen.

ART. 25. — Il sera dressé, à l'entrée en fonctions du Directeur, par MM. le Conservateur du matériel théâtral, l'Architecte directeur des Travaux de la Ville ou leurs représentants, chacun en ce qui le concerne, en présence du Directeur ou lui dûment appelé, des inventaires ou procès-verbaux en double expédition, pour constater l'état des lieux et des objets qui lui ont été remis. Le Directeur devra requérir, au besoin, l'établissement de l'inventaire d'entrée, et si cet inventaire n'était pas dressé, tous les objets mobiliers seraient réputés lui avoir été remis en bon état.

A la clôture de l'année théâtrale, il sera procédé à un examen des travaux nécessaires pour la remise des lieux, du mobilier, matériel, des décors, accessoires, instruments de musique, appareils de chauffage et de ventilation, etc., en l'état où ils auront été reçus, conformément à l'inventaire prévu au paragraphe 2 de l'article 2.

Ces travaux seront exécutés sous les ordres de l'Administration, au compte du Directeur, et le montant en sera imputé sur le cautionnement prévu à l'article 3.

ART. 26. — Le Directeur ne pourra faire aucun changement dans l'affectation des locaux, l'état des lieux, du matériel et du mobilier, sans l'assentiment écrit du Maire. Dans le cas où les changements entraîneraient l'emploi d'ouvriers étrangers au Théâtre, les travaux seraient exécutés par la Ville, aux frais du Directeur et sous la surveillance du Conservateur du matériel et de l'Architecte de la Ville. Les augmentations et améliorations qu'il aurait réalisées deviendraient, dans tous les cas, la propriété de la Ville, sans indemnité, dès leur introduction dans le Théâtre, sauf ce qui serait en location.

L'entrée et la sortie des objets pris en location par le Directeur ou à lui prêtés, se feront sous la surveillance du Conservateur du matériel théâtral qui devra être avisé en temps utile.

ART. 27. — Le Directeur devra justifier au Maire, le 1er septembre au plus tard, que sa troupe est formée pour la saison lyrique. Dans la formation de la troupe seront compris, outre les chefs de service et acteurs, l'orchestre, les chœurs, comparses et employés. Le Directeur remettra à l'Administration le tableau général de sa troupe, sans aucune exception, avec indication des émoluments de chacun. Ce tableau indiquera les noms, prénoms et surnoms des artistes ou employés, les rôles ou emplois qu'ils seront appelés à tenir, les théâtres auxquels ils étaient attachés pendant les trois années précédentes, ainsi que les rôles ou emplois qu'ils y remplissaient. A l'appui du dit tableau, le Directeur communiquera au Maire l'engagement signé par chaque artiste ou employé, et il en déposera à la Mairie un duplicata signé par les parties.

Il certifiera que les prix portés sur ces engagements sont sincères et véritables, et, au cas où il serait établi que les dits prix auront été majorés ou diminués, le Directeur sera passible d'une amende de cinq cents francs pour chaque fausse déclaration.

Art. 28. — Il devra faire connaître immédiatement, au fur et à mesure qu'elles se produiront, les diverses mutations dans le personnel attaché au Théâtre.

Art. 29. — Les troupes engagées pour desservir le Théâtre devront être complètes et de premier ordre.

Le cadre de la troupe lyrique est fixé ainsi qu'il suit :

Un régisseur général pris en dehors de la troupe et qui ne devra jouer dans aucune pièce.

Deux premiers ténors, un deuxième ténor, un troisième ténor, un baryton d'opéra, un baryton d'opéra-comique, une basse de grand opéra, une basse d'opéra-comique, une deuxième basse, une troisième basse, un trial, un laruette, trois rôles (utilités) ;

Une première chanteuse d'opéra, deux premières chanteuses légères, une contralto, une première dugazon, une deuxième dugazon, une troisième dugazon, une duègne, trois rôles (utilités) ;

Un maître ou une maîtresse de ballet, une danseuse noble, une danseuse demi-caractère, une première danseuse travesti, douze danseuses.

Les six utilités, trois hommes et trois femmes, dont il vient d'être question, pourront être considérées en même temps comme choristes. Ils seront astreints de chanter dans les chœurs, même quand ils auront interprété un rôle.

Dans le cas où le directeur instituerait un emploi spécial de régisseur parlant au public, le titulaire de cet emploi devrait, comme le régisseur général, être pris en dehors de la troupe.

Art. 30. — L'orchestre comprendra toujours, au moins : un chef d'orchestre, un sous-chef d'orchestre, huit premiers violons, six seconds violons, quatre altos, quatre violoncelles, quatre contrebasses, deux flûtes, deux hautbois, deux clarinettes, deux bassons, quatre cors, quatre trompettes à piston, trois trombones, un tuba, un timbalier, une grosse caisse, une caisse claire, un harpiste, un pianiste-organiste.

La caisse claire pourra être tenue par le timbalier.

Pour les représentations d'opérette, l'orchestre devra être composé d'au moins quarante musiciens.

Toutefois, ce nombre devra être augmenté suivant les exigences des partitions.

Art. 31. — Le Directeur sera tenu de prendre au cachet les instrumentistes supplémentaires qui seraient nécessaires pour la représentation de certains opéras, notamment pour ceux qui comportent l'emploi de musiciens sur la scène et dans les coulisses.

Art. 32. — Les chœurs seront composés au minimum de vingt-deux choristes hommes et dix-huit choristes femmes.

Les chœurs et l'orchestre du Théâtre-des-Arts ne pourront être ni réduits dans leur personnel, ni distraits pour des représentations et services étrangers à ce Théâtre, sauf autorisation de l'Administration municipale.

Art. 33. — Les artistes devront être payés à la fin de chaque mois d'exploitation.

Art. 34. — La présence effective de tous les chefs de service, artistes, musiciens, choristes, danseuses, etc., sera rigoureusement exigée jusqu'à la fin de la saison théâtrale obligatoire.

Art. 35. — Le Maire se réserve le droit, la Commission consultative entendue, d'exiger, dans le courant du premier mois de l'abonnement le remplacement de tout artiste (chant, orchestre, chœur, danse, opérette), etc., qui serait reconnu notoirement insuffisant.

Afin de prévenir toute difficulté à cet égard, la clause qui précède sera insérée dans tous les actes d'engagement.

Art. 36. — Lorsqu'il y aura lieu à l'application de l'article précédent, le Directeur sera tenu de pourvoir au remplacement de l'artiste dont l'engagement aura été résilié, et ce, dans un délai de quinze jours au plus.

En cas de refus ou de retard, le Directeur sera passible d'une amende de cent francs par jour et par artiste.

Art. 37. — La présence de tout artiste, choriste, musicien, danseuse, etc., renvoyé ou ayant résilié à échéance ne sera tolérée sur la scène que pendant quinze jours, à compter de la décision dont il aura été l'objet.

Art. 38. — Un artiste, renvoyé ou ayant résilié pour un emploi, ne pourra tenir, pendant la campagne, un autre emploi sans en avoir obtenu l'autorisation du Maire, après avis de la Commission consultative.

Art. 39. — Les artistes, choristes, musiciens, danseuses, etc., qui viendraient à cesser leur service pour un motif quelconque, à l'exclusion de celui prévu à l'article 37, devront être remplacés dans les dix jours qui suivront la constatation de leur absence.

Art. 40. — L'exploitation du Théâtre pendant les sept mois de la saison obligatoire devra avoir lieu de la manière suivante :

A. — Pendant cinq mois et quinze jours, à dater du jour de l'ouverture de la saison lyrique, le Directeur devra exploiter le drame lyrique, les traductions et l'opéra-comique, avec les divertissements que ces spectacles comportent.

B. — A partir de l'expiration de la première huitaine au plus tard, et pendant cinq mois consécutifs, le Directeur sera tenu d'exploiter le grand opéra en outre des genres ci-dessus énumérés.

C. — Pendant les six semaines de surplus, et jusqu'à l'expiration du septième mois, le genre d'exploitation sera laissé au choix du Directeur, sur avis conforme de la Commission consultative.

Art. 41. — Le Directeur *pourra*, en outre, faire représenter sur la scène du Théâtre-des-Arts, pendant chacun des sept mois d'exploitation, les opérettes jouées sur la scène des principaux théâtres.

Art. 42. — Le Directeur devra, au commencement de chaque mois, signaler à l'Administration les ouvrages qu'il se propose de faire représenter et indiquer, en même temps, les coupures qu'il a l'intention de faire. Sur l'avis de la Commission consultative, ces coupures seront ou non autorisées.

Art. 43. — Le Directeur sera tenu d'utiliser les ressources des magasins d'accessoires et, en un mot, tout le matériel appartenant à la Ville, y compris les instruments de musique.

Art. 44. — En aucun cas, le Directeur ne pourra louer le Théâtre-des-Arts, ni en céder la jouissance soit pour le tout, soit pour partie, à moins d'autorisation expresse et par écrit du Maire. Il en sera de même de toutes les dépendances de l'exploitation et du matériel. Alors même que le Directeur serait autorisé à louer la salle, les loges et places mentionnées à l'article 17, resteraient exclusivement réservées aux Administrations, Autorités et personnes y désignées, sans aucune restriction.

Art. 45. — Le Directeur, pendant la durée de la concession, ne pourra exploiter aucune scène en dehors de Rouen.

Il ne pourra, sans l'autorisation du Maire et ce, sous peine d'une amende de deux cents francs, faire jouer ni laisser jouer ses troupes, ni même les artistes individuellement sur aucun théâtre, non plus que dans les concerts, réunions ou lieux publics quelconques.

Art. 46. — Pendant les cinq mois et quinze jours d'exploitation lyrique obligatoire prévus à l'article 40, le Directeur sera tenu de donner, au minimum, vingt représentations musicales chaque mois, dont dix-huit ayant lieu le soir.

Sur ces vingt représentations, seize seront composées exclusivement d'opéras et d'opéras-comiques ; les quatre autres pourront se composer d'un opéra-comique et d'une opérette. Il est bien entendu que l'addition de l'opérette aux représentations d'opéra-comique n'est pas obligatoire et sera laissée à l'appréciation du Directeur.

Durant les six semaines qui suivront la fin de l'exploitation lyrique obligatoire, le Directeur devra donner au moins quinze représentations qui pourront être organisées avec des troupes de passage.

Art. 47. — En dehors des vingt représentations lyriques obligatoires, le Directeur aura le droit de faire jouer de l'opérette seule.

Art. 48. — Le nombre de représentations prévues à l'article précédent ne pourra être diminué sans l'autorisation expresse de l'Administration municipale.

Art. 49. — Le Directeur aura la faculté de commencer les représentations avant l'époque fixée à l'article 1er et de les continuer après les sept mois d'exploitation, mais à ses risques et périls et sans pouvoir demander d'augmentation de subvention.

Art. 50. — Il pourra jouer, s'il le juge convenable, la comédie, le drame, la féerie et l'opérette en dehors de la campagne lyrique, sous réserve de l'application de l'article 42 et sauf ce qui est dit pour les troupes de passage.

Art. 51. — Le Directeur sera tenu de donner, au moins deux fois par mois, une matinée, le dimanche. Les matinées pourront entrer en compte dans le nombre mensuel obligatoire de vingt représentations.

Art. 52. — Le Directeur sera obligé également de donner, deux fois par mois, le soir, une représentation d'opéra et d'opéra-comique avec réduction à demi-prix à toutes les places. Il ne sera perçu, pour ces représentations, que dix centimes de location.

Art. 53. — La longueur du spectacle ne pourra excéder six actes, sauf autorisation spéciale du Maire. Les jours où il y aura matinée, chacun des spectacles ne pourra durer plus de quatre heures et demie.

Art. 54. — Les répétitions d'ensemble devront commencer dix jours au moins avant l'ouverture de la saison.

Art. 55. — Les répétitions générales des œuvres visées à l'article 58 devront avoir lieu le soir, à 8 h. 1/2. L'Administration municipale devra en être prévenue quarante-huit heures à l'avance, afin que les membres du Conseil municipal et de la Commission consultative du Théâtre puissent être invités, en temps utile, à y assister avec une personne de leur famille.

Ces répétitions devront se faire avec la mise en scène, les costumes et les accessoires qu'exige la pièce.

L'entrée des personnes invitées à assister à ces représentations aura lieu par la rue La-Champmeslé.

Les membres de la Commission auront, en outre, le droit d'assister individuellement à toutes les autres répétitions d'ensemble, c'est-à-dire avec chœurs et orchestre.

Art. 56. — Le Directeur aura la faculté de donner un bal masqué, soit le jour du Mardi-Gras, soit le jour de la Mi-Carême.

Art. 57. — Il est permis au Directeur, pendant cinq mois et demi de saison lyrique obligatoire, de recevoir des tournées de passage pour des représentations dramatiques, à concurrence de deux par mois au maximum, sans que ces représentations puissent entrer en ligne de compte des vingt indiquées à l'article 46.

Art. 58. — Dans le courant de la campagne le Directeur devra monter ou faire représenter sur la scène du Théâtre-des-Arts deux œuvres lyriques de trois actes, au minimum, prises parmi les œuvres capitales n'ayant pas encore été représentées à Rouen, mais ayant été représentées sur une des principales scènes de France ou de l'étranger ; l'une de ces deux œuvres devra émaner d'un compositeur français.

La première représentation de ces deux ouvrages devra être donnée au plus tard : pour le premier, dans le troisième mois, et pour le deuxième, dans le quatrième mois de l'exploitation lyrique.

Le Directeur fera préalablement connaître les titres des ouvrages par lui choisis afin que la Commission consultative dont il est parlé à l'article 60 puisse être appelée à émettre son avis sur le point de savoir s'ils répondent aux conditions exigées.

Dans le cas où par cas fortuit, le Directeur serait empêché de monter l'un des deux ouvrages imposés, il pourrait, dans les trois premiers mois de l'exploitation, faire représenter un ouvrage inédit de même importance.

L'Administration municipale, avis pris de la Commission consultative, déciderait, après la première représentation, si cette œuvre est susceptible de remplacer l'une des deux pièces imposées en vertu du 1ᵉʳ paragraphe du présent article.

Art. 59. — Le Directeur devra justifier de l'emploi d'une somme de trois mille francs à la confection de décors.

Les décors nouveaux devront être exécutés par les soins et sous la direction du Conservateur du matériel théâtral, sauf autorisation spéciale du Maire. Le tout, quelle qu'en soit la valeur, restera la propriété de la Ville, conformément à l'article 26.

Art. 60. — Une Commission consultative, nommée par le Maire, seconde, au point de vue artistique, l'Administration municipale dans l'application du cahier des charges, ainsi que pour le choix des deux ouvrages nouveaux que le Directeur doit monter, aux termes de l'article 58.

Elle émet son avis sur le caractère des pièces qui constituent le répertoire du Théâtre-des-Arts.

Il en est de même concernant les coupures proposées par le Directeur dans les ouvrages représentés et que ce dernier doit soumettre à l'Administration au commencement de chaque mois.

Art. 61. — Tous les frais de timbre, d'enregistrement et autres qui pourraient résulter des présentes, seront acquittés par le Directeur sans qu'aucune de ces dépenses puisse être mise à la charge de la Ville.

Art. 62. — Le Directeur élit domicile à Rouen, en la salle du Théâtre-des-Arts, rue La-Champmeslé, pour toutes les suites des présentes : les correspondances, notifications, exploits lui seront adressés en ce lieu, comme à personne et véritable domicile.

Les contestations relatives à l'exécution et à l'interprétation des présentes conditions de l'exploitation du Théâtre seront jugées par les Tribunaux compétents du ressort de Rouen, auxquels le Directeur déclare attribuer juridiction, à l'exclusion des Tribunaux de son domicile réel.

Commission Consultative.

L'article 4 du cahier des charges adopté par le Conseil municipal, dans sa séance du 21 décembre 1881, stipulait qu'une Commission nommée par l'Administration serait juge du caractère des pièces qui devraient être proscrites comme appartenant au genre opérette, et l'article 22 confiait à cette Commission le soin d'examiner si les deux ouvrages choisis par le Directeur, pour satisfaire à l'obligation qui lui était imposée, étaient bien des œuvres capitales n'ayant pas été représentées à Rouen depuis vingt ans.

Par un arrêté en date du 8 décembre 1882, M. le Maire de Rouen désigna pour faire partie de cette Commission :

MM. Ch. Lenepveu, compositeur ;
Loiseau, conseiller municipal ;
Privey, conseiller municipal ;
Camille Caron, compositeur ;
Gougis, avoué ;
Klein, éditeur de musique.

La présidence appartenait au Maire ou, en cas d'empêchement, à M. Picard, son adjoint.

Comme on le voit, le rôle de la Commission était bien modeste. Il fut plus étendu lors du vote, le 4 février 1887, par le Conseil municipal, du cahier des charges à imposer à M. Miral.

L'article 9 disait, en effet, que la Commission secondait l'Administration dans l'application du cahier des charges, notamment pour l'appréciation et le choix de l'orchestre, des chœurs et artistes non soumis aux débuts, et pour apprécier le choix des ouvrages nouveaux.

Le Maire, M. Lebon, à qui incombait le soin de nommer la Commission, prit une excellente mesure : il invita les abonnés du Théâtre-des-Arts à se réunir en collège électoral et à choisir trois d'entre eux pour les représenter au sein de cette Commission. L'arrêté du 23 juillet 1887 sanctionna les choix ainsi faits, et cet état de choses, très démocratique, persista jusqu'en 1895. Le public payant, le vrai public, était alors représenté par trois délégués qui avaient tout intérêt à remplir fidèlement leur mission et pouvaient le faire en toute indépendance.

Mais le Conseil municipal, dans sa séance du 6 décembre 1895, modifia le mode de recrutement et de nomination de la Commission. Le rapporteur, M. Léon Louvel, fit alors valoir que la Ville subventionnant largement le Théâtre-des-Arts et devant en surveiller de très près l'exploitation, il était juste qu'une place plus grande fut faite aux Conseillers municipaux dans la Commission. En outre, il estimait que la composition de celle-ci devait être réglée par le Conseil, le choix des membres n'étant plus laissé au Maire seul.'

En conséquence, on décida que feraient partie de cette Commission : le Maire, ou l'Adjoint délégué aux Beaux-Arts, président ; les membres de la Commission municipale des Beaux-Arts ; le critique musical de chacun des grands journaux politiques ; quatre abonnés ou habitués désignés par le Maire ; le chef du Secrétariat de la Mairie, remplissant les fonctions de Secrétaire.

Cette mesure fut vivement critiquée dans la presse, car l'Administration avait toujours ainsi la majorité assurée. On regrettait aussi le départ forcé de personnalités d'une compétence reconnue en matière musicale ou théâtrale ; compétence qu'on n'accordait pas à tous ceux de nos édiles appelés à les remplacer.

Il est, en effet, incontestable que le fait d'être élu conseiller municipal ne rend pas *ipso facto* un homme capable de discuter toutes les questions assez complexes et souvent techniques qui se rattachent à la marche d'un répertoire lyrique.

Jusqu'en 1902 les membres de la Commission avaient le droit d'entrée sur la scène et dans les coulisses seulement, et se trouvaient donc obligés de pénétrer dans le théâtre par la porte des artistes quand ils ne payaient pas leur place comme le commun des mortels.

A partir de 1902 le droit d'entrée dans la salle, dans les coulisses et aux répétitions d'ensemble, c'est-à-dire avec chœurs et orchestre, fut accordé aux membres de la Commission.

Nous croyons devoir terminer cet exposé en donnant les noms des membres de la Commission nommés pour la période 1912-1916 :

MM. le Maire de Rouen, Président ;
Raoul Duchemin, Adjoint au Maire ;

Houzard,
Gustave Marais,
Gambey,
Lucien Valin,
Docteur Fortin,
Olivier,
Bellet,   Conseillers municipaux.
Decorde,
Marc,
Duverdré,
Bénard,
Néel,
Fontaine,

Chanoine-Davranches,
Ludovic Milsan,
Henri Duchemin,   Abonnés ou Habitués
Marcel Debons,   du Théâtre-des-Arts.
Ferdinand Tribout,
G. Duvauchelle,

Le critique musical du *Journal de Rouen* ;
Le critique musical de *La Dépêche de Rouen* ;
M. Maclair, Secrétaire.

Composition de l'Orchestre pour la saison 1913-14.

MUSICIENS TITULAIRES D'EMPLOI :

Violons solo........
- MM. LAMOURY.
- POIDRAS fils.
- ALBERRO Y VIVERO.

Premiers violons...
- RILLAËRT.
- FULD.
- BERTRAND.
- CROUX.
- POIDRAS père.
- VAUBOURG.

Seconds violons....
- VAUMOUSSE.
- FOUCHER.
- MOISY.
- SELLIER.
- LEGAY.
- PENEZ.

Altos............
- NOLDEN (Solo).
- SCHLINCKER.
- MAUGER.
- MARCHAND.

Violoncelles........
- DUMOND (solo).
- BORDES-PÈNE.
- BELLAIS.
- DONNADIEU.

Contrebasses.......
- OBERWEISS (A.) (solo).
- WEYNACHTER.
- OBERWEISS (Am.).
- MIGNOT.

Flûtes	MM. BLANCHARD (solo). MICHELON. CHARPENTIER (supplémentaire).
Hautbois	LE RAT (solo). BLANCHET. SCHERRER (supplémentaire).
Clarinettes	BURTON (solo). VIDAL. LOQUET (supplémentaire).
Bassons	LENOM (solo). WILD. WILD fils (supplémentaire).
Cors	MORINI (solo). DEMOULIN. BARONE. FOUTREL.
Pistons	NOTOT père (solo). FIQUET.
Trompettes	NOTOT fils. CAPRON.
Trombones	DURAND (solo). DEVAUCHELLE. PHILIPPE.
Tuba	GUÉRIN.
Timbalier	YSAYE.
Batterie	LAMBERT.
Harpiste	Mlle ANNA WEILL.

INDEX DES PRINCIPAUX FAITS

A
Pages.

Abonnements 16, 294
Appareil à projections . . 39, 182
Appointements d'une troupe . . 38
Artistes rappelés à Paris . . 205, 275
Auteurs en voyage (les) . . . 155

B

Ballet (corps de) . . . 15, 224, 298
Bals . . . . 30, 63, 69, 85, 94, 101, 148, 156, 164, 179, 189, 196.
Basse (emploi de) 223, 236
Bureau de location. 64, 112, 122, 295

C

Cahier des charges . . . 14, 289
Cautionnement du directeur. 24, 224.
— — 236, 291, 294.
Chanteurs de la Chapelle Russe . 76
Chapeaux de dames (les) . . 149, 260
Chauffage 131
Chœurs 15, 298
Claque . . 120, 121, 146, 179, 226
Comédie française à Rouen (la). 111
Commissaire de police de service 129,
— — 132.
Commission consultative . . 15, 104,
— — 302, 303.
Communiqués 287
Concerts. 44, 50, 55, 62, 63, 92, 101, 145, 156, 164, 170, 179, 208, 218, 249, 252, 258.
Conférences . . . 30, 44, 45, 63, 85, 138, 170, 208.
Conservateur du matériel . . 139
Contralto (emploi de) . . . 223, 244
Contremarques 212, 252
Costumes (magasin de) . . 223, 235
Coups (échange de) . . . 147, 178
Coupures 197, 300
Critique (la) 147, 275

D
Pages.

Débuts (mode de 14, 129, 178, 201, 208, 220, 224, 225, 237, 245, 253.
Décorations (remise de) . . 27, 122.
— — 161, 286
Décorations intérieures . . . 11
Description du théâtre . . . 11
Dimensions du théâtre . . . 13
Directeurs en mauvaises affaires. 32, 77, 86, 90, 222, 234.

E

Emplacement du théâtre (question de l'. 8
Escalier d'honneur . . . 11
Éclairage . . . 18, 131, 290
Exploitation du théâtre en régie. 33
Exploitation obligatoire (durée). 15, 90, 139, 150, 158, 166, 172, 183, 237, 244, 299.
Expulsions d'artistes . 120, 178, 197

F

Façades 11
Foyer du public 11
Foyers du chant et de la danse. 13
Fronton 11
Fugue d'artistes 118
— de danseuses . . . 128

G

Grève des choristes 209
Grève des musiciens 198

H

Historique 7
Hospices (représentations au profit des). 16, 29, 44, 49, 55, 62, 69, 76, 85, 94, 100, 110, 118, 128, 136, 145, 154, 177, 188, 196, 208, 218, 223.

I

	Pages.
Inauguration du théâtre	26
Incendie de l'ancien théâtre	7
Incendie (mesures contre l')	64, 149, 222, 235.
Inondation de la scène	129
Interdiction par l'auteur de représenter sa pièce	154
Interprètes (choix des) par l'auteur	61

J

Jumelles en location 138

L

Location (supplément de). 16, 40, 57. 138, 163, 294, 301.

M

Magasin de décors	39
Matinées	31, 70, 78, 301
Méprise d'un commissaire de police	146
Mercredi (soirées du)	64

O

Odéon à Rouen (l')	157
Opérette	14, 15, 30, 40, 78, 79, 104, 300
Orchestre composition de l'	15, 298, 306.

P

Paniques	121, 182
Places (nombre de)	12
Plafond	12
Plancher de l'orchestre	165, 268, 277
Populaires (représentations)	16, 39, 78, 104, 113, 212, 301.
Prestidigitation	50, 56

	Pages.
Prix des places	16, 39, 46, 158, 212, 294
Procès	64, 119, 179, 275
Projections (appareil à)	39, 182
Pupitre du chef d'orchestre. Emplacement	222

R

Répétitions générales	83, 183, 301
Représentations à la mémoire de :	
Boieldieu	145, 162
Gounod	108
Victor Hugo	181
Meyerbeer	198
Reyer	248
Ambroise Thomas	127, 273
Représentations interdites	232
Rideau de fer	64

S

Scène	13
Sérénades à des auteurs	68
Service médical	149
Spectateur déplacé	284
Strapontins	39
Subvention	18, 89, 95, 139, 192, 195, 201, 224, 234, 261, 262, 276, 290.

T

Téléphone	39
Théâtre-lyrique départemental français	71
Tramways (service de)	149, 154
Troupe lyrique (cadre de la)	14, 298
Tumultes	43, 62, 106, 119, 120, 128, 132, 175, 176, 177, 178, 189, 196, 197, 219, 251, 271, 274, 275.

V

Vols 147, 154

INDEX DES OUVRAGES REPRÉSENTÉS

A

A la Chambrée. 137
Abbé Constantin (l') . . 93, 94, 210
Accordée de Village (l') . . . 229
Adversaire (l') 211
Affaire Mathieu (l') 177
Affaires sont les affaires (les) . 242
Africaine (l') 32, 35, 41, 44, 48, 49, 53, 56, 60, 66, 72, 73, 98, 105, 115, 121, 124, 125, 128, 134, 140, 144, 151, 160, 167, 174, 185, 189, 193, 198, 204, 208, 225, 227, 238, 247, 254, 263, 270, 279, 280, 281.
Age d'aimer (l') 231
Aïda 35, 98, 124, 173, 174, 204, 205, 263
Aigle (l'). 272, 276, 277
Aiglon (l') 164, 180, 267
Alfred, ou le juge de paix malgré lui. 259
Ali-Baba 117, 162
Amants 137
Ame des héros (l') 241
Ames ennemies (les) 242
Ami de cercle (l') 242
Ami Fritz (l') . . . 93, 147, 156
Amica 217
Amour défendu (l') 228
Amour et Cie 232
Amour médecin (l') 152
Amour mouillé (l') . . . 117, 230
Amour veille (l') 259, 260
Amours de Colombine (les). 188, 193

Amours de Pierrot (les) . . . 193
Amours du Diable (les) . . . 67
Andromaque 137, 164
Ane de Buridan (l'). 258
Ange du foyer (l') 233
Anglais tel qu'on le parle (l') . 170, — 199, 211, 233, 251.
Anniversaire (l'). 257
Antoinette Rigaud. 49
Aphrodite 264, 265
Arc-en-ciel (l'). 93, 94
Ariane. 248
Arlésienne (l') . . 49, 163, 166, 231, — 232, 250, 258, 281.
Article 330 (l'). 233
Ascanio. 143
Asile de nuit . . . 210, 211, 277
Atala. 100
Athalie 156, 219
Attaque du moulin (l') . . 107, 167, — 168, 247, 248.
Aube rouge (l'). 272
Auberge du Tohu-Bohu (l') . 145, 177
Au Dahomey 101
Audition (l') 266
Au pied du mur 102
Autographe (l'). 93
Autre danger (l') 190
Autre motif (l'). 93, 94
Avare (l') 163, 219
Avariés (les) 211
Ave Maria de Gounod (l'). . . 109
Aventurière (l') 37, 69, 110, 163, 182, 230

B

	Pages.
Baïka.	144
Baiser (le).	85, 93, 118, 250, 277
Barbe-Bleue	169, 195
Barbier de Séville (le) (comédie).	76, 157, 170.
Barbier de Séville (le) (opéra-comique)	28, 41, 48, 59, 60, 66, 67, 73, 74. 81, 98, 105, 115. 118, 124, 125, 128, 132, 133, 134, 141, 151, 160, 167, 168, 185, 193, 194, 215, 216, 238, 247, 248. 254, 263, 270.
Baron Tzigane (le).	136
Bas-Bleu.	199
Bataille de dames.	118
Beethoven	258
Belle Hélène (la)	162
Belle Marseillaise (la).	233
Bellérophon.	268
Bercail (le)	242
Bigote (la	259
Billet de logement (le)	181
Biribi.	232
Blanchette	93, 94, 199
Boccace.	85, 117, 132, 136, 188, 195, 241
Bohême (la).	186
Bois sacré (le)	267, 276
Bonheur conjugal (le).	93
Bonheur mesdames! (le).	221
Bonhomme Jadis (le)	101
Bonne intention (la)	232
Bonsoir Monsieur Pantalon.	32, 35, 41, 59.
Bonsoir voisin!	42, 59, 185
Bossu (le)	110, 118, 199
Boubouroche	111, 155
Bouffe et le tailleur (le)	53, 55. 66. 69
Bouffons (les)	241
Boule de Suif	190
Bouquetière des Innocents (la).	101

	Pages.
Bourgeois gentilhomme (le).	178
Boute-en-train	251
Brebis de Panurge (les).	250
Brichanteau.	211
Brigands (les)	92, 144, 207
Britannicus.	241
Brocéliande.	100
Bucentaure (le).	145
Burgraves (les).	259

C

Cabotins.	121
Cagnotte (la)	196
Caïd (le).	42, 66, 144
Calendal.	116, 122
Camille Desmoulins	87
Carmélite (la)	217, 218
Carmen.	29, 35, 41, 42, 48, 53, 59, 60, 66, 67, 73, 74, 81, 98, 99, 105, 106, 115, 124, 134, 135, 141, 150, 151, 152, 160, 162, 167, 168, 174, 175, 185, 187, 188, 193, 204, 215, 225, 227, 228, 238, 239, 247, 248, 254, 256, 263, 270, 279, 280, 281.
Carotte (la).	189
Catherine	155
Catherine de Sienne.	207
Cavalleria Rusticana	126, 204, 205, 215, 216, 238, 247, 254, 263, 270, 279.
Cendrillon (féerie).	136
Cendrillon (opéra-comique).	168, 169
Cent Vierges (les).	92
Ces Messieurs.	220
Ceux qui restent.	155
Chalet (le).	28, 35, 41, 48, 53, 59, 66, 73, 81, 98, 105, 115, 118, 124, 134, 141, 150, 151, 160, 174, 185, 193, 197, 204, 215, 225, 227, 254, 263, 279.
Chalet à vendre	50

— 313 —

	Pages.
Chance du mari (la)	232, 277
Chanson de Fortunio (la)	127
Chant du Cygne (le)	187
Chantauclair de lune	258
Chantecler	259
Chapeau (le)	181
Charbonniers (les)	109, 127
Charles VI	28, 41, 59, 66
Charlotte Corday (drame)	102
Charlotte Corday (drame lyrique)	257
Chasse gardée	83
Chasseresses (les)	36
Chatelaine (la)	189, 232
Chatterton	220, 245
Chemineau (le) (drame)	219, 259
Chemineau (le) (drame lyrique)	248, 254, 256, 270, 271, 279, 281.
Chevalier Baptiste (le)	56
Chevalier de Maison-Rouge (le)	118
Chez l'avocat	55
Chien du jardinier (le)	67
Choufleuri (M.) restera chez lui le...	127
Cid (le), opéra	61, 62, 66, 105, 167
Cid (le), tragédie	44, 55, 111, 137, 156, 190, 199, 219, 221, 241.
Cigale et la Fourmi (la)	109, 207
Cinna	56, 233
Claudine à Paris	199
Cloches de Corneville (les)	92, 94, 127, 128, 136, 144, 166, 169, 188, 195, 218, 230, 241.
Closerie des Genêts (la)	93
Cœur a des raisons (le)	189
Cœur de moineau	233
Cœur dispose (le)	285
Colin Maillard	161
Comte de Luxembourg (le)	283
Conjuration d'Amboise (la)	102, 268
Connais-toi	258, 259

	Pages
Conte de Mai	176
Contes d'Hoffmann (les)	36, 254
Contrôleur des Wagons-lits (le)	170
Coppélia	54, 188, 238, 254, 256
Coralie et Cⁱᵉ	233
Corneille à Petit-Couronne	86, 93
Corneille chez le Savetier	56
Corneille et Richelieu (à-propos en vers)	44
Coup de Jarnac (le)	242
Coupe et les lèvres (la)	72, 73
Courrier de Lyon (le)	101
Cousin Placide	100
Cousin et Cousine	118
Cromwell	56
Cruche (la)	259
Cultivateur de Chicago	231
Cure d'amour	92, 93
Cyrano de Bergerac	147, 149, 155, 163, 170, 182, 199, 233, 259.

D

Daisy	189
Dame aux Camélias (la)	69, 148, 242, 252.
Dame blanche (la)	28, 35, 41, 48, 53, 59, 66, 67, 68, 105, 115, 124, 134, 141, 145, 160, 162, 167, 168, 185, 186, 247, 254, 263, 264, 268, 270, 279, 280, 281.
Dame de chez Maxim's (la)	155
Damnation de Faust (la)	239, 240, 243, 247, 248.
Danichell (les)	93
Dans les nuages	49
Danse macabre (la)	50
Dédale (le)	196
Deidamie	108
Déjanire	273

	Pages.
Délicatesse	219
Demi-monde (le)	190, 242
Dépit amoureux (le)	111, 156, 157, 219
Député de Bombignac (le)	88
Dernière tragédie	221
Dernières cartouches (les)	199
Derrière le rideau	232
Détour (le)	182
Deux gosses (les)	155, 242
Deux orphelines (les)	93, 155, 182
Deux tourtereaux (les)	111
Devant l'ennemi	118
Diable à Yvetot (le)	61
Diamants de la Couronne (les)	67
Dîner de Pierrot (le)	142
Divorce à l'amiable (le)	93, 94
Divorcée (la)	274
Djordis	273
Docteur Crispin (le)	42, 98, 124
Domino noir (le)	28, 41, 66, 141
Dominos roses (les)	93
Don César de Bazan	93, 95
Don Juan	142, 254
Don Quichotte	265, 271
Don Sanche d'Aragon	63
Dora	90, 93
Dormez grand'mère	259
Dot de Brigitte (la)	127
Dragées d'Hercule (les)	232
Dragons de Villars (les)	28, 31, 35, 41, 48, 53, 59, 60, 66, 73, 74, 81, 98, 105, 114, 115, 124, 134, 141, 151, 160, 167, 174, 185, 193, 204, 215, 227, 247, 248, 254, 263, 270, 279
Duel (le)	211, 231, 233, 276
Durand et Durand	56, 93

E

Echo	69, 73
Eclair (l')	48
Ecole des belles-mères (l')	169, 196, 211

	Pages.
Ecole des femmes (l')	87
Ecole des veufs (l')	93, 211
Effrontés (les)	196
Eline de Rouen	210
Empereur (l')	137
En visite	233, 276
Enfant du miracle (l')	189
Enfants d'Edouard (les)	30
Enfants du capitaine Grant (les)	189
Engrenage (l')	118, 121
Enigme (l')	181
Enlèvement de la Toledad (l')	145, 207
Ennemi du peuple (l')	128
Enquête (l')	233
Entente (l')	94
Entr'acte (l')	92
Ernani	42
Eros	68, 73
Erreurs du mariage (les)	251
Esclarmonde	107, 110
Espana (ballet d')	108
Espérances (les)	50
Espionne (l')	221
Etienne Marcel	42. 53
Etoile du Nord (l')	48, 115
Etranger (l')	216
Etrangère (l')	148
Evasion (l')	148
Eventail (l')	259
Exposés de l'Exposition (les)	76

F

Famille du brosseur (la)	189
Famille Pontbiquet (la)	93, 94, 95
Farfadet (le)	35, 59, 73, 193
Faune (le)	177
Faust	28, 35, 41, 47, 48, 52, 53, 58, 59, 64, 66, 70, 73, 81, 92, 98, 105, 108, 114, 115, 124, 125, 134, 141, 151, 160, 162, 165, 167, 168, 174, 185, 193,

Faust. . 196, 198, 203, 204, 205, 215, 216, 225, 227, 228, 238, 239. 245, 247, 254, 256, 263, 270, 279, 280.
Fauvette du Temple (la) . . . 127
Favorite (la) . 28, 35, 41, 43, 48, 53, 59, 66, 67, 73, 74, 81, 98, 100, 102, 105, 115, 118, 119, 124, 134, 141, 151, 167, 174, 175, 176, 185, 193, 204, 215, 227, 238, 239, 254, 263, 279.
Fedora 30
Femme à papa (la). . . . 37, 127
Femme de César (la) 231
Femme de Tabarin (la) . . . 121
Femme nue (la) 251
Femmes savantes (les) . . . 163
Fête des fleurs (la). 144
Fête du village voisin (la) . . 53
Feu au couvent (le) 56
Feu Pierrot 144
Feu Toupinel . . . 86, 93, 94, 95
Fiacre 117 (le) 56, 121
Fiamma 188, 207
Fiancée de la mer (la) . . . 186
Fille Elisa (la) 170
Fille de Mme Angot (la). 85, 117, 127, 169, 188, 195, 207, 230, 241.
Fille de Roland (la). 86, 111, 196, 211
Fille du calife (la). 176
Fille du régiment (la). 28, 35, 41, 48, 53, 59, 66, 73, 81, 98, 105, 115, 124, 134, 141, 151, 160, 167, 174, 185, 193, 215, 227, 238, 247, 254, 263, 270, 279.
Fille du tambour-major (la) . 85, 87, 109, 117, 127, 136, 162, 177, 188, 207, 218, 230, 241, 258, 266.
Fils de Giboyer (le) 121
Fils de la nuit (le) 93
Fils naturel (le) 178
Flambée (la) 274, 285
Flamboyante (la) 69

Fleurs animées (les) 207
Fleurs des champs 153
Fleurs perfides (les) . . . 249, 283
Flibustier (le) 85
Florette et Patapon 233
Flûte enchantée (la) . . . 161, 165
Fortunio 240
Fourberies de Scapin (les) . . 233
Fourchambault (les . . . 164, 221
Foyer (le) 250, 251
Fra Diavolo 35, 59
Français tel qu'on le parle (le). 284
Française (la) 233, 241
Francillon 93, 164
Françoise de Rimini . . 29, 36. 48
Frédégonde 154
Freischutz (le) 67
Fresques pompéiennes (les) . . 230
Froufrou 164
Fugitifs (les) 230
Gabrielle 87

G

Gaëtane 143, 145
Gaffe de Bridoux (la) . . . 259
Gaietés de l'amour (les) . . . 250
Galathée . 28, 31. 35, 41. 48. 53, 59, 63, 115, 134. 141, 160.
Gardeuse de dindons (la) . . 101
Gendarme est sans pitié (le) 155, 199
Gendre de M. Poirier (le). 55, 93, 101,
— — 149. 180.
Ghetto 181
Gigolette 118
Gillette de Narbonne. 85, 117, 136, 230
Gioconda 117
Girondins (les) 217, 222
Glu (la) 264
Goujons (les) 242
Goût du vice (le) 274

	Pages.
Grand Mogol (le)	92, 109, 117, 136, 162, 177, 195, 218, 230, 266.
Grande duchesse (la)	85, 195
Grande famille (la)	219
Grande Marnière (la)	93
Grasse matinée	251
Graziella	282
Griefs du cardinal (les)	64
Gringoire	101, 178
Grisélidis (comédie)	121
Grisélidis (conte lyrique)	206, 247
Guelfes (les)	174, 176
Gueule du loup (la)	210, 211
Guillaume Tell	28, 31, 35, 41, 43, 48, 53, 59, 60, 66, 73, 76, 81, 98, 102, 105, 115, 124, 125, 141, 142, 174, 175, 227, 228, 247, 253, 254, 255, 256, 263, 270, 271, 279.
Gwendoline	72
Gyptis	81, 82

H

Haensel et Gretel	152, 154, 247, 263, 264.
Hamlet (drame)	147, 260
Hamlet (opéra)	7, 28, 29, 35, 41, 48, 53, 59, 60, 62, 66, 67, 73, 74, 81, 98, 99, 105, 106, 123, 124, 128, 134, 141, 151, 160, 167, 174, 175, 185, 186, 193, 197, 204, 215, 227, 238, 247, 254, 263, 270, 271, 279.
Hannetons (les)	241
Haydée	28, 41, 48
Henri III et sa cour	190
Henri VIII	194, 204
Herbager (l')	101
Hermann et Dorothée	116, 134
Hernani	37, 95, 101, 149, 156, 210, 267, 285.

	Pages.
Hérodiade	67, 69, 98, 99, 115, 134, 159, 160, 184, 185, 186, 204, 205, 215, 216, 227, 237, 238, 239, 247, 255, 256, 263, 270, 279.
Héroïque Le Cardunois (l')	121
Heure de la bergère (l')	250
Heureuse	190
Heureux père	259
Histoire d'un drapeau (l')	55
Histoire du vieux temps	157, 164
Homme de paille (l')	56
Horace	44, 69, 87, 137, 148, 170, 221
Hôtel Godet (l')	181
Huguenots (les)	27, 28, 31, 32, 35, 41, 43, 48, 51, 53, 59, 60, 66, 67, 73, 74, 81, 97, 98, 104, 105, 106, 115, 116, 118, 121, 125, 132, 134, 141, 145, 150, 151, 160, 167, 168, 174, 185, 186, 193, 196, 204, 209, 213, 215, 219, 220, 225, 227, 238, 239, 247, 255, 256, 262, 263, 270, 279, 280.
Hypathie	242

I

Ibycus	100
Idées de Mme Aubray (les)	55
Idole aux yeux verts (l')	177
Il était une bergère	258
Il ne faut jurer de rien	190
Indécis (l')	93
Infortunes de Jubinet (les)	50
Illusion (l')	64
Israël	250

J

Jacobites (les)	86
Jacques Damour	93
Jahel	153, 154
Javotte	144, 215

	Pages.
Jean-Marie	95
Jean Bart	163
Jeanne d'Arc	101
Jeanne Maillotte	42
Jeu de l'amour et du hasard (le)	221
Jeu de l'amour et du hussard (le)	50
Jeunesse	190
Jeunesse des Mousquetaires (la)	101, 267.
Jeux de l'amour et du houzard (les)	199
Jobards (les)	102
Joie fait peur (la)	76, 93, 94, 163
Jolie fille de Perth (la)	53
Jongleur de Notre-Dame (le)	216, 217, 238, 247, 248, 255, 263, 270, 279, 281.
Joséphine vendue par ses sœurs	109, 117, 127, 136.
Jouet (le)	210
Joueuse d'orgue (la)	147
Jour et la nuit (le)	92, 136, 169, 188
Juif errant (le)	118
Juif polonais (le)	187
Juive (la)	28, 35, 36, 41, 43, 51, 53, 59, 60, 62, 66, 67, 73, 74, 79, 81, 92, 97, 99, 100, 105, 115, 120, 123, 124, 125, 132, 134, 141, 142, 151, 166, 167, 174, 175, 185, 192, 193, 200, 204, 205, 208, 215, 225, 227, 238, 247, 255, 256, 263, 270, 279, 281.
Jumeau (le)	199
Jurons de Cadillac (les)	93

K

Kermaria	145, 180
Kermesse de Denderlew (la)	49, 247

L

Lac des fées (le)	49
Lagourdette	233

	Pages.
Lakmé	60, 61, 62, 73, 81, 105, 115, 133, 141, 160, 167, 168, 174, 175, 177, 185, 186, 193, 194, 204, 205, 215, 225, 227, 238, 247, 255, 263, 270, 279.
Laura	228
Légende de Saint-Julien (la)	180
Légende de l'ondine (la)	194
Légende du point d'Argentan (la)	271
Léonie est en avance	274
Leurs filles	95
Lion amoureux (le)	70, 233
Lohengrin	81, 83, 87, 99, 100, 124, 125, 130, 134, 167, 185, 204, 215, 255, 256, 263, 264, 266, 270, 271, 274, 279.
Loi de pardon (la)	233
Louis XI	50
Louise	176, 177, 193, 238, 239, 247, 248, 255, 279, 280.
Loup et l'agneau (le)	169
Loute	231, 233
Lucie de Lammermoor	28, 35, 41, 43, 48, 53, 59, 60, 66, 151, 215.
Lucrèce Borgia	93, 94, 276
Lutte pour la vie (la)	93
Lysistrata	110

M

Ma bru	157
Ma cousine	87, 93
Ma fée	180
Ma générale	251
Madame a ses brevets	95
Madame Butterfly	280, 281
Madame Cupidon	218
Madame Favart	92, 117, 136, 162, 207
Madame Flirt	181
Madame la Maréchale	93, 94
Madame l'Ordonnance	233
Madame Roland	282

Madame Sans-Gêne. 130, 163, 199, 284	Marie Stuart 125
Mademoiselle Fifi 130, 149	Mariée du mardi-gras (la) . . 86
Mademoiselle de la Seiglière . 50, 88, 130.	Marionnettes (les) 276
Mademoiselle Josette ma femme, 233	Maris de Léontine (les) . . . 171
Main dans le sac (la) 267	Marjolaine (la) 241
Main gauche (la) 170	Marquis de Priola (le). . . 190, 233
Maître de Chapelle (le) . 28, 31, 35, 37, 41, 43, 48, 53, 59, 66, 67, 74, 81, 99, 105, 115, 124, 131, 141, 151, 160, 167, 174, 185, 193, 215, 218, 247, 255, 263, 279.	Marquis de Villemer (le). . . 93
	Martha 48, 59, 60, 115
	Martyre 70, 93, 171
	Mascotte (la) . 85, 92, 104, 109, 114, 117, 127, 136, 144, 162, 169, 173, 177, 188, 207, 218, 230, 241, 258, 266, 283.
Maître de forges (le) . . . 93, 196	Massière (la) 242
Maître Pathelin. . . 48, 53, 66, 124	Maternité 196
Maître Wolfram 206	Mauvaises passes 232
Malade imaginaire (le) . 86, 93, 94, 137, 211, 219.	Médecin malgré lui (le) . 95, 137, 163, 180, 241, 284.
Mam'zelle Nitouche. 109, 136, 144, 146, 188, 218, 230, 258.	Médecine aux champs . . . 199
	Méfistofele 248
Mandolinetta 195	Mégère apprivoisée (la) . . 93, 94
Manoël 239	Mégère apprivoisée (la) (comédie lyrique) 125
Manon . 54, 55, 56, 74, 99, 100, 105, 115, 116, 124, 134, 135, 141, 151, 160, 167, 168, 174, 175, 177, 185, 186, 193, 194, 197, 204, 215, 216, 225, 237, 238, 247, 255, 256, 263, 264, 270, 275, 279, 280, 281.	Ménages parisiens. 86
	Menteur (le) . . . 44, 86, 221, 267
	Menuet de l'infante (le) . . . 161
	Messaline. . . 168, 238, 239, 243
Marceau. 86, 110	Michel Strogoff. 128, 181
Marchand de désespoirs (le). . 155	Mick et Lip. 259
Marchande de fleurs (la) . . 178	Mignon. 28, 35, 41, 48, 59, 60, 66, 67, 74, 81, 99, 105, 115, 120, 124, 125, 128, 133, 134, 141, 151, 160, 167, 168, 174, 175, 185, 186, 204, 215, 227, 238, 239, 247, 248, 255, 263, 270, 273, 279, 280, 281.
Mari de la nourrice (le) . . . 233	
Mariage d'argent . . 111, 137, 163	
Mariage au téléphone (le) . . 242	
Mariage aux lanternes (le) . . 127	
Mariage d'Hakouma (le) . . . 276	
Marie-Jeanne ou la femme du peuple. 190	Miliane 69
	Million (le) 190
Marie-Magdeleine (drame) . . 284	Mimi. 93, 94
Marie-Magdeleine (drame lyrique) 230, 236, 247, 279, 281, 283.	Mineure (la). 211, 233
	Miquette et sa mère . . . 232, 242

Mireille. 48, 49, 53, 59, 66, 74, 81, 99, 105, 115, 124, 134, 141, 150, 151, 160, 167, 174, 175, 185, 193, 204, 205, 215, 216, 225, 227, 238, 247, 255, 263, 270, 279.	
Misanthrope (le)	69, 242
Misanthrope et l'auvergnat (le)	86
Misérables (les)	86
Miss Helyett . 109, 117, 122, 127, 169, 195, 230, 258.	
Mission délicate (une)	56
Mithridate	95, 137
Modestie	258, 259, 267
Moïna	142, 145, 174
Môme aux beaux yeux (la)	242
Mon ami Teddy	267
Mon oncle Mac Sherry	284
Mon successeur	232
Monde où l'on s'ennuie (le)	76, 250
Monna-Vanna	281
Monsieur Alphonse	87
Monsieur chasse	96
Monsieur l'Adjoint	250
Monsieur le Directeur	130
Monsieur Mansuet	199
Monte Cristo	220
Montmartre	267
Mousquetaires au couvent (les). 74, 85, 92, 109, 117, 127, 136, 162, 177, 188, 195, 207, 218, 230, 241, 258, 266, 283.	
Mousquetaires de la reine (les). 28, 35, 40, 41, 42, 53, 59.	
Muette de Portici (la)	42, 66
Myosotis	84, 247
Mystères de Paris (les)	147

N

Navarraise (la). 126, 185, 204, 215, 238, 247, 248, 255, 263, 270.	
Nelly Rozier	181
Néron	108, 110

Niniche	170
Nizéa	207
Noces de Figaro (les)	48
Noces de Jeannette (les). 42, 48, 53, 59, 66, 67, 74, 77, 81, 92, 99, 105, 115, 124, 134, 141, 151, 160, 167, 174, 185, 193, 204, 215, 247, 255, 263, 270, 279.	
Nono	250
Nos jolies fraudeuses	86
Nos magistrats	250
Nouredda	249
Nouveau jeu (le)	170
Nouveau seigneur du village (le)	67, 74
Nouvelle idole (la)	155
Nuit d'octobre (la)	50, 156, 242
Nymphes des bois	144

O

Oberlé (les)	219, 252
Œdipe-Roi	181
Oiseau bleu (l')	259
Ombre (l')	67
On ne badine pas avec l'amour	163
Ondine	218
Orphée	215, 238, 239, 247, 249
Orphée aux Enfers	109
Oscar ou le mari qui trompe sa femme	110
Oscar ou les projets d'un mari	177
Otello (drame lyrique)	117, 122
Othello (drame)	106, 182
Ouvriers (les)	30

P

Paillasse. 116, 117, 121, 134, 151, 193, 227, 238, 239, 247, 249, 255, 263, 270.	
Pain bis	187
Paix chez soi (la)	232, 250
Papillon, dit Lyonnais-le-juste	268

	Pages.
Papillonne (la)	93
Par la fenêtre	96
Paraître	233
Pardon de Ploërmel (le)	59, 60
Paris-roulant	170
Parisienne (la)	56, 93, 250
Part du feu (la)	286
Passant (le)	93
Passion (la)	137
Patrie	93, 118, 137, 170, 199
Patrie (opéra)	126
Paturel	87
Paul et Virginie	126
Péage (le)	241
Pêcheur d'Islande	131
Pêcheurs de perles (les)	74, 76, 105, 106, 160.
Pêcheurs de Saint-Jean (les)	229
Pendant le bal	157, 250
Père Lebonnard (le)	286
Père naturel (le)	163
Père prodigue (le)	110
Périchole (la)	109, 169, 218, 230
Perle du Brésil (la)	68
Petit café (le)	276
Petit champ (le)	155
Petit duc (le)	85, 136, 169, 218, 241
Petit Faust (le)	85, 109, 144
Petit lord (le)	137
Petite amie	220
Petite bohème (la)	218
Petite bonne sérieuse	511
Petite Fadette (la)	136
Petite mariée (la)	169
Petites brebis (les)	218, 230
Petits mandarins (les)	84
Petits oiseaux (les)	93, 94
Pétoche	286
Peur de souffrir (la)	163
Peur des coups (la)	155, 259

	Pages.
Phèdre	88
Philémon et Baucis	61, 227
Phryné	135, 136
Pied de mouton (le)	110
Pierre d'Aragon	187, 188
Pierrot financier	121
Pierrot jaloux	95
Pierrot poète	218
Pirates de la Savane (les)	118
Piste (la)	219
Plaideurs (les)	87, 88, 137, 250
Pluie et le beau temps (la)	93
Plumes de geai (les)	231
Plus que reine	163
Poil de carotte	170, 220
Police tolère (la)	233
Polyeucte	76, 87, 211, 221, 250
Pomme d'api	127
Porteuse de pain (la)	95
Postillon de Longjumeau (le)	28, 59, 60, 66, 81.
Poupée (la)	153, 177, 218, 230, 231, 234, 241, 283.
Pour embêter ma tante	286
Pour la Couronne !	121
Pour la Patrie	111
Pré-aux-Clercs (le)	35, 41, 48, 59, 60, 66, 151.
Précieuses ridicules (les)	93, 94, 101, 199, 219, 284.
Premier mari de France (le)	111
Preuve (la)	102
Primerose	274
Prince Zilab (le)	49
Princesse d'auberge	153
Princesse des Canaries (la)	30, 109
Printemps (le)	75
Prise de Berg-op-Zoom (la)	284
Prix Montyon (le)	87
Procès de Jeanne d'Arc (le)	259

	Pages.		Pages.
Prophète (le).	35, 48, 59, 66, 67, 81,	Rip-Rip	84, 127, 195, 258
—	105, 124, 160, 193, 247.	Robe rouge (la)	170
Psyché	267	Robert-le-Diable .	28, 35, 41, 48, 53,
P'tites Michu (les).	153, 188, 207, 258		59, 60, 66, 67, 74, 81, 115, 116, 119,
			124, 125, 151, 193.
		Rodogune	199

Q

Quatre-vingt-treize	149	Roger-la-Honte.	95, 118
Que Suzanne n'en sache rien.	155, 178	Roi (le)	251, 259, 267
Quo vadis (drame).	180	Roi d'Ys (le). .	68, 69, 74. 105, 106,
Quo vadis (opéra)	257, 260	—	115, 124, 134, 255.
		Roi s'amuse (le)	274
		Romanesques (les) . . .	181, 190

R

Rabelais	241	Roméo et Juliette.	42, 44, 59, 60, 66,
Rabouilleuse (la)	189, 260		74, 79. 81, 99, 115, 124, 125, 134, 141,
Rafale (la)	219		160, 174, 204, 263.
Râfles	242	Rose bleue (la)	241
Rahn	145	Rossignol (le)	67
Rébecca	127	Rouget de l'Isle	102
Rédemption	131	Ruy Blas. . .	45, 93, 94, 130, 170,
Reine Fiammette (la) .	206, 215, 216	—	171, 196, 221, 259.
Reine Juana (la)	124		

S

Reine Margot (la)	93		
Reine Topaze (la)	67	Sabre au clair !	118
Reine de Saba (la). . . .	135	Sacrement de Judas (le) . . .	155
Remplaçantes (les)	169	Salammbô	81, 82, 85
Rencontre (la)	259	Saltimbanques (les) (opérette) .	195,
Rencontre imprévue (la) . . .	69		198, 200, 218, 241.
Rendez-vous bourgeois (les)	35, 59, 62,	Saltimbanques (les) (vaudeville).	124
— —	74, 141.	Samson et Dalila .	72, 74, 75, 76, 77,
Respect de l'amour (le) . . .	276		99, 102, 124, 134, 135, 141, 151, 160,
Retour de Jérusalem (le). . .	199		167, 168, 174, 185, 193, 204, 215, 216,
Rêve (le).	84		218, 238, 247, 255, 263, 270.
Rêve de valse	274, 283	Sapho (comédie) . . .	55, 95, 284
Réveil de la rose (le) . . .	169	Sapho (opéra)	194
Réveil des nymphes (le) . . .	195	Scandale (le)	258
Revenants (les)	169	Scapin commissaire . . .	93, 94
Revue de 1910 (la)	267	Scènes alsaciennes (les) . .	50
Richard III	108	Scrupules (les)	250
Rigoletto.	28, 41, 48, 59, 66, 74, 76, 81,	Sentiers de la vertu (les). .	199, 211
	99, 115, 124, 141, 151, 174, 175, 176,	Septième jour (le). . . .	210
	193, 225, 227, 247, 263, 270, 271, 279.	Servante maîtresse (la) . . .	59

Seul 95
Severo Torelli 45
Siegfried 161, 165
Sigurd . 99, 134, 136, 141, 151, 160, 162, 167, 174, 185, 189, 193, 198, 204, 208, 215, 216, 227, 238, 239, 247, 249, 255, 256, 263, 270, 279, 280.
Si jamais j' te pince ! 137
Si j'étais Roi !. 32, 35, 41, 48, 53, 59, 66, 67, 74, 81, 99, 105, 115, 124, 134, 141, 160, 174, 247, 255, 256, 279.
Sire 259
Siva 143
Soléa 265
Son père 242
Sou poteau 190
Songe d'une nuit d'été (le). 28, 41, 48, 53, 59, 66, 115.
Sourd ou l'auberge pleine (le). 35, 41, 53, 59, 74, 141, 151.
Souris (la) 93, 94
Sténio 54
Surcouf 169
Surprises du divorce (les) . 69, 70
Suzel 206
Suzette 258
Suzon 143
Sylvia 195
Système (le) du D' Goudron et du professeur Plum. 190

T

Tannhauser (le). 135, 151, 185, 186, 238
Tartine (la) 93, 94
Tartuffe . . 76, 101, 137, 149, 276.
Taverne des Trabans (la). . . 108
Terre normande (la) . . . 258
Terre qui meurt (la) . . . 282, 286
Testament de César Girodot (le). 95
Tête à l'envers (la) . . . 258

Thaïs . . 152, 238, 239, 247, 255, 256
Thérèse 257
Thermidor 148
Thi-Theu 160
Tiefland 271, 277
Timbale d'argent (la) . . . 109
Tircis et Cléo 249
Tire-au-flanc 232
Toréador (le) 42, 49
Tosca (la) (drame) . . 69, 155, 259
Tosca (la) (opéra). 229, 238, 263, 264, 270, 271, 279, 280.
Tour de Nesle (la) . . 93, 94, 259
Tour du monde à pied (le) . . 250
Tour du monde en 80 jours (le) 51, 242
Traite des blanches (la) . . . 232
Travaux d'Hercule (les) . . . 177
Traviata (la). 32, 35, 41, 48, 53, 59, 66, 67, 74, 99, 105, 124, 134, 141, 151, 160, 167, 215, 227, 255.
Tribun (le) 276
Tribut de Zamora (le) . . . 61, 66
Triomphe des fleurs (le) . . 195
Triplepatte 233
Trois filles de M. Dupont (les) . 147
Trois Masques (les) 282
Trois tourtereaux 210
Trouvère (le) . 28, 35, 41, 43, 48, 53, 59, 66, 74, 76, 115, 134, 141, 167, 227, 255, 256, 263, 270, 274, 279.

U

Un ange 258
Un beau soir 95
Un client sérieux . . . 155, 233
Un fiacre à l'heure 189
Un frère 190
Un monsieur en habit noir . . 56
Un orage 210
Un parisien 56

	Pages.		Pages.
Un soir d'été	194	Voleur (le)	232, 242
Une affaire de mœurs	190	Vous n'avez rien à déclarer ?	231
Une aventure de la Guimard	177	Voyage au bout du monde (le)	284
Une conversion	85	Voyage au Caire (le)	276
Une mission délicate	56	Voyage de M. Perrichon (le)	93, 95, 233, 251.
Une nuit à Trianon	54	Voyage de Suzette (le)	109, 117

V

Vaisseau fantôme (le). . . . 126
Veine (la) 171
Velléda 84
Vendéenne (la). . . . 59, 102
Vénitien (le) 72, 75
Véronique, . 187, 188, 191, 195, 241.
Veuve joyeuse (la). 266, 268, 274, 276, 277, 283.
Vie de Bohème (la) (comédie lyrique). 152, 174, 204, 205, 208, 238, 243, 247, 250, 255, 256, 263, 264, 279, 280.
Vie de Bohème (la) (drame) . 170
Vieilles gens (les) . . . 87
Vieillesse de Don Juan (la) . . 231
Vierge folle (la) 266
Vieux marcheur (le) . . . 163, 169
Villageoise (la). 49
Vingt ans après 267
Vingt-huit jours de Clairette (les). 109, 169, 207, 230, 241.
Violoneux (le) 127
Vivandière (la). . 125, 247, 279, 280

Voyage en Chine (le) 35, 41, 53, 59, 74, 263, 279, 280, 286.
Voyage en Suisse (le). . . . 86

W

Walkyrie (la) 228, 234
Werther 107, 115, 193, 196, 215, 216, 227, 228, 238, 239, 247, 255, 256, 263, 270, 279, 280.

X

Xantho chez les courtisanes. 266, 274

Y

Yetta 195
Yvette 181

Z

Zampa . . 53, 55, 59, 60, 66, 67, 115
Zaza 194

INDEX DES NOMS CITÉS

A

Abel 49
Affre 256
Aguado (Mme) . . . 140, 142, 143, 159, 161.
Ajac (Mme d') 135
Albers 239, 271, 272, 281
Albers (Mme) 214
Albert . . . 41, 42, 65, 66, 67, 68
Albert (d') . . . . . 103 à 131
Albouy (Mme) . 80, 83, 151, 152, 153
Alénus (Th.) 269
Alessandri (d') 47, 246
Alessandri (Mme d') 47
Alexandre 258
Allary (Mme) 29, 98, 247
Altdridge (Mlle Suzannah) . . 106
Alvarez (Mme d') 238
Amalou . . . 123, 140, 141, 159, 161, 163, 166, 167, 168.
Ambre (Mme Emilie) . . 47, 48, 50, 52, 54, 81.
Amel (Mme) 44, 208
Anastay 98, 186, 205
Ancelin 136, 284
Andrée (Mme Gilberte) . . . 91
Andrée (Mme Jeanne) . . 30, 202, 203, 204.
Andrieux 202, 203, 208
Anfry 267
Ansaldi 175
Antoine . . 94, 111, 155, 163, 233
Antoine (Mme M.) 92
Antonelli (Mme) 80, 84
Andral (Mme) 98, 99, 100
Andreau (Mme) 91

Arald (Mme J.) 270, 274
Aranka (Mme) 151, 153
Ariel . . . 140, 143, 166, 167
Ariste, administrateur . . . 91
Ariste, de la Comédie-Française. 95
Aristide . . . 52, 54, 58, 61, 65
Arméliny (Mme) . 105, 107, 109, 185, 186, 187, 188, 193, 195.
Arnaud (Mme Simonne d'). 203, 206, 208.
Arquier (Mme) 34
Arquillère 163
Aubert 226
Audisio 123, 125, 126
Audouin 237, 239
Auguez (Mlle) 62
Aultier (Mme) 80
Aumonier . 228, 262, 264, 269, 271, 272, 278, 279, 282, 286.
Autié 45
Ayrot 132
Azaïs 114, 117

B

Bach (Mme) 134
Badet (Mme Régina) . . . 277
Baduel 91
Bady (Mme B.) 258
Baer . 205, 206, 246, 248, 269, 270, 271, 272, 273, 274, 275, 278, 279, 281, 282.
Bailac (Mme) 263
Bailhé 208, 209
Baillet 44, 164, 196
Balensi (Mme) 47
Ballard 92

Barbary 47, 49	Bernheim 282, 286
Barbary (Mme). 47	Berny (Mme G.). 163, 199
Barbe. 41, 52, 54, 92	Berr 85, 111, 156, 260
Barbero (Mme). . 246, 254, 263, 269, 270, 278, 279.	Berronne 226, 229
	Berthaud 173
Baret. 137, 169, 199	Berthier 133
Barely (Mme) . . 58, 61, 65, 66, 67	Berthy (Mme L.) 286
Bargel 214	Bertin 237
Barny (Mme) 94	Berton (Pierre). . . . 30, 69, 137
Baron, des Variétés. 56, 111, 121, 170	Berton, laruette 52
Baron fils 163, 284	Berton, régisseur . . 192, 195, 197
Baron, trial. 73	Beyle. 160, 174, 175
Baron (Mme) . . . 193, 194, 197	Bianconi. 123, 125, 126, 133, 134, 135
Barrabé 9	Bignou (Mlle) 207
Barral 219	Bisterriegt (Mme) 214
Barras 133	Bligny 91
Barré. 55	Blockx (Jan) 153, 186
Bartet (Mme) 196	Blot (Mme) . . . 227, 229, 230, 262, 263, 264.
Barthe 238	
Bartholdi 11	Bonheur (Mlle Alice) 153
Barwolf 98	Bonheur-Chais (Mme) 203, 204, 256
Basta (Mme de) 27	Bonhivers 47, 49, 50
Baudouin (Paul) 11	Bonvoisin (Mme). 105, 107, 108, 109, 114, 115, 116, 117.
Baux (Mme). . 27, 34, 35, 36, 38, 47, 48, 50, 98, 99, 100.	
	Bordeneuve. 80
Bazin (René) 282	Borderie (Mme) 162
Beaulieu (de) 231	Borgo (Mme, de l'Opéra. . . 239
Béchard 167	Borgo (Mme), dugazon. 227, 228, 229
Beer (de). 27, 29	Bosman (Mme). 95
Béguin 196, 197	Bosquet 239
Bellefond 91	Bossy (Mme). 73, 75, 133, 134, 135, 156, 159, 161, 167, 168.
Belloca (Mme A. de) 50	
Ben-Aben 40	Boucher 50, 87
Bénard 275	Bouland 41
Bergalonne . . . 192, 203, 206, 207	Bouland (Mme). 41
Bergot (Mme) 91	Boulogne 270
Béridez (Mme de) . . 80, 82, 83, 84	Bour 199, 231
Bernals (Mme Jenny). . . . 283	Bourbon 271
Bernard 67	Bourgeois 151, 153
Bernhardt (Sarah). 30, 69, 148, 180, 242, 252, 259, 267.	Bouriello 188, 207
	Bourillon 214, 216, 217

Boussa	116, 123, 124, 125, 126
Bouvard.	27, 28, 72, 73, 77
Bouvet	67
Bouxmann	228
Bovy	140
Boyer (Mme Mary)	228
Boyer (Mme Rachel)	111, 221
Brandès (Mme).	221
Brasseur.	86, 221, 233, 251, 258, 259, 286.
Brazza (Savorgnan de)	76
Brebion (Mme).	241
Bréval (Mme)	256
Brialmont	214, 217
Brias (Mme)	238, 239
Brille (Mme L.)	221, 259, 276
Brindeau (Mme Jeanne).	164, 190, 242
Broisat (Mme)	44
Bronville (Mme)	73, 167
Bruck (Mme Rosa.	44
Bruinen.	184, 186, 187, 262, 263, 265
Brument.	150 à 157
Brunet-Lafleur (Mme.	44
Brunot	221, 259, 277
Bruyas	269, 271, 272, 274
Bruzzi	254, 257
Bucognani	58, 61, 62, 208
Burgat	246, 251, 257
Bussac (José)	97 à 102, 103
Buysson	152, 153

C

Cabannes	41, 47
Cabrini (Mme)	151, 153
Camilli (Mme de)	159
Camoin	213 à 235
Campagnola	263
Campo-Casso	33 à 39
Candé	147, 149
Carabelli (Mme)	28, 34, 41, 47, 52, 58, 61.
Carbonneil	159, 203
Carli (Mme de).	115
Caro-Lucas (Mme).	264
Casalegno (Mme)	167, 174, 177
Carré (Mme M.).	169, 256, 264, 280, 281
Casset	133, 135, 151, 156
Castagné (Mme)	60
Castex	132 à 138, 150
Caux (Mme).	193
Cazeneuve	160
Cerny (Mme).	115, 123, 124
Cerrato (Mme)	140
Cerri (Mme)	193
Ceste.	74, 98, 99, 100, 125
Chambon	216
Chaminade (Mme).	164
Chanoine-Davranches (R.)	211, 249, 273, 283.
Chapu	11
Charley	156
Charney (Mme).	239
Charpantier (Mlle).	185, 186, 187
Charpentier.	137, 163
Chassang (Mme Marthe).	206, 216
Chastan	125
Chédeville	12
Chenal (Mme)	264, 270, 272
Chennevières	58, 60, 61
Cherubini	150
Chevallier	239, 240
Cholain (Mme).	114, 116, 117, 193, 194
Clary-Lannes (Mlle)	80
Claude-Jean	281
Claudius.	214
Claverie.	52, 54
Clément.	160, 162, 168, 175, 186, 191, 194, 205, 247, 263, 268.
Clouzet (Mme)	278, 281, 282
Cobalet	133
Cogé (Mme R.).	211

	Pages.		Pages.
Cognault (Mme Alice)	106	Dambrun-Merz (Mme)	92
Colonne (Ed.)	62, 156	Dangély	237
Combes	238, 239	Danjou (Mme)	251
Compans	203, 206	Danse	238, 239
Comte (Mme)	254, 257	Danthesse Mme)	270, 280
Consoli (Mme)	123	Darcy Mme)	92
Conti (Mme)	91	Darlays (Mme)	151, 152
Coquard (Arthur)	153	Darnaud	123, 125, 126
Coquelin aîné	50, 88, 94, 101, 110, 121, 130, 178, 180, 182.	Darragon Jean)	86, 155, 199
Coquelin cadet	45, 88, 94, 96, 130, 149, 163, 178, 180, 233.	Darty (Mme P.)	180, 218
		Dastrez	186
Coquelin (Jean)	88, 94, 96, 101, 110, 130, 149, 178.	Daubigné	205
		Daubigny (Mme)	242
Cordier (Mme)	34, 38	Dauphin	41, 42
Cormetty	184, 189, 203, 206, 207	David	114
Cornaglia	231, 250	Dearly (Max)	267, 276
Corneille (représentations en l'honneur de)	44, 63, 69, 76, 86, 199, 211, 221.	Debroux	179
		Decléry	133, 135, 216
		Degenne	114, 116, 117, 125, 133, 134, 160.
Cornubert	98, 100, 140, 141, 142, 143, 184, 185, 186, 187, 189.	Dehelly	190, 221, 267
		Dejanne (Mme)	98
Corpait	98, 99, 100	Delahaye	98
Cortez (Mme)	254, 257	Delannoy	30
Cossira	186, 216, 248	Delaquerrière	67, 115
Coste	173	Delaras Mme)	227, 229, 238, 278, 279, 282.
Cotreuil	254, 257	—	
Coulon	25	Delaunay	44, 199
Courteline (G.)	155	Delaunoy	80, 83, 84
Craponne (Mme de)	123, 125, 126	Delcellier	214
Cremel	269, 272, 273	Delesques (Paul)	127, 198
Curini	80, 84	Delhaye	278
Curini (Mme)	84	Deliane (Mme)	152, 153
		Delibes (Léo)	54
D		Delmas, ténor	226, 229, 230
Daffety (Mme)	254, 257	Delmas, de l'Opéra	179, 216
Dalbiès	257, 266, 281, 282	Delna (Mme)	280
Dalmont (Mme)	58, 61, 63	Deloncle (Henri)	63
Dalmorès	159, 161, 170	Delpret	269, 271, 272
Damar (Mme Yvonne)	99	Delsart (Mme Suzy)	266, 270, 274, 283

Deltombe	184, 187
Delvair (Mme)	163, 170, 171, 178, 182, 190, 210, 211, 212.
Demarest	11
Demédy (Mme)	125
Depère	269, 278
Depinay	242
Dereims	106
Dereims (Mme)	206
Deremaker (Mme)	203
Deroulède (Paul)	30
Descamps	133
Deschamps-Jéhin (Mme)	68, 175
Descombes	173, 176, 214, 217
Desjoyeaux (Noël)	82, 83, 87
Desmets	65, 67, 68
Després (Mme S.)	220, 258
Dessonnes	164, 210, 221, 251, 274, 285
Devilliers	27, 34, 35, 36, 38, 74, 92
Devineau	161, 186
Devoyod (Mme)	55, 251
Devriès	34, 35, 36, 38
Dewargnès	206
Dieudonné	69, 199
Dillard (Marius)	236, 273
Dilson (Mme Lina)	269, 273, 275
Dobbelaere	104, 119
Dobbelaere (Mme)	47, 52, 54
Doire (René)	179
Dolléon	72, 75
Donaldson (Mme)	254, 257, 278, 279
Doncker (de)	123, 125
Dons	192, 194, 197, 203, 206, 209
Dorbel	92
Doria (Mme)	173, 176, 239
Dorian (Mme)	27, 29
Dorival	189
Dornay (Mme)	206
Dorsay (Mme)	41
Dranem	250, 259, 280, 284, 286
Dratz-Barat (Mme)	246, 248, 264
Dreux (Mme)	256
Drouville	72
Dubois	216
Dubressy	184, 188, 192, 193, 195
Dubreuil (Mme)	269, 271
Dubuard	262, 266, 269, 270, 274, 278, 279, 283.
Duc	175
Ducau (Mme)	262, 264, 265
Dudlay (Mme)	44, 55, 87, 95, 111, 121, 147, 154, 199.
Duflos	164, 190
Duframne (Mme)	82
Dufresne (Mme)	102, 267
Dufriche	248
Duhamel (Mme Biana)	44, 86, 199
Dujardin (Mme)	92
Dulac	95
Dulac (Mme)	86, 94
Dulaurens (Mme)	65, 66, 67
Duluc (Mme)	277
Dumaine	86
Dumény	69, 163, 199, 277, 285
Du Minil (Mme)	111, 190
Dupont (Mme)	58, 60, 61, 63, 65, 66, 68, 73, 75.
Dupont-Vernon	111
Dupré (Mme)	214
Duprey	203
Dupuis	50, 105
Dupuis (Mme)	115, 123, 124
Duran (Mme Jane)	92
Duran (Carolus)	226
Durand (Mme)	115
Durec	180
Duriez	89, 90
Duthoit	58, 60, 61
Dutrey	98, 99, 104, 105, 106, 108, 123, 124, 125, 126, 130, 141, 166, 167, 168, 173, 174, 176.

Duval-Melchissédec (Mme). 143, 168, 173, 174, 176, 203, 204, 206, 207, 208.	Ferraro (Mme). 80, 84, 98, 105, 188, 196
Duvauchelle 252	Ferrero (Mme) 134
Duvivier (Mlle). 60	Ferrières. . . 65, 80, 83, 84, 87, 98
	Ferrus (Mme) 28
	Fétis 167, 173, 174

E

	Fierens (Mme) . 185, 187, 246, 248, 280
Ecarlat-Geismar (Mme) . 58, 59, 60	Figarella 238, 240
Emery 151	Fioratti 52
Erard (Mme) . . . 151, 152, 153	Fjord (Mme) 179
Erlanger (Camille) . 179, 264, 265, 272	Flaubert (Gustave) . . . 211
Escalaïs . . . 60, 62, 64, 125, 270	Flon (Ph.) . . . 80, 82, 83, 84, 87
Esquier (Ch.) 221	Florentin 140
Eyraud 40, 42	Fobis (Mme) . . . 227, 228, 229, 230
	Focké (Mme) 248
	Fontaine . 270, 273, 274, 278, 279, 280, 282, 286.

F

	Fontbonne 101
Fabiani (Mme) . . 167, 174, 176, 177	Fonteix 119, 120
Fabre 97, 98	Fonville 104
Falconnier . . . 85, 87, 111, 224	Fossier 50
Falck (Edouard) 229	Fossombroni (Mme) 34
Fauchois (René) . . . 258, 277	Fouquet (Mme) . . . 73, 75, 81
Favart 34	Fournets 205
Favart (Mme) . 37, 69, 76, 87, 88, 94, 96, 121, 130, 148, 156, 164, 166, 181.	Fournier (Mme) 231
Fayolle (Mme) 44, 50	Fragerolles (Georges) . . . 241
Febvre (Frédéric) . . . 85, 110	Francell 264, 268, 281
Fédas 151	François . . . 158 à 172, 201 à 212
Feitlinger (Mme) 269	Frandaz (Mme) 133, 135
Fenoux (Jacques) . 95, 145, 156, 164, 181, 190, 196, 221, 284.	Frank (César) 75
Féodorow 203, 208	Franz 256, 271, 274
Féraud (Mme) 105, 109	Frédax (Mme) . . . 203, 206, 207
Féraud de Saint-Pol . 151, 152, 153, 156, 159, 161.	Frère (G.) 219
Féraudy (de) . 121, 155, 164, 170, 211, 242, 251.	Froment 91
	Fronty 73, 75, 151, 152
Fermo (Jacques-A.). 220, 236, 244 à 289	Fuente (de la) 184
Fernel 216	Fugère 67
Ferny (Jacques) 156, 208	Fuld . 159, 161, 184, 185, 186, 188, 192, 193, 194, 195.
Ferran 72, 74, 75	Furst 27, 29, 34, 36, 38
	Fusier 45

G

	Pages.
Gaillard, basse	192
Gaillard, ténor	262, 265
Galand	106, 173, 176, 192, 194, 197, 239, 248.
Galipaux	56, 170, 180, 199, 251
Galli-Marié (Mme)	42, 60
Gallier	58
Gandubert	72, 75
Gangloff	164
Garcin-Ismaël (Mme)	60, 63
Garnier (Ph.)	156
Garnier (Mme Mary)	175
Garret	186
Gaudy	130
Gaudy (la petite)	95
Gautier	135, 247
Gayet (Mme)	41, 73
Gedda (Mme A.)	140
Geismar (Mme)	58, 60
Gelly	90, 91
Gémier	163, 189
Geniat (Mme)	221
Génin (Mme)	202, 203
Gense	60, 65, 80, 84
Georgiadès (Mme)	247
Geradon (Mme de)	140
Gérard, chef d'orchestre	80
Gérard, ténor	173
Gervais	201
Gerville-Réache (Mme)	179
Geyre	269, 271
Gheleyns	140
Ghione (Mme Olga)	238
Ghione (Mme Rita)	227, 238
Gibert	58, 61, 63, 65, 66, 81, 106, 107
Gilberte (Mme)	45
Gini (Mme)	140, 151, 153, 154
Girard (Mme)	143
Girod	205

	Pages.
Gladys-Maxance (Mme)	199
Glaize	12
Godard (Mlle Magdeleine)	176, 180
Godefroy	106
Gorius	226, 228, 229, 230
Got	44, 55, 85
Grand	259
Granger (Mme P.)	85
Granier, ténor	239
Granier (Mme J.)	232
Gravier	34, 38
Grenet (Mme)	27, 65
Grésini	114
Grigolattis (les), danseuses	109
Grillières	262, 264, 265, 266, 269, 271, 272, 273, 274, 278, 279, 281, 282, 283.
Grimaud	159, 161, 166, 167, 168, 203, 204, 206, 207, 208, 214, 216, 217.
Grippon-Selzam (Mme)	246, 248
Grumbach (Mme)	164, 180, 232, 250
Guillaume (Max)	173, 184, 188, 192, 193, 198.
Guille de Saint-Simon	40, 62
Guillien	47
Guiot	65, 67
Guitry	110
Guitty (Mme M.)	284
Guizy (Léon)	63
Gunsbourg	240
Guy	258
Guy (Mme Jane)	82, 83, 99
Guyou	242

H

	Pages.
Hading (Mme Jane)	189, 284
Hahn (Raynaldo)	217
Halanzier	26
Hamel	87
Hardel	242
Harding (Mme Jane)	116

	Pages.		Pages.
Harel (Paul)	101	Jervait-Kossa (Mme)	214, 217
Harlin	91	Joinisse	34, 36, 41
Hartmann (Mme)	148	Jolbert	278, 281
Hartz	50	Joliet	55, 87
Hasselmans	50	Jost (Mme)	254
Hasty (Mme d')	214, 215, 217, 239	Jouanne, comique	91
Hatto (Mme)	256	Jouanne, ténor	27, 29, 34, 38
Héglon (Mme)	124	Jourdain	60
Heilbronner (Mme)	280, 282	Jourdan-Blondel	226, 229
Heillsonn (Mme d')	238, 239, 280	Judic (Mme)	170
Hella	198, 203, 204, 226, 227, 237, 238	Jullian (Mme)	179, 227, 229, 230
Henderson	189	Jullien (Adolphe)	240, 272
Hennecart (Mme)	203, 204, 214	Juteau	52, 54
Henriquez (Mme)	272, 273		
Hérault	90, 91	**K**	
Herbert	74	Kalb (Mme)	44, 87
Herbez	58, 65	Karl (Roger)	284
Hermann (Mme)	151	Kéghel (de)	60
Hervey (Mme)	52, 54	Keller (Mme)	174, 176, 177
Hesse	224, 226	Kerfs (Mme Christine)	123, 124,
Heurion et Melchissédec	172 à 182	—	140, 141.
Heuriot (Mme)	238	Kerlord (Mme)	204
Horta (Mme)	249	Kermel (de)	30
Houlbec (Mlle)	106	Kerst (Léon)	83
Huberty	238, 240	Kesly (Mme)	55
Huguenel	259	Ketten (Mme C.)	175
Huguet	41, 42, 45	Kirdorff (Mme)	262, 264
		Kohlemberg (Mme)	61, 65
I		Kolb (Mme Marie)	96, 111
Illy	104, 107, 108, 114, 115, 117		
Imbert	35, 60	**L**	
Isaïe de Tontor	47, 52, 58, 65	Labatte	98, 109
Ischabod (Mme)	84	Labbé (Mme)	269
Isnardon	141, 160, 175	Labis	58, 61, 123, 124, 125, 126, 140, 141, 142, 143, 156, 159, 184, 187, 192.
J		Lacombe (Mme)	142
Jacquin	140, 142, 143	Lacressonnière	86
Jähn	114, 117, 140, 141, 143, 246, 249, 254, 257, 262.	Lafarge	72, 74, 75
		Lafon (Olive)	40 à 56
Jaume	228	Lagard (Mme)	214, 215, 217
Jébin	72, 73	Lagrèze	73

	Pages.		Pages.
Lair (Mme)	159	Lebergy (Mme).	185, 186, 188, 193, 194, 195.
Laisné (Mme)	168		
Lalanne (Mme)	73	Leblanc (Mme Georgette).	107, 247, 248, 249, 250, 252, 256, 257, 284.
Lalo (Edouard)	72		
Lambert (Albert) fils.	30, 37, 45, 50, 55, 64, 69, 76, 94, 130, 137, 154, 170, 171, 190, 196, 199, 211, 250, 259, 260, 267, 285.	Le Borne (F.)	217, 222
		Leclair	91, 92
		Leclerc	216
		Lecomte (Mme)	27, 29
Lambert (Albert) père.	30, 37, 45, 50, 55, 64, 69, 76, 86, 101, 102, 130, 137, 156, 162, 221, 232, 250, 267, 277.	Leconte (Mme Marie)	170
		Lecoq	133
		Lefeuve (Gabriel)	147
Lambertha (Mme)	246, 248	Léga (Mme de).	114, 117, 123, 124, 125, 126.
Lamberti (Mme)	262, 264, 266		
Lamoureux	44	Lefort (Ach.)	192
Lamy (Arthémise)	276	Legénissel (Mlle)	98
Lango (Mme)	239, 240	Legrand	257
Laparcerie (Mme Cora)	137, 190, 231, 241.	Leitner	111, 156, 164, 199
		Lejeune (Mme).	185, 187, 188, 193, 195
Lapoutje (Mme J.)	193	Leloir	50, 55, 87, 157, 250
Lara (Mme).	164, 182, 196, 250, 259, 260	Lelong	278
Lara (Isidor de)	142, 265	Lelong (Mme)	167
Laroche	44, 55, 85, 87	Lemarié	40
Larroumet (G.)	156	Lematte	150
Laskin	192, 194, 197	Lemeignan (Mme).	140, 143, 156, 159, 161, 167, 168, 169, 203, 204, 206, 207.
La Taste	173, 176		
Latreille	104	Lemoigne	26
Laty	92	Lender (Mlle)	56, 111
Laugier	76, 111	Lenepveu (Ch.)	72, 84
Laure (Mme Marie)	37, 94, 102	Lenepveu (Mme)	272, 274
Laurent (Mme Antonia)	250	Lenglier	257
Laurent (Mme Marie)	131, 171	Lenormand	192
Lavallière (Mme)	258	Léonce	166
Lavarenne	248, 254, 257	Leprestre	80, 82, 84
Lavastre	12	Lequien	80, 82, 83, 84, 114, 115, 118, 119, 121.
Laville-Ferminet (Mme)	106		
Leavington (Mme).	34, 35, 36, 38, 58, 105, 108, 109, 123, 124, 125, 126.	Lereffait	201
		Le Rey (Frédéric)	174, 176, 179
Le Bargy.	148, 149, 163, 181, 190, 231, 233, 242, 259, 276.	Le Riguer	208
		Leroux (Xavier)	206, 248, 281
Le Bargy (Mme)	182	Leroux (Mme)	41, 42

	Pages.		Pages.
Lesens (Raoul)	162	Manoury	27, 34, 35, 36, 38, 67, 99
Lesseps (F. de)	44	Mante (Mme L.)	177
Lestrac (de)	34, 43	Marchal (Mme)	281, 282
Levasseur (Mme)	80, 84	Marchand	173
Lhéna (Mme)	227, 228, 229	Marchetti (Mme)	155
Lido (Mme de)	43	Marchot	27
Lifraud (Mme)	267	Marcolini (Mlle)	106
Lignel	47, 52	Maréchal	168
Linières	92	Maréchal (Henri)	116
Litvinne (Mme)	125, 129	Marie (Gabriel)	72
Lorée (Mme F.)	219	Marié de l'Isle (Mme)	185, 191, 193,
Lourde	47, 48	—	228, 263.
Louvet (Léon)	139, 304	Marié-Leduc	226, 229, 230
Louyrette	58, 61, 63, 65,	Maris	65, 68
66, 67, 205, 220.		Marquet	101, 102, 137, 155, 267
Loventz (Mme)	141	Martel, de la Comédie-Fr^{se}	44, 111
Lowrentz-Duquesne (Mme)	41	Martel	87
Loyd (Mme),	175	Martin (Henri)	30
Loyson (Charles)	85	Martini (Mme)	74, 140, 142, 143
Lucas	245, 246, 248	Martiny (Mme)	260
Ludwig (Mme)	85	Marty (Mme	278, 281
Luigini	34, 35, 38	Mas	219
Lutz (Mme)	94	Massart	67, 189
Lynnès (Mme)	94, 149, 221	Massenet (J.)	54, 68
Lysès (Mme C.)	284	Masson	80
		Mastio (Mme)	168, 265

M

Maës (Mme)	52	Mathieu (Th.)	221, 231, 232, 245, 246, 254, 258, 262, 269, 273, 278, 283, 286.
Magne (Mme)	262, 265, 269, 270, 271, 272, 273.		
Magnier (Mme Marie)	258	Mativa (Mme)	167, 168, 269
Maire	248, 257, 264, 266, 282, 283	Maubant	44
Maïck (Mme)	87	Mauger (Mme)	133
Mallet	226, 229	Maupassant (Guy de)	156
Mallet (Mme)	73	Mauras	47, 50, 52, 54
Malvau (Mme Jeanne)	91	Maurel (Victor)	187
Malzac	114, 120	Mauri (Mme Olga)	159, 167
Mancini (Mme, dugazon	140, 143, 178	Max (Simon)	30
Mancini (Mme, de l'Opéra	221, 245, 256.	Max (de)	164, 272
		May (Mme Jane)	101, 136
		Mayer	251

	Pages.
Mayol	231, 234, 276, 286
Mazalto (Mme)	91, 92
Mazarin (Mme)	278, 280, 282, 286
Mazotti	151, 152
Mazuni (Mme)	60
Méa (Mme)	214
Mégard (Mme Andrée)	189, 220
Méha d'Albe (Mme)	229, 231
Melchissédec (André)	139 à 149, 178, 219.
Melchissédec père	139, 141, 142, 175
Mendelys (Mme C.)	219
Mendès (Catulle)	85, 161
Mendès (Mlle)	27, 29, 67
Merguillier (Mme)	135
Méry (Mme Andrée)	190
Méry (Mme Eva)	185, 188
Meryem (Mme)	92
Metot et Queval	201
Meurisse	246, 254
Mevisto	259
Meycelle	184, 188
Meyer (de)	229
Mézeray (Mlle C.)	74
Mézy	173, 176
Mézy (Mme)	173
Michelini (Mme)	116, 123, 124, 125, 126, 129.
Michon	114
Milcamps (Mme)	214, 215, 217
Mignon (Mme Blanche)	193, 203, 246, 254, 263, 269, 270, 278, 279.
Mikaelly	216, 217
Millat-Vergnes	226, 238, 239
Milliet (Paul)	11, 12
Milo de Meyer	284
Mineur (Mme Marguerite)	43, 80, 84
Minne	27, 34, 36
Minvielle	47, 52, 81
Miral	57 à 70, 172, 173

	Pages.
Miral (Mlle)	239
Mirc	208, 209
Mistral	116
Moisson	192, 194, 214, 217, 219
Momas	27, 34, 36
Monard (Mme)	92
Mondaud	72, 74, 75, 80, 82, 83, 84, 213
Mondaud-Panseron (Mme). *Voir* Panseron.	
Montbert	43
Montclair	140, 159
Montclair (Mme)	159
Monteaux	284
Montel	286
Montfort	80, 82, 83, 84, 87
Montmain (Mme)	140
Monval	123, 125
Moreau	105
Moreau-Villette (Mme)	252
Morel (Franck)	130
Moréno (Mlle)	111, 156, 242
Morfer	58
Morlet	74
Mosca (Mme)	114, 118
Mouliérat	67
Mounet (Paul	95, 111, 149, 156, 163, 166, 170, 171, 181, 182, 196, 221, 258, 259, 277.
Mounet-Sully	44, 87, 95, 111, 149, 181, 182, 211, 231.
Mozzi (Mme)	203, 204
Muller (Mlle)	175, 176, 190, 228
Munte (Mme Lina)	155, 190
Muratore	256, 263

N

Nadault de Buffon	44
Nandès	151, 152, 159, 162
Nansen	138
Nercy (Mme)	227

Nerssant	90 à 95
Nervil (Mme Lydia)	175
Netza-Moia (Mme)	164
Nilba (Mme)	282
Nobert (Mme L.)	276
Noblet	96, 182, 190
Noël, laruette	123
Noël, ténor	202, 203, 207
Nordenskjold (Otto)	208
Nordi-Chevallier (Mme)	238, 240
Normand (Jacques)	156
Noté	55, 115, 281
Nucelly	262, 263, 265
Nuibo	217, 228, 281, 282

O

Oberty (Mme)	105, 108, 109
Odoyer (Mme)	256
Oliveira (Mme d')	278, 282
Ometz	41, 133, 134, 140, 141, 151, 152, 159, 161, 167, 173, 174, 184, 188, 192, 193, 195, 203, 214, 226, 227, 238, 240, 246, 254, 262, 269, 270, 274, 278, 279, 283.
Orban	167
Otéro (Mme)	281

P

Pack (Mme Nina)	135
Paladilhe	126
Panscron (Mme)	65, 68, 73, 74, 75, 81, 173, 174, 175.
Papurello (Mme)	151
Paravey	27, 29
Parentani (Mme)	98, 100, 168
Pascual	221, 245, 246, 248, 254, 257, 262, 264, 281, 282, 283.
Passama (Mme Jenny)	124, 135, 185.
Patoret (Mme)	246

Paty	203, 207
Paulin (Mme)	167, 169
Paulus	56
Perducet	156, 258
Perre (Mme L. de)	246, 248
Perret	91
Perretti (Mme)	34, 36, 38
Perrouas	183 à 200
Persoons (Mme)	178, 190
Peyra (Mme)	80, 82, 84
Pezzani	14 à 39
Pezzatini (Mme)	159
Piatti (Mme A.)	115
Picot	102
Piérat (Mme)	211, 285
Pierson (Mme)	274
Pinchon (Robert)	210
Pintucci (Mme)	115, 123, 124
Piron (Mme)	52, 58, 61, 65, 72, 241
Placet	91
Plamondon	164
Planté (François)	50
Plantrou	195
Poitevin	97, 98, 99, 100
Polin	181, 233, 251, 267
Pons (Charles)	228
Ponsard	27, 34, 35, 36, 38, 47, 52
Potel-Aguado (Mme)	140, 142, 143, 159, 161.
Poude (Mme)	193, 194
Poultier	44
Pourret	104, 106, 107
Poyard	150
Poyard (Mme)	151
Précheur	256
Prince	258
Priollaud (Mme)	105, 107, 109, 110.
Privas (Xavier)	208, 219
Privat-Huguet (Mme)	41, 42, 45, 65, 66, 67, 68, 133, 134, 135.

Q

	Pages.
Quentin	47, 49
Quercy (Mme)	262, 264
Queval	201

R

Radoux	246, 248
Ram-Baud (Mme)	63
Rambert	122, 139, 165, 176, 187, 206, 229, 240, 248, 257, 264, 265, 271, 272.
Raoul	58, 60
Ravel	199, 251
Raynaud	80, 82, 83, 87
Réal (Mme)	92
Redon	192, 194, 197
Reflet	184
Régnier (Mme Marthe	233
Reichemberg (Mme)	76, 87, 94, 118
Reid (Mme M.)	168
Réjane (Mme)	111, 219, 284
Rémy (Mme Adèle)	101
Reyer	82
Reylda (Mme)	164
Reyveli	142
Rhaijane (Mme)	98, 99, 100, 123, 124, 125, 126.
Richard (Mme)	283
Richemont	214, 217, 226, 227, 229, 230.
Richepin (Jacques)	241
Richeri (Mlle)	65, 70
Riddez	194, 217
Rigal	281
Rigaud-Labens (Mme)	173, 176
Rius	133
Riva	60
Riva (Mme)	105, 110
Rivet	214, 217
Rivière	175
Riza-Danel	114, 214

	Pages.
Robinne (Mme)	211, 232, 259, 267, 274.
Roche	151, 152
Roger (Olive)	114, 120
Roger (Mme Blanche)	203, 206, 207
Roger, de la Comédie-Française	50
Roger-Miclos (Mme)	179
Rolan	280
Rolland, jeune premier	91
Rolland (Mme)	227, 228, 229, 230
Romain (Mme Eva)	151, 152, 153, 154, 159, 161, 186.
Romanitza (Mme)	269, 271
Romi (Mme)	52
Ronzio (Mme)	185, 188
Roselly	184, 187, 246, 248, 254, 257, 271, 273
Rosenlecker	72
Rossi (Mme)	193
Roudé (Mme Maud)	125
Rougier	80
Rougon	246, 248, 254, 257, 262, 264, 266, 269, 270, 271, 272, 274, 278, 279, 282, 283.
Rouyer	104, 106, 107
Rozier (Mme)	173, 185, 193
Rubinstein	108
Ruhlmann	98, 104, 114, 115
Ruppert (Mme)	204

S

Sacchi (Mme)	227, 238
Saimprey	203, 206, 207, 246, 254, 257, 262, 265, 266.
Saint-Germain	56
Saint-Jean, basse noble	41, 42, 81
Saint-Jean	72
Saint-Jean (Mme)	98, 100
Saint-Saëns (Camille)	42, 50, 53, 144
Sainti (Mme)	84

Salembiani (Mme)	60
Salembier (Mme)	128
Saléza	62, 68
Salvayre	108
Samary	111
Samé (Mlle)	67
Sampietro (Mme)	98
Samson (Ch.)	156, 164
Sandrini (Mme)	241
Sani (Mme)	47
Sanz (Mme Elena)	99, 102
Sarah Bernhardt. *(Voir B.)*	
Sarcey (Francisque)	44
Sarpe	226, 228, 230
Sartère (Jean)	94
Sauvageot	9, 14, 27
Savine (Mme)	106
Savio (Mme)	214
Sberna (Mme)	185, 188, 262, 263, 269, 270, 278, 279, 286.
Scardovi (Mme)	159, 278
Schifner (Mme)	278
Schmidt	52, 54, 73, 75
Schweyer (Mme)	52
Segond	69, 101, 242
Segond-Weber (Mme)	50, 69, 86, 87, 101, 155, 164, 196, 199, 259, 267.
Seguy (Paul)	181
Selin	104, 107, 108, 109
Sellier	101
Sergys (Mme)	227, 229, 230
Sernin-Chevallier	27, 29
Servais	184, 187, 192, 193, 194, 195
Seveste (Mme)	41, 45
Silvain	44, 87, 95, 111, 121, 137, 148, 190, 221, 281, 286.
Silvain (Mme L.)	199, 221, 281, 286
Simon-Girard (Mme)	30
Sirey	216
Sivitz (Mme)	134
Sizes	282
Soïni (Mme)	140, 143, 216, 254, 257
Sonnelli (Mme)	238
Sonniés (Paul)	109
Sorel (Mme C.)	196, 242, 250, 259
Sorel (Albert)	156, 211
Sorrèze	254, 257, 262, 265
Soubeyran	114, 116, 117
Souchet	114
Soulacroix	60, 67
Soyer (Mme)	168, 185, 204, 269, 270, 271, 272, 273.
Soyer de Tondeur	98
Spanyi (Mme de)	166, 167
Speck	123, 127, 173, 174
Stamler	98, 151, 152
Star (Mme Marie)	134, 135
Steiner	123
Stemma (Mme)	123
Sterda (Mme)	281
Stevens (J.)	237
Stichel (Mme)	159, 167
Stralesky	80
Streletski (Mme)	262, 264, 266
Stuart	159, 161, 166, 167
Sujol	65, 68
Sully (Mme Mariette)	283
Sylvain	184, 187
Szulc	266

T

Taillade	56, 86
Taillard	34
Taillefer	78 à 88, 150, 154
Talbot	163, 170
Talexis (Mme)	256
Talier	104, 107
Tallier	238
Tarquini d'Or (Mme)	81
Taskin	67

	Pages.
Tasset	246, 254, 262
Telem-Trémoulet	80
Tellor (Mme)	41
Terrier-Santans . . .	63
Tesorone.	268
Tessandier (Mme Marie).	190, 231, 241
Texcier	267
Théo (Mme).	94
Théophile .	28, 34, 38, 41, 52, 58, 65, 73
Théry (Mme)	214, 217
Therry (Mme H.) . . .	228
Thévenet (Mme C.) .	204, 239, 247
Thèves (Mme)	91, 92
Thibaud (Mme Anna). . .	258
Thirel	248
Thomas (Ambroise) . .	26, 36
Tiersot (Julien) . . .	267
Tilloy (du) . . .	167, 168
Tony (Mme).	134
Tordo	282
Torond (Mme	185, 187
Torrès (Mme)	194
Toutain (Mme Blanche).	181, 259, 267, 277.
Tracey (Mme Minnie) . . .	219
Tranchepain (B)	268
Traverso.	236 à 243
Truffier	55, 87, 101, 196
Turpin (Mlle	164

U

Ugalde (Mme Marguerite) .	110, 258

V

Vachon (Marius)	170
Vachot (Mme) . . .	27, 34, 36, 38
Vaguet	95
Vaillant-Couturier Mme	81, 92
Valdo.	91
Valduriez (Mme . . .	185, 187
Valdys (Mme)	173

	Pages.
Valérie (Mme)	91, 92
Valette	278, 282
Valgallier (Mme) . . .	52, 54
Valia-Daurelly (Mme) . . .	92
Valin (Lucien)	253, 261
Vallier	133, 135
Vallobra	228
Vallorès	186, 187
Vandamme	47, 49
Vandenesse (Mme)	134
Van-Dyck	44
Van Hamme . .	78, 104, 105, 134
Vaunel	156
Vauthrin (Mme Lucy) . . .	281
Vautier . .	123, 125, 126, 140, 141, 142, 143.
Verdhurt.	71 à 77
Vergnet	135
Verhees	58, 59, 62
Verheyden (Mme) . .	58, 60, 61, 73
Vérin . . .	73, 75, 104, 105, 108, 173, 174, 228.
Vernouillet	58, 61
Verteuil (Mme	137
Vial (Mme)	115
Vialar	133
Vianenc	216
Viardot (Paul	63
Viaud	196, 197
Villain	44, 87
Villeraie (Mlle de) . .	47, 48, 49
Vincent d'Indy	180
Vinche	116, 140, 143, 159, 161, 167, 168, 214, 217, 220.
Viroux	98, 100
Visinet (Mlle)	50
Vitu (Auguste	72
Vix (Mme G.) . . .	247, 264, 265, 270, 275, 280.
Vois (Mme)	246
Voos (Mme de)	131, 132

	Pages.		Pages.
W		Wouters	166
Wague (Georges)	219	Wuilbarthe (Mme)	254, 257
Walter-Villa (Mme)	166, 167, 169	Wyns (Mme Ch.)	142
Wanda de Boncza (Mme)	148, 149	**Y**	
Warnotz	47, 49, 52, 54, 58, 65	Yosse (Mme)	173
Warot	60	**Z**	
Widor (Charles)	229		
Wilhem (Mme)	65, 68	Zacconc (Mme)	134
Willy (Mme Colette)	259	Zamco	255, 256
Wisky (Jean)	205, 209	Zéher	91
Wissocq (Mme E. de)	221	Zetti (Mme)	246, 254, 263
Witzig (Mme)	237, 238, 240	Zévort (Mme)	114, 117
Worms	50, 55, 85, 94	Zocchi	205, 216, 228
Worms-Baretta (Mme)	50, 55, 85	Zuliani (Mme)	34

Liste des Souscripteurs au présent Ouvrage.

MM. AMAIL (Fritz).
AMALOU (A.).
ANFRY (Ch.).
ANQUETIL (Edgard).
ANQUETIL (Paul).
AUBÉ (Raoul).
AUBERT (G.).
BADIN (Georges).
BASILE (A.).
BASIRE (Jules).
BAUDIN (André).
BEAURAIN (Th.).
BELLIARD (Raymond).
BÉNARD (Léon).
BEVER.
LA BIBLIOTHÈQUE DE ROUEN.
MM. BIDAULT (Paul).
Mme BIGNOU.
MM. BISSET (Adrien).
BOISSIÈRE (Aug.).
BOISSIÈRE (Henri).
BONPAIN (J.).
BOURDON (Lucien).
BOUTROLLE (G).
Mme BRÉANT (J.).
MM. BREUILHS (F.).
CANONVILLE-DESLYS (Fr).
CAPON (Jacques).
CARTIER (Marcel).
CHANOINE-DAVRANCHES.
CHATEL (Maurice).
CHATELIN (Emile).
CHAUDRON (Aug.) 4 ex.
CHAVOUTIER (E.).
CLAMAGERAN (W.)
COËNE (J. de).

MM. COHIN (Georges).
COURCELLES (Marq^{is} de).
DARDENNE (Léonce).
DEBONS (Marcel).
DECORDE (Robert).
DEGLATIGNY (Lucien).
DELABARRE (Ed.).
DELABOST (Dr Merry).
Mlle DELACAISSE (S.).
Mme DELACAISSE (G.).
MM. DELAMARE (André).
DE LA QUERIÈRE (Edm.).
DELARUE (Maximilien).
DELASSAUX (Georges).
DERVOIS (G.).
DESCHAMPS (Charles).
DESCHAMPS (Henri).
DESHAYES (Ern.) 2 ex.
DESHAYS (Emile).
DESMONTS (Michel).
DESTIN (Fernand).
DIDIER (Docteur).
DOHET (Maurice).
DOMER (Henri).
DROUET (Georges).
DU BOULLAY (R..)
DUBREUIL (Louis).
DUCHEMIN (Henri).
DUCHEMIN (Raoul).
DUMONT (Marcel).
DUPENDANT (Louis).
DUVAL (Arthur).
DUVAL (G.).
DUVAUCHELLE (G.).
DUVEAU (Ed.).
ELIOT (Gaston).

MM. Faroult (Albert).
Faucon (G.).
Ferey (Raoul).
Fermo (Jacques).
Fichet (Léonce).
Fischer (Henri).
Fleury (Adrien).
Fondard (J.).
Fontaine (Modeste).
Fortin (Docteur F.).
Foutrel (Henri).
Frangeul (E.).
Fromage (Georges).
Gadeau de Kerville (H.).
Gambey (Jean).
Gambu (Henri).
Gascard (A.).
Gauthier (Ch.).
Gens.
Gloria (R.).
Godefroy.
Goll.
Mme Goubert (A.).
MM. Goujard (Emile).
Goupil (Georges).
Mme Guéroult (H.).
MM. Havé (Louis).
Héduit (Georges).
Héduit (H.).
Héduit (René).
Hélot (Docteur R.).
Heucqueville (J. d').
Huisse (G.).
Infray (Marcel).
Isabelle (E.).
Jouvin (Paul).
Lacoste (Ch.).
Lafosse (Raoul).
Lainé (G.) 3 exempl.

MM. Lamy (Alph.).
Langlois (Eug.).
Laurent (J.)
Leblond (Aug.).
Le Breton (Gaston).
Lebreton (Henri).
Lecerf (Jules).
Leconte (Docteur).
Le Corbeiller (A.).
Lefebvre (Paul).
Lefort (Lucien).
Léger (Maurice) 2 ex.
Legras (Edmond).
Lemarchand (Charles).
Lemarchand (Maurice).
Lemire (Paul).
Mme Léotard (de).
MM. Le Picard (Henri).
Leroy (V.).
Le Roy (R.).
Leroy-Moulin (J.).
Lesage (G.).
Lestringant (A.).
Lesure (R.).
Letailleur (G.).
Leverdier (G.) 2 ex.
Lévesque (G.).
Lévy (G.).
Liégeard (Alf.).
Lisch (G.).
Mme Lisch (J.).
MM. Louatron (H.).
Louvet (Léon).
Lutz (P.).
Malathiré (Jules).
Manchon (Achille) 2 ex.
Manchon (André).
Manchon (Raoul).
Manchon (Robert).

MM. Marais (Gustave).
Martel.
Mauger (Louis) 2 ex.
Mauquit (Emile).
Mayeux (Louis).
Melays (F.).
Mengus (F.).
Merchez.
Mignard (Eug.).
Mignot (G.).
Milsan (L.).
Milvoy (L.).
Miray (Fernand).
Moizand (A.).
Monflier (G.)
Monneaux (R.).
Monnier (Jacques).
Monnier (Pierre).
Morel (J.).
Morin (Maurice).
Mure (G.).
Néel (A.).
Nibelle (Maurice).
Noblet (Maurice)
Olivier (Louis).
Orange (Gustave).
Ouin (G.).
Ozanne (Raoul).
Parizet (René).
Paulme (Henri).
Pelay (Ed.).
Perrée (E.).
Petit (Gaston).
Petit (Joseph).
Peulvé (Ch.).
Piequet (O.).
Pigis (H.).
Pinchon (G.).

MM. Poisson (G.).
Pomereu (Marquis de)
Poulain (Paul).
Prevost (Louis).
Prévost (Louis).
Privey (G.).
Rambert (Ch.).
Reber (Ch.).
Renard (Ch.).
Robert (G.).
Rothiacob (Baron A. de) 2 ex.
Rothiacob (Baron R. de).
Ruel (Gaston).
Ruel (Georges).
Sambat (Ch.).
Scherrer (Lucien).
Sement (Paul).
Sicot.
Soulier (J.).
Sporck (Ch.).
Texcier (Henri).
Tois (Ed.).
Touflet (l'abbé).
Tremblot (Paul).
Tribout (F.).
Turpin (Henry).
Turpin (Robert).
Valin (Lucien).
Vallois (J.).
Van Moé, 2 exempl.
Vauclin (Ch.) 2 exempl.
Ville de Rouen, 2 ex.
Villèle (de).
Vaudour (G.).
Waddington (R.) 2 ex.
Weinachter (Julien).
Weynachter (Edouard).

TABLE DES MATIÈRES

	Pages.
Avant-propos	5
Historique du Théâtre	7
Description sommaire	11
Direction Pezzani 1882-1883	14
Directions Pezzani, puis Campo-Casso 1883-1884	32
Direction Olive Lafon :	
Année théâtrale 1884-1885	40
— 1885-1886	46
— 1886-1887	52
Direction Miral :	
Année théâtrale 1887-1888	57
— 1888-1889	65
Direction Verdhurt 1889-1890	71
Direction Taillefer 1890-1891	78
Directions Duriez, puis Nerssaut 1891-1892	89
Direction José Bussac 1892-1893	97
Direction d'Albert :	
Année théâtrale 1893-1894	103
— 1894-1895	113
— 1895-1896	123
Direction Castex 1896-1897	132
Direction Melchissédec 1897-1898	139
Direction Brument 1898-1899	150
Direction François :	
Année théâtrale 1899-1900	158
— 1900-1901	166
Direction Heurion et Melchissédec 1901-1902	172
Direction Perrouas :	
Année théâtrale 1902-1903	183
— 1903-1904	192
Directions Metot et Queval, puis Queval, puis François 1904-1905	201
Direction Camoin 1905-1906	213
Direction Camoin et Cie 1906-1907	223

	Pages.
Direction Traverso 1907-1908	236
Direction J. Fermo :	
Année théâtrale 1908-1909.	244
— 1909-1910.	253
— 1910-1911.	261
— 1911-1912.	269
— 1912-1913.	278
— 1913-1914.	289
Cahier des charges	289
Commission consultative	303
Composition de l'orchestre	306
Index alphabétiques	309
Liste des souscripteurs	340

Rouen. — Imprimerie J. LECERF, rue des Bons-Enfants, 46-48.

IMPRIMERIE LECERF FILS. — ROUEN.

www.ingramcontent.com/pod-product-compliance
Lightning Source LLC
Chambersburg PA
CBHW071156240526
45470CB00016BA/105